经济与贸易类本科系列教材

国际贸易实务与融资 （第二版）

Guoji Maoyi

Shiwu yu Rongzi

邓敏 主编

西南财经大学出版社

图书在版编目(CIP)数据

国际贸易实务与融资/邓敏主编. —2 版. —成都:西南财经大学出版社,2011.10

ISBN 978 - 7 - 5504 - 0450 - 2

Ⅰ.①国… Ⅱ.①邓… Ⅲ.①国际贸易—贸易实务②国际贸易—融资 Ⅳ.①F740.4②F831.6

中国版本图书馆 CIP 数据核字(2011)第 198029 号

国际贸易实务与融资(第二版)
邓 敏 主编

责任编辑:李霞湘
封面设计:穆志坚
责任印制:封俊川

出版发行	西南财经大学出版社(四川省成都市光华村街 55 号)
网 址	http://www.bookcj.com
电子邮件	bookcj@foxmail.com
邮政编码	610074
电 话	028 - 87353785 87352368
印 刷	四川森林印务有限责任公司
成品尺寸	185mm×260mm
印 张	18
字 数	400 千字
版 次	2011 年 10 月第 1 版
印 次	2011 年 10 月第 1 次印刷
印 数	1— 3000 册
书 号	ISBN 978 - 7 - 5504 - 0450 - 2
定 价	33.80 元

第二版前言

近年来,国际贸易的操作实务与融资实践发生了许多变化,相关的贸易规则也有重大修订。为了体现这些变化,保证内容的新颖性,我们修订了《国际贸易实务与融资》。

在保持原有版本内容体系和特点的基础上,我们修改了有关篇章的具体内容。例如,根据2011年1月1日起生效实施的《国际贸易术语解释通则》,我们对书中涉及贸易术语的有关内容作了必要修改,对《国际贸易术语解释通则® 2010》产生的背景及其特点、内容等作了分析和介绍;针对结构贸易融资的发展,我们重新梳理、分析了结构贸易融资的内涵、特点、发展情况,并根据结构贸易融资在解决中小企业融资问题中的应用,对供应链融资作了介绍;针对教材使用过程中的信息反馈,我们对部分章节的内容做了适当精简,对教材中存在的差错、不够严谨之处作了修改。修订之后,全书内容依然分为七篇,章数由二十三章减为二十一章。

修订工作由西南财经大学国际商学院邓敏教授主持,西南科技大学应用技术学院王娟、中原证券股份有限公司漯河营业部郭玲修改了部分章节。本书的出版得到了西南财经大学国际商学院"211工程"三期重点学科建设项目和西南财经大学出版社的支持,在此深表谢意。对本书的不足之处,敬请同行专家和读者们批评指正。

编者

2011 年 8 月

前　言

随着入世一锤定音,我国放开外贸经营权的步伐全面加快。《中华人民共和国加入世界贸易组织议定书》第一部分第五条规定:"在不损害中国以与符合《WTO 协定》的方式管理贸易的权利的情况下,中国应逐步放宽贸易权的获得及其范围,以便在加入后 3 年内,使所有在中国的企业均有权在中国的全部关税领土内从事所有货物的贸易,但附件 2A 所列依照本议定书继续实行国营贸易的货物除外。此种贸易权应为进口或出口货物的权利。"根据这个规定,我国承诺在入世后三年内取消贸易权审批制,实行登记制,使所有在我国的企业在依法登记注册后都可以获得货物贸易方面进口和出口的权利(国营贸易和指定经营产品除外)。为了履行这个承诺,第十届全国人民代表大会常务委员会第八次会议通过的修订后的《中华人民共和国对外贸易法》对外贸经营权做了新的规定。根据有关规定,我国自 2004 年 7 月 1 日起实行了《对外贸易经营者备案登记办法》,取消了外贸经营权的审批制,改为备案登记制。

对我国企业而言,这个改变意义深远。一方面,企业只要依法登记,都可以获得贸易权;同时,作为我国履行入世承诺的一个方面,它意味着我国需要像履行在外贸经营权方面的承诺一样履行其他方面的入世承诺,这会在较大程度上改变我国外贸管理的法律法规及政策措施,从而会使我国企业从事国际贸易经营活动所依据的规则发生变化,进而会使企业进出口经营的实务内容和环节发生变化,企业的权利、义务、成本与收益也会发生变化。以促进出口为例,尽管长期以来各国都实行鼓励出口的政策,但在过去,鼓励出口政策目标的实现较多地依赖传统的措施。现在,由于 WTO 规则对措施的限制,一些 WTO 规则许可的促进出口的措施如政策性贸易融资等便备受青睐。于是,怎样在 WTO 规则及其他国际规则给予的空间内用好政策性贸易融资等措施,便成为我国以及其他许多 WTO 成员关心的问题。

事实上,随着我国出口商品结构越来越向着大宗化、资本化的方向发展,政策性贸易融资及一些新型的融资方式如结构贸易融资等显得特别重要。同时,随着外贸权的放开,我国经营外贸的企业数量增加较快,对于为数众多的企业来讲,贸易融资是解决其资金需求、促成交易的重要途径。然而,由于多种原因,并不是所有的企业都可以获得政策性贸易融资,企业也不是在任何时候都适宜或需要政策性贸易融资。因此,除政策性融资外,其他融资方式也非常重要。

很显然,面对国际贸易规则的变化以及由此带来的进出口实务活动内容和环节的变化,学习、研究 WTO 框架下的国际贸易实务和贸易融资,学会规范操作、合理经营,这对减少贸易摩擦、规避贸易壁垒和减小损失具有非常重要的意义,特别是对一些新加入外贸行列的企业来讲,这种学习和研究显得尤其紧迫。基于这样的形势,本书根据国际贸易实务与贸易融资的基本原理,结合有关规则的变化,对国际货物贸易实务与融资活动中出现的新情况、新问题作了一些探讨。

在本书的探讨中,首先强调的是规则,因为国际贸易是在一定的规则下进行的。没有规则,任何交易活动都难以开展。同时,国际贸易也是在一定的方式下进行的,交易的具体方式不同,交易双方各自的权利和义务就不同,交易活动的实务环节也不同。随着国际贸易的发展,国际贸易的方式呈现出多样化的特征,学习、研究不同的贸易方式,通过对单进单出这种最具代表性的贸易方式的贸易实务及贸易融资系统、深入的了解,有利于掌握贸易实务与贸易融资的一般原理和规律。单进单出的基本环节包括交易前的准备、交易磋商、贸易合同的签订、贸易合同的履行。在履约不正常的情况下,它还涉及违反、违约救济甚至争议。交易磋商是对商品的品质、数量、包装、价格、货款的结算等基本交易条件的讨价还价的谈判,其中,货款结算与交易中的融资直接相关。

根据国际贸易规则、方式及单进单出方式下各环节在内容与顺序方面的内在联系,同时为了确保体系的完整和严密,本书分为七篇共计二十三章,先后安排了以下内容:第一篇以国际贸易的法律规则为中心,通过对国际贸易适用的国际贸易条约与协定、国内法、国际贸易惯例的分析,提供了国际贸易实务与融资活动需要遵循的规则框架,为后续篇章奠定了基础。第二篇以国际贸易方式为中心,在重点分析有固定组织形式的贸易方式和没有固定组织形式的贸易方式的基础上,具体分析了单进单出方式,通过对单进单出与其他贸易方式的比较,论证了单进单出的代表性,从而为本书的内容安排提供了依据,同时通过对单进单出实务环节的简要介绍及对交易磋商的分析和对国际贸易合同的概述,使本部分内容起到了承上启下的作用。第三篇以交易条件与合同条款为中心,从货物流动的角度重点分析了商品的名称、品质、数量、包装、交付与运输及运输保险和相应的合同条款。第四篇以国际贸易结算为中心,围绕国际贸易结算中的票据与单据及汇付、托收和信用证付款,从货款流动的角度阐述了国际贸易的结算原理和贸易合同的支付条款,并在综合分析三种结算方式的基础上阐述了结算方式的选择与运用,同时简单介绍了 SWIFT。承接第四篇的有关内容,第五篇以贸易融资为中心,在分析传统结算方式下的融资方式和新型的、具有融资和结算功能的国际保理和包买票据之后,分析了出口信贷、出口信用保险和结构贸易融资。第六篇以贸易作价为中心,这部分内容之所以安排在其他各主要交易条件和贸易融资之后,是因为贸易商需要依据合理作价的原则,在全面把握商品交易与贸易融资等方面的有关情况及费用成本的基础上才能正确地对外报价。基于此,本篇首先分析了合理作价的原则和方法,然后分析了费用核算,同时在分析成本构成的基础上分析了对外报价,最后介绍了价格换算的方法和贸易合同中的价格条款。在就主要的交易条件与合同条款达成一致意见之后,交易双方通常需要签订贸易合同,随后双方将根据合同的要求认真履行合同,否则就可能产生违约行为,引起违约救济问题甚至争议。于是,本书最后在第七篇分析了贸易合同的签订与履行及违约救济。

从上述介绍可以看出本书在内容体系上的特点。此外,本书对押汇与议付特别是对 WTO 规则下的贸易实务与贸易融资做了一定的研究。例如,在第一章,本书在简单介绍 WTO 的宗旨、基本原则的基础上,分析了 WTO 规则对贸易实务和贸易融资的影响,从而为后续篇章结合 WTO 规则分析有关问题奠定了基础;在第二章,本书承接第一章的内容,进一步介绍了我国依据 WTO 规则要求等所作的外贸法律法规的修改;在第七章,本书分析了 WTO 条件下贸易商应注意的与商品品质和包装有关的问题,这对贸易商规避贸易壁垒和损失具有积极意义;在第十六章,本书分析了出口信贷和出口信用保险与国际规则,试图对 WTO 规则及其他国际规则下合理运用出口信贷和出口信用保险的问题做一些探讨;在第十八章,本书在介绍 WTO 的倾销和反倾销规则的基础上,分析了倾销、反倾销对贸易商利益的影响,并进而指出了合理作价的重要意义,希望由此能够对合理作价理念的加强和防范倾销与反倾销起到些微作用;在第二十二章,本书分析与介绍了 WTO 的装运前检验规则,希望这有助于在了解 WTO 规则的基础上加深对一国的有关制度和贸易商的相关权利和义务的理解,从而有利于争议的预防与解决。

当然,国际贸易实务与贸易融资的有关知识浩如烟海,其实践运作更是日新月异,尽管专家学者和同行们的研究成果给本书的完成奠定了非常重要的基础,但限于时间与水平,本书对有关问题的分析与探讨仍然只触及冰山一角。因此,对本书的不足之处,衷心希望能够得到同行专家和读者们的批评指正。此外,本书的完成还得益于西南财经大学出版社和国际商学院的大力支持,得益于以下人员的合作:交通银行成都分行的付晓,中国进出口银行成都分行的林建,四川医药保健品进出口公司的饶飞,四川师范大学的杨建德、刘存绪,西南科技大学的黎万和,西南财经大学的郑茂、李守智、王清、朱宇、庞平、杨平、邓敏。本书由邓敏主编并负责内容体系的设计,各章的撰写具体分工如下:

第一章:邓敏

第二章:郑茂

第三章:邓敏、朱宇、黎万和

第四章:李守智、邓敏

第五章:邓敏、李守智

第六章:黎万和、邓敏

第七章:邓敏、王清

第八章:邓敏、杨平

第九章:邓敏、杨平

第十章:邓敏

第十一章:邓敏、王清

第十二章:邓敏、付晓

第十三章:邓敏、付晓

第十四章:邓敏

第十五章:邓敏

第十六章:刘存绪、林建、邓敏

第十七章:邓敏、刘存绪

第十八章:邓敏、黎万和

第十九章:邓敏

第二十章:邓敏

第二十一章:邓敏、饶飞、王清

第二十二章:杨建德、邓敏、黎万和

第二十三章:庞平、杨建德、邓敏

作者

2005 年 3 月

目 录

第一篇　国际贸易的法律规则

第一章　国际贸易的法律规范概述 ……………………………… （3）
第一节　国际贸易适用的国内法 ………………………………… （3）
第二节　国际贸易条约与协定 …………………………………… （5）
第三节　国际贸易惯例 …………………………………………… （7）

第二章　关于贸易术语的国际惯例 ……………………………… （10）
第一节　国际贸易术语概述 ……………………………………… （10）
第二节　《2000 年国际贸易术语解释通则》 …………………… （12）
第三节　《国际贸易术语解释通则® 2010》 …………………… （23）

第二篇　国际贸易方式

第三章　国际贸易方式概述 ……………………………………… （31）
第一节　有固定组织形式的贸易方式 …………………………… （31）
第二节　没有固定组织形式的贸易方式 ………………………… （36）

第四章　单进单出 ………………………………………………… （43）
第一节　单进单出概述 …………………………………………… （43）
第二节　交易磋商 ………………………………………………… （44）
第三节　国际贸易合同概述 ……………………………………… （50）

第三篇　交易条件与合同条款

第五章　商品的名称、品质、数量与包装 ……………………… （55）
第一节　商品的名称与品质 ……………………………………… （55）
第二节　商品的数量 ……………………………………………… （62）
第三节　商品的包装 ……………………………………………… （67）

第六章　货物的交付与运输 ··· (74)
　　第一节　货物的交付 ··· (74)
　　第二节　国际货物运输的方式 ··· (76)
　　第三节　装运条款 ··· (84)

第七章　货物运输保险 ··· (86)
　　第一节　海上货物运输保险 ··· (86)
　　第二节　其他运输方式下的货物保险 ······································ (91)
　　第三节　货运保险实务及贸易合同中的保险条款 ···························· (95)

第四篇　国际贸易结算

第八章　国际贸易结算中的票据 ··· (101)
　　第一节　票据概述 ·· (101)
　　第二节　汇票 ··· (102)
　　第三节　支票和本票 ·· (107)

第九章　国际贸易结算中的商业单据 ··· (112)
　　第一节　单据概述 ·· (112)
　　第二节　发票 ··· (113)
　　第三节　货物运输单据 ·· (116)
　　第四节　运输保险单据及其他单据 ·· (119)

第十章　国际贸易结算的方式 ··· (123)
　　第一节　汇付 ··· (123)
　　第二节　托收 ··· (129)
　　第三节　信用证付款 ·· (131)

第十一章　结算方式的综合运用及环球银行金融电讯协会简介 ·················· (141)
　　第一节　结算方式的选择与运用 ·· (141)
　　第二节　环球银行金融电讯协会简介 ·· (147)

第五篇　国际贸易融资

第十二章　传统结算方式下的国际贸易融资 ···································· (155)
　　第一节　出口贸易融资 ·· (155)
　　第二节　进口贸易融资 ·· (160)

第十三章　国际保理和包买票据 ·· （164）

　第一节　国际保理业务 ·· （164）

　第二节　包买票据业务 ·· （168）

第十四章　出口信贷与出口信用保险 ·· （173）

　第一节　出口信贷概述 ·· （173）

　第二节　出口卖方信贷和出口买方信贷 ······································ （177）

　第三节　出口信用保险 ·· （187）

第十五章　结构贸易融资 ·· （193）

　第一节　结构贸易融资概述 ··· （193）

　第二节　结构贸易融资的工具 ··· （195）

　第三节　结构贸易融资的应用 ··· （199）

第六篇　国际贸易作价

第十六章　作价原则与方法 ··· （203）

　第一节　作价原则 ··· （203）

　第二节　作价方法 ··· （206）

第十七章　费用核算 ·· （208）

　第一节　运费与保险费的计算 ··· （208）

　第二节　佣金与折扣 ·· （211）

　第三节　关税 ··· （213）

　第四节　银行费用的核算 ··· （217）

第十八章　成本构成与报价 ··· （221）

　第一节　出口成本与报价 ··· （221）

　第二节　进口成本与报价 ··· （223）

　第三节　价格换算及合同中的价格条款 ······································· （225）

第七篇　贸易合同的签订与履行及违约救济

第十九章　贸易合同的签订与履行 ·· （229）

　第一节　贸易合同的签订与履行概述 ·· （229）

　第二节　出口合同的履行 ··· （231）

第三节　进口合同的履行 ………………………………………………………（239）

第二十章　违约及其救济 …………………………………………………（242）
　第一节　违约及其确定 …………………………………………………（242）
　第二节　违约救济 ………………………………………………………（249）
　第三节　违约责任的承担 ………………………………………………（253）

第二十一章　争议的预防与解决 …………………………………………（258）
　第一节　索赔 ……………………………………………………………（258）
　第二节　争议 ……………………………………………………………（261）
　第三节　仲裁机构及其他 ………………………………………………（265）

参考文献 ……………………………………………………………………（272）

第 1 篇　国际贸易的法律规范

　　国际贸易的法律规范包括各国的国内法、国家之间缔结的双边或多边的国际贸易条约与协定、国际贸易活动中当事人普遍遵守的国际贸易惯例。

第一章 国际贸易的法律规范概述

第一节 国际贸易适用的国内法

国际贸易适用的国内法按照不同的标准分为不同的法系。从内容来看，各国与国际贸易相关的法律制度主要涉及合同、票据、反倾销、反补贴及贸易壁垒方面的法律制度。

一、两大法系对国际贸易法的影响

国际贸易中所适用的国内法主要是在两大法系基础上发展起来的。其中，大陆法系是以古罗马法为基础发展起来的法律制度的体系。而英美法系又称普通法系，是以英国中世纪以来的法律，特别是以它的普通法为基础发展起来的法律制度的体系。总体上讲，这两大法系在本质、经济基础、法律基本原则方面是一致的，但由于不同的历史传统的影响，两者在法律形式和法律运行方式上又存在着很大的差别。从宏观方面来看，两大法系的主要区别表现在法律渊源、法律结构、法官权限及司法组织与诉讼程序几个方面。

由于国际贸易法的主要调整对象是跨越国界的个人之间以及法人之间的权利义务关系，这就意味着两大法系在民商法方面的根本区别会对这种权利和义务缔结的方方面面产生影响。在国际贸易法的具体领域里，两大法系各有优势。在国际货物买卖合同的成立、履行等方面英美法和大陆法各有其传统，经常出现相互矛盾的情况，但在海上货物运输、国际贸易保险、国际贸易支付的信用证等方面则基本上由英美法支配。在这些领域里，有的是首先由英国或美国作出的判决而成为判例，然后为其他判例所引用而成为判例法原则。这些判例法原则由于英美在国际贸易方面的优越地位而渐渐成为通行于两大法系国家的共通的制度，还有的则是由英国或美国的立法机构加以归纳而制定为成文法，从而成为可以查阅引用的根据。国际贸易法的大多数领域本来就还没有发展到法典化阶段，并且它的许多制度还处于不断形成、发展和未定型的过程之中，在这样的情况下，判例法无论在大陆法国家还是英美法国家都发挥着更重大的作用。所以在这里大陆法法典化的优势并不能充分显示出来，相反擅长于判例法的英美法具有很大的优势。

二、我国的对外贸易法律制度

我国的对外贸易法律制度是国家对货物进出口、技术进出口和国际服务贸易进行

3

管理的一系列法律、法规和其他具有法律效力的规范性文件的总称。其渊源主要体现在宪法等法律法规之中。

（一）宪法

我国宪法明确了我国对外贸易中的主权原则，写入了我国实施改革开放的基本国策，同时对国务院负责管理外贸的权力进行了明确规定。宪法中的其他原则性规范，也是我国对外贸易的指导原则。

（二）对外贸易法

我国对外贸易法于1994年7月1日正式生效，并自2004年7月1日实施了第十届全国人大常委会第八次会议通过的修订后的《中华人民共和国对外贸易法》。对外贸易法是我国对外贸易法律制度的基本法，是整个外贸制度的核心，它对外贸易经营权、海关制度、关税壁垒、检验制度等都作了规定。该法为我国深化对外开放和妥善处理对外贸易中的各种问题，从而为我国从贸易大国走向贸易强国提供了法规保障。

（三）行政法规

国务院颁布的大量行政法规是我国外贸法律制度的重要渊源和主要依据，其内容涉及海关、商检、外汇、税收、原产地、运输等各方面。

（四）部门规章

与外贸有关的各部委在处理外贸具体工作时，往往根据具体问题颁布专门的部门规章。这些规章具有可操作性强、针对性明确、颁布和废除都较方便等特点，对维护我国外贸正常秩序，促进对外贸易的发展有直接的推动作用。

三、主要领域的国际贸易法律制度

（一）与国际贸易合同相关的法律制度

各国关于国际贸易合同的法律制度主要以其合同法为基础。由于两大法系的区别，分属两大法系的国家在国际贸易合同的法律规范上有一定的差异。大陆法系合同法的历史渊源是古代罗马法，它的形成以1804年《法国民法典》的颁布实施为标志。英美法系合同法的历史渊源是英国普通法。由于英国普通法固守判例法传统，所以英美法系的合同法也保持着判例法的形式。

《中华人民共和国合同法》广泛参考、借鉴了两大法系成功的合同立法经验和判例学说，采纳现代合同法的各项新规则和新制度，注重与国际规则和惯例接轨，同时也立足中国的实际，系统全面地总结了中国合同立法和司法实践经验，为我国参与世界经济竞争创造了有利条件。

（二）国际贸易中的票据法律制度

国际贸易中的票据法律制度是调整国际贸易结算中票据法律关系的法律规范的总称。它和国际货物买卖法、国际货物运输法、国际货物运输保险法一样，构成国际货物贸易法律体系的一个组成部分。

根据各国票据立法内容的不同，现今世界上的票据法主要存在大陆法系和英美法系两大体系的差异。从各国票据法的发展历程来看，法国票据法的历史最悠久，早在

1673 年就在《商事条例》中直接把中世纪西欧的关于票据的习惯首次成文法化,然后又在 1807 年《商法典》中加以发展。

在票据法律制度的发展历程中,20 世纪 30 年代在国际联盟支持下缔结的 1930 年的《汇票和本票统一法公约》、《解决汇票与本票若干法律冲突的公约》和 1931 年的《支票统一法公约》、《解决支票若干法律冲突的公约》具有国际贸易统一法的属性。

（三）反倾销和反补贴的法律制度

反倾销和反补贴的法律制度是各国与国际贸易相关的法律制度的主要组成部分。在反倾销和反补贴法律制度的发展历程中,世界贸易组织（World Trade Organization, WTO）的《反倾销协议》和《补贴与反补贴措施协议》具有重要影响,各国反倾销和反补贴法律制度的内容与 WTO 有关协议内容具有趋同的趋势。

在我国,反倾销和反补贴法律制度是自 1994 年《对外贸易法》实施以后逐步建立起来的。1994 年《对外贸易法》对反倾销和反补贴做了一些原则性的规定。1997 年 3 月 25 日,我国公布实施了《反倾销和反补贴条例》,2001 年 11 月 26 日,我国颁布了《反倾销条例》和《反补贴条例》,2004 年实行了修订后的《反倾销条例》和《反补贴条例》。经过修订和完善,我国逐步构建了符合 WTO 规则的反倾销和反补贴的法律制度。

（四）关于贸易壁垒的法律制度

贸易壁垒泛指一国采取、实施的或者支持的对国际贸易造成不合理障碍的立法、政策、行政决定、做法等。贸易壁垒既可用于进口,以限制外国商品的输入,也可用于出口,以限制某些商品出境,比如原材料的输出。贸易壁垒的表现形式繁多,主要分为关税壁垒和非关税壁垒。常见的关税壁垒有关税高峰、关税升级、关税配额、从量关税和从价关税。非关税壁垒可以分为直接的和间接的两大类,具体包括进口配额制、许可证制、"自动"出口限制、外汇管理制度、技术性贸易壁垒、环境贸易壁垒等。

第二节 国际贸易条约与协定

一、国际贸易条约与协定概述

国际贸易条约与协定通常是两个或两个以上的主权国家为了确定彼此之间在经济贸易方面的权利和义务而缔结的书面协议。它反映了缔约国对外政策和对外贸易政策的要求,并为缔约国实现其对外政策和对外贸易政策目标服务。

国际贸易条约种类较多,以其内容不同为主要依据划分,常见的包括通商航海条约、贸易协定、贸易议定书、支付协定等。其中,通商航海条约（Treaty of Commerce and Navigation）是全面规定缔约国之间经济、贸易关系的条约,贸易协定（Trade Agreement）是两个或两个以上国家之间所签订的、用以调整彼此之间的经济贸易关系的书面协议,贸易议定书（Trade Protocol）是缔约国就发展贸易关系的具体事项所达成的书面协议,它有时是作为贸易协定的补充、解释或修改而签订的,有时是在签订长期贸易协定的基础上对年度贸易的具体事项加以规定，而支付协定（Payment Agreement）则是缔约国间关于贸易和其他方面债权债务结算办法的书面协议，它主要包括清算机构、清算账户、清算时使用的货币、清算项目和范围、双方债权债务抵偿后差额的处理办法等内容。

贸易条约与协定适用一定的优惠待遇条款，包括最惠国待遇条款和国民待遇条款。最惠国待遇条款（Most-Favored-Nation Treatment）要求缔约一方现在和将来给予任何第三国的一切特权、优惠和豁免应同样给予缔约对方。国民待遇条款（Nation Treatment）则要求缔约一方保证缔约另一方的公民、企业和船舶在本国境内享受与本国公民、企业和船舶同等的待遇。

二、《联合国国际货物销售合同公约》

《联合国国际货物销售合同公约》（United Nations Convention on Contracts for the International Sale of Goods，以下简称《销售合同公约》）是由联合国国际贸易法委员会编纂解释的。其目的在于使国际间的商品买卖有章可循，以促进国际贸易的发展。公约序言指出，在平等互利基础上发展国际贸易是促进各国间友好关系的一个重要因素，采用照顾到不同的社会、经济和法律制度的国际货物销售合同统一规则，将有助于减少国际贸易的法律障碍，促进国际贸易的发展。

《销售合同公约》对当事人不具有强制性约束力，对买卖合同的形式也没有特别的限制，当事人以书面的或非书面的形式表达均可，但其关于卖方和买方义务的规定，对国际贸易的开展有重要意义。根据有关规定，卖方的主要义务包括交付货物、移交一切有关货物的单据并转移货物所有权，买方的基本义务包括支付货款和收取货物。其中，买方支付货款的义务包括履行必要的付款手续、合理确定货物的价格、确定付款的时间和地点等，买方收取货物的义务主要包括采取一切理应采取的行动，以便卖方能交付货物并在卖方交货时接收符合合同规定的货物。

三、WTO 规则

WTO 即世界贸易组织（World Trade Organization），它成立于 1995 年 1 月 1 日，它的前身是关税与贸易总协定（GATT）。WTO 是关于全球性贸易规则的唯一的国际组织，其主要职能在于制定和规范国际多边贸易规则，负责多边贸易协议的实施、管理和运作，组织多边贸易谈判，为各成员就多边贸易关系进行谈判和贸易部长会议提供场所，并提供实施谈判结果的框架，通过争端解决机制解决成员之间的贸易争端，运用贸易政策评审机制，定期审议成员的贸易政策及其对多边贸易体制产生的影响，通过与国际货币基金组织及世界银行等国际组织的合作，帮助最不发达国家解决贸易发展问题，实现全球经济决策的更大一致性。

WTO 的目标是建立一个完整的包括货物、服务、与贸易有关的投资措施及知识产权等领域的、更具活力的多边贸易体系。为了实现有关目标，WTO 为各领域提供了相应的协定或规则（见表 1-1）。

《建立世界贸易组织协定》		
附件1A：《货物贸易多边协定》	附件1B：《服务贸易总协定》	附件1C：《与贸易有关的知识产权协定》
1. 《1994 年关税与贸易总协定》 2. 《农业协议》 3. 《实施卫生与植物卫生检疫措施协议》 4. 《纺织品与服装协议》 5. 《技术性贸易壁垒协议》 6. 《与贸易有关的投资措施协议》 7. 《反倾销协议》 8. 《海关估价协议》 9. 《装运前检验协议》 10. 《原产地规则协议》 11. 《进口许可程序协议》 12. 《补贴与反补贴措施协议》 13. 《保障措施协议》	1. 《服务贸易总协定》第二议定书——金融服务 2. 《服务贸易总协定》第三议定书——自然人流动 3. 《服务贸易总协定》第四议定书——基础电信 4. 《服务贸易总协定》第五议定书——金融服务	
附件2：《关于争端解决规则与程序的谅解》		
附件3：《贸易政策审议机制》		
附件4：《诸边贸易协议》——《政府采购协议》《民用航空器贸易协议》《国际奶制品协议》《国际牛肉协议》		

从性质上讲，WTO 的法律文件是规定各成员政府制定与实施国际贸易法规的具体权利和义务的国际条约。WTO 要求成员方遵守 WTO 规则，改革贸易政策，并由此影响成员方限制和鼓励贸易商行为活动的方式及程度，进而影响贸易商开展国际贸易活动的方向、环节、手续与融资条件。同时，WTO 还通过对贸易商行为、权利及义务的某些具体规定，直接影响贸易实务和贸易商利益。

第三节　国际贸易惯例

一、国际贸易惯例的含义及特点

国际贸易惯例是国际惯例的主要类别之一。国际惯例（international custom）是人们在国际性交往中逐渐形成的、经某些国际组织编纂解释确定下来的行为准则和规范，它具有通用性、重复性、稳定性、效益性和准强制性特征。一方面，国际惯例是在国际上大多数国家和地区通用的行为准则和规范，这些行为准则和规范被重复多次地应用，且不受政策调整和经济波动的影响，并被国际交往活动所验证是成功的；另一方面，国际惯例不是法律，但受各国法律的保护，具有法律拘束力。

国际惯例分为国际外交惯例和国际商业惯例。国际商业惯例也被称为国际经济惯例，它涉及经济生活的各个方面，从不同的角度可分为国际投资惯例、国际税收惯例、国际贸易惯例、国际工程承包惯例等。其中，国际贸易惯例（international trade customs）是在长期的国际贸易实践中形成的、经国际组织编纂解释的、若干具有普遍意义的习惯做法，它是发达商品经济的产物。

国际贸易惯例具有国际惯例所有的一般特征。就其性质特点而言，它不是任何一个国家的国内法，也不是世界各国的共同立法，任何国际贸易惯例都不具备强制当事人使用该惯例并受其约束的效力。这种性质特点具体到其选择与适用上，就表现为任意性与准强制性特征。首先，国际贸易惯例的选择与适用是以当事人的意思自治为基础的，只有在当事人以某种方式表示承认或选用某种国际贸易惯例时，该惯例才对当事人产生约束作用。其次，国际贸易惯例虽然不是法律，但受各国法律的保护，如果当事人一经选择使用某种国际贸易惯例，该惯例就对当事人具有强制性约束力。

进一步分析，在国际贸易惯例的选择与适用中，其准强制性和任意性具体表现为三种情况：其一，如果当事人在合同中明确规定适用某项惯例，该惯例就构成合同不可分割的一部分并具有强制性约束力；其二，如果合同对某一惯例没做出是否适用的明确规定，在合同发生争议时，受理争议的司法和仲裁机构往往会援用某一惯例进行判决或裁决；其三，许多国际惯例本身就是一种国际法，有的国际公约明确规定，凡国际条约未包括者，各国要受"已确认的习惯"的约束。

二、主要的国际贸易惯例

国际贸易惯例涉及国际贸易的许多领域，主要包括贸易术语、国际结算、运输、运输保险等方面。

（一）关于国际结算的国际贸易惯例

在国际结算方面，影响广泛的国际贸易惯例主要有《跟单信用证统一惯例》、《托收统一规则》等。

《跟单信用证统一惯例》（Uniform Customs and Practice for Documentary Credits）是国际商会制定的，其目的在于对跟单信用证的定义、处理方法、习惯、术语及各当事人的义务与权利作出统一的解释，减少因解释或操作不同而引起的争端。早在1929年，国际商会就制定了《商业跟单信用证统一规则》并建议各国银行采用，但由于这个规则只反映了个别国家银行的观点，因此只有极少数国家的银行采用。在1931年，国际商会组织专门小组对规则进行修改，并于1933年作为第82号出版物颁布了第一个跟单信用证惯例，定名为《商业跟单信用证统一惯例》。此后，随着实践的发展，该惯例经过了多次修改，其中，1962年的修订本正式更名为《跟单信用证统一惯例》，1994年1月1日实施的版本称为国际商会第500号出版物，在此基础上修订形成的、于2007年7月1日施行的版本称为国际商会第600号出版物，即UCP600。

《托收统一规则》（Uniform Rules for Collection）是国际商会根据国际间的托收习惯

整理编制的规则。该规则是国际商会为了统一托收项下各当事人间的权利、义务以及托收术语的解释，于1956年草拟完成的。公布之初该规则并没有被各国普遍接受，后来历经多次修改，其影响力也逐渐扩大。实践中使用的国际商会第522号出版物除总则及定义外，共分8个部分23条，内容有义务与责任、提示、付款、承兑、拒绝证书等。

（二）关于货物运输的国际贸易惯例

关于货物运输的国际贸易惯例较多。从海运方面来讲，影响较大的有《海牙规则》和《汉堡规则》，它们是关于提单条款的国际贸易惯例。

《海牙规则》（Hague Rules）是《统一提单若干法律规定的国际公约》的简称。在海牙规则产生前，由于海运提单的背面条款是由承运人自行规定的，这影响到托运人、收货人、提单持有人等当事人的利益。为了改变这种情况，国际法协会1921年在荷兰海牙拟定了提单规则。其后，国际海事委员会于1924年在布鲁塞尔举行国际海洋法会议，就上述规则加以修订，取名为《海牙规则》，又称《布鲁塞尔公约》。

《海牙规则》使货方的利益得到了一些保护，但其条款仍然给予承运人极大的免责权利，这使规则受到广大货主和航运不发达国家的反对。鉴于此，国际海事协会于20世纪60年代初修改了《海牙规则》。1968年，英法及北欧各传统海运国家在布鲁塞尔会议通过《有关修改1924年统一提单若干法律规定的国际公约的议定书》，又称《维斯比规则》，该议定书对《海牙规则》作了修改和补充，明确扩大了适用范围，提高了船主赔偿限额，增加了有关集装箱运输的某些规定，但只有少数国家参与该规则。1978年3月，联合国国际贸易法委员会在汉堡召开了有78个国家全权代表参加的会议，通过了《联合国海上货物运输公约》，简称《汉堡规则》（Hamburg Rules）。该规则否定了《海牙规则》中的承运人免责条款，使船货双方的责任和风险趋于平衡。

（三）关于货物运输保险的国际贸易惯例

在货物运输保险方面，运用较广的国际贸易惯例有《协会货物条款》、《约克—安特卫普规则》等。

《协会货物条款》（institute cargo clauses，简称ICC或I. C. C）是由伦敦保险人协会所制定的海上货物运输保险的基本条款，条款规定了保险人所负的责任，以作为保险人与被保险人相互约束的依据。该条款最早于1912年制订，后经过多次修订与补充。

《约克安特卫普规则》（York – Antwerp Rules），简称约安规则（Y. A. R.），是国际上办理共同海损的牺牲、费用及其分摊的统一规则，提供了各利害关系人解决损失的计算方式等。该规则最初由英、美和一些欧洲大陆海运国家的理算、海运、贸易和保险等领域的代表于1860年在英国格拉斯哥港召开会议共同制定，称《格拉斯哥决议》；其后，于1864年在英国约克（York）城开会修改，称《约克规则》（York Rules）；1877年在比利时安特卫普（Antwerp）开会再做修订，称《安特卫普规则》（Antwerp Rules）。直到1890年，在英国利物浦开会修订时，正式定名为《约克安特卫普规则》。1924年国际法协会在瑞典斯德哥尔摩再次修订命名为《1924年统一规则》。1949年、1974年国际海事委员会对规则再做修订时，分别定名列为《1950年约克安特卫普规则》和《1974年约克安特卫普规则》。

第二章 关于贸易术语的国际惯例

第一节 国际贸易术语概述

一、贸易术语的含义与作用

贸易术语（Trade Terms）指用来说明商品价格构成、买卖双方在交易过程中有关交货地点的规定、手续的办理、费用的承担及风险责任的划分等事项的概念，习惯中常以英文缩写表示，因为其直接关系到价格的构成，因此又称为价格术语。

贸易术语是在长期的国际贸易实践中产生的。在国际贸易当中，由于买卖双方属于不同的国家，商品在从出口地转移到进口地的过程中会涉及交货地点，货物的运输费、保险费、装卸费、进出口税的承担，货物风险划分的依据等问题。这些问题决定着买卖双方的责任和利益，影响着商品的价格，是交易磋商和贸易合同的核心内容，也是影响交易能否达成的主要因素。为了解决有关问题，各种贸易术语应运而生。

在国际贸易术语产生发展的历程中，18 世纪未 19 世纪初英国经济和贸易的发展具有重要推动作用。1812 年，在英国利物浦港首先出现了装运港船上交货（FOB）的雏形。随着科学技术的进步及运输和通信的发展，国际贸易的条件发生了巨大变化，为国际贸易服务的轮船公司、保险公司纷纷成立，银行也参与到国际贸易结算业务中，由于 FOB 没考虑运费、保险费的承担等问题，因此 19 世纪中叶在英国又出现了成本、保险费加运费价（CIF）术语。随后，为了满足不同性质和内容的贸易需要，其他贸易术语逐渐产生。

国际贸易术语的产生和发展，对简化交易、促进贸易具有重要意义。

（一）有利于达成交易

由于每种贸易术语都有其特定的含义，因此，买卖双方只要商定按何种贸易术语成交，即可明确彼此在交接货物方面所应承担的责任、费用和风险。这就简化了交易手续，缩短了洽商交易的时间，提高了效率，有利于买卖双方迅速达成交易。

（二）有利于核算成本

由于贸易术语表示价格构成要素，因此，买卖双方可以根据不同贸易术语包含的费用进行成本核算和价格比较，正确选择贸易术语，合理确定成交价格。

（三）有利于解决争议

若贸易合同对某些事项规定不明确或不完备，致使履约当中产生的争议不能依据合同的规定解决时，可以援引有关贸易术语的国际惯例加以解决。

（四）有利于其他机构开展业务

国际贸易离不开船舶公司、保险公司和银行等机构，贸易术语及其国际惯例为这些机构开展业务活动和处理实践中的问题提供了客观依据和有利条件。

二、关于贸易术语的国际惯例

在相当长的时间里，各种术语都缺乏统一的解释，这使不同国家和地区对贸易术语的理解产生了不少分歧。为了统一解释、规范使用贸易术语，国际商会、国际法协会等一些国际组织分别制定了有关贸易术语的解释和规则，并逐步形成了相应的国际惯例。目前主要有三种关于贸易术语的国际惯例。

（一）《1932 年华沙—牛津规则》

19 世纪中叶，CIF 贸易术语在国际贸易中被广泛采用，但由于各国对其解释不一，从而影响到 CIF 买卖合同的顺利履行。为了对 CIF 合同双方的权利和义务作出统一的规定和解释，国际法协会于 1928 年在波兰华沙制订了 CIF 买卖合同的统一规则，共计 22 条，称为《1928 年华沙规则》。此后，在 1930 年纽约会议、1931 年巴黎会议和 1932 年牛津会议上，又相继将此规则修订为 21 条，称之为《1932 年华沙—牛津规则》（Warsaw - Oxford Rules 1932）。

《华沙—牛津规则》对 CIF 合同的性质、特点及买卖双方的权利和义务都作了具体的规定和说明，为按 CIF 术语成交的买卖双方提供了一套易于使用的统一规则。自1932 年公布后，该规则一直沿用至今并对某些非 CIF 合同具有重要影响，特别是规则关于以交单时间作为转移货物所有权的时间的规定在卖方有提供提单义务的其他合同中应用非常普遍。

（二）《1941 年美国对外贸易定义修订本》

《1941 年美国对外贸易定义修订本》（Revised American Foreign Trade Definitions 1941）是由美国九大商业团体制定的，其前身是 1919 年在纽约制定的《美国出口报价及其缩写条例》。在美国、加拿大和一些拉丁美洲国家，该修订本有较大影响。在修订本解释的 Ex Point of Origin、FAS、FOB、C&F、CIF 和 Ex Dock 六种贸易术语中，FOB 的含义与国际贸易中一般通用的 FOB 含义有极大差异。根据修订本的解释，FOB有六种类型，其中，除第五种即装运港船上交货（FOB Vessel）外，其余五种 FOB 含义完全不同于其他惯例关于 FOB 的解释。因此，在从美国和加拿大等国家按 FOB 条件进口时，要特别注意《1941 年美国对外贸易定义修订本》对 FOB 术语的特殊解释。

（三）《国际贸易术语解释通则》

《国际贸易术语解释通则》（International Rules for the Interpretation of Trade Terms）的宗旨是为国际贸易中最普遍使用的贸易术语提供一套国际解释规则，以避免因各国对贸易术语的解释不同而出现的不确定性，或至少在相当程度上减少这种不确定性。通则由国际商会（ICC）于 1936 年首次公布，名为《INCOTERMS 1936》，其中，IN-COTERMS 来源于 "International Commercial Terms"。随后，为了使国际贸易术语解释通则适应国际贸易实践的需要，国际商会先后对通则做了多次补充和修订，并相继产生了《INCOTERMS 1953》、《INCOTERMS 1967》、《INCOTERMS 1976》、《INCOTERMS 1980》、《INCOTERMS 1990》、《INCOTERMS 2000》、《INCOTERMS® 2010》。

第二节　《2000 年国际贸易术语解释通则》

一、《2000 年国际贸易术语解释通则》概述

《2000 年国际贸易术语解释通则》（以下简称《INCOTERMS 2000》）是在《IN-COTERMS 1990》的基础上修订形成的。在这次修订中，ICC 吸取了各行业国际贸易从业者的意见和建议。与《INCOTERMS 1990》相比，《INCOTERMS 2000》保留了《INCOTERMS 1990》的结构，包括沿用《INCOTERMS 1990》中采取标准化的、相互对应的规定办法，将买卖双方各自承担的义务排列为相互对应的十项（见表 2 - 1），及将所有的术语按相同的字头和内容上的共同点分为四个基本不同的类型或组别（见表 2 - 2），从而极大地便利了当事人对通则的使用，尤其便于交易双方相互比较和对照检查。

另一方面，《INCOTERMS 2000》在某些内容上对《INCOTERMS 1990》作了实质性修改，尤其是在 FAS 术语下，办理出口清关手续和交纳关税义务由原来的买方承担改为卖方承担，而在 DEQ 术语下，办理进口清关手续和交纳关税的义务则由原来的卖方承担改为买方承担，在使用时贸易商应该特别注意。

表 2 - 1　　　　　　　　各种贸易术语下买卖双方相互对应的 10 项义务

卖方义务	买方义务
A1、提供符合合同规定的货物	B1、支付货款
A2、许可证、批准文件及海关手续	B2、许可证、批准文件及海关手续
A3、运输合同与保险合同	B3、运输合同
A4、交货	B4、受领货物
A5、风险转移	B5、风险转移
A6、费用划分	B6、费用划分
A7、通知买方	B7、通知卖方
A8、交货凭证、运输单证或有同等作用的电子讯息	B8、交货凭证、运输单证或相应的电子单证
A9、查对、包装及标记	B9、货物检验
A10、其他义务	B10、其他义务

表 2-2　　　　　2000 年国际贸易术语解释通则一览表

组别	缩写	英文	中文	交货地点	风险划分界限	运输方式	运输办理	保险办理	运费	保险费	出口税	进口税
E组	EXW	EX Works	工厂交货价	在出口国家卖方所在地	货交买方	任何	买方	买方	买方	买方	买方	买方
F组	FCA	Free Carrier	货交承运人价	在出口国指定的交货地点	货交承运人	任何	买方	买方	买方	买方	卖方	买方
	FAS	Free Alongside Ship	装运港船边交货价	在出口国指定装运港码头的船边	货交船边	海运、内陆水运	买方	买方	买方	买方	卖方	买方
	FOB	Free on Board	装运港船上交货价	在出口国装运港指定的船上	货物越过船舷	海运、内陆水运	买方	买方	买方	买方	卖方	买方
C组	CFR	Cost and Freight	成本加运费价	在出口国装运港的船上	货物越过船舷	海运、内陆水运	卖方	买方	卖方	买方	卖方	买方
	CIF	Cost, Insurance and Freight	成本、保险费加运费价	在出口国装运港的船上	货物越过船舷	海运、内陆水运	卖方	卖方	卖方	卖方	卖方	买方
	CPT	Carriage Paid to…	运费付至…价	在出口国某一地点货交承运人	货交承运人	任何	卖方	买方	卖方	买方	卖方	买方
	CIP	Carriage and Insurance Paid to…	运费、保险费付至…价	在出口国某一地点货交承运人	货交承运人	任何	卖方	卖方	卖方	卖方	卖方	买方

表 2-2（续）

组别	缩写	英文	中文	交货地点	风险划分界限	运输方式	运输办理	保险办理	运费	保险费	出口税	进口税
D组	DAF	Delivered at Frontier	边境交货价	在进口国关境前某一地点	在指定地点货交买方	任何	卖方	卖方	卖方	卖方	卖方	买方
	DES	Delivered Ex Ship	目的港船上交货价	在进口国指定目的港的船上	指定目的港口船上货交买方	海运、内陆水运	卖方	卖方	卖方	卖方	卖方	买方
	DEQ	Delivered Ex Quay	目的港码头交货价	在进口国指定目的港的码头	指定目的港码头货交买方	海运、内陆水运	卖方	卖方	卖方	卖方	卖方	买方
	DDU	Delivered Duty Unpaid	未完税交货价	在进口国指定目的地	指定地点货交买方	任何	卖方	卖方	卖方	卖方	卖方	买方
	DDP	Delivered Duty Paid	完税后交货价	在进口国指定目的地	指定地点货交买方	任何	卖方	卖方	卖方	卖方	卖方	卖方

二、六种常用的贸易术语

在《INCOTERMS 2000》中，常用的贸易术语有 FOB、CFR、CIF、FCA、CPT 和 CIP。

（一）FOB

Free on Board（… named port of shipment），即装运港船上交货（……指定装运港）。此术语是指卖方在约定的装运港将货物交到买方指定的船上。按照《INCOTERMS 2000》规定，此术语只适用于海运和内河航运。如果合同当事人不采用船上交货，则采用 FCA 术语更为适宜。

1. 卖方义务

（1）在合同规定的时间和装运港，将合同规定的货物交到买方指派的船上，并及时通知买方。

（2）自负风险和费用，取得出口许可证或其他官方批准文件，办理货物出口所需的一切海关手续。

（3）负担货物在装运港越过船舷为止的一切费用和风险。

（4）自付费用提供证明货物已交至船上的通常单据。如果买卖双方约定采用电子通讯，则所有单据均可被具有同等效力的电子数据交换（EDI）信息代替。

2. 买方义务

（1）自负风险和费用取得进口许可证或其他官方批准文件，办理货物进口以及经由他国过境的一切海关手续，支付有关费用。

（2）负责租船、订舱，支付运费，并给予卖方关于船名、装船地点和交货时间的充分通知。

（3）负担货物在装运港越过船舷后的一切费用和风险。

（4）按合同规定接受卖方提供的有关单据，受领货物，并支付货款。

3. FOB 的变形

在按 FOB 条件成交时，卖方要负责支付货物装上船之前的一切费用。但各国对于"装船"的概念没有统一的解释，有关装船的各项费用由谁负担，各国的惯例或习惯做法也不完全一致。如果采用班轮运输，船方管装管卸，装卸费计入班轮运费之中，自然由负责租船的买方承担；而采用程租船运输，船方一般不负担装卸费用。这就必须明确装船的各项费用应由谁负担。为了说明装船费用的负担问题，双方往往在 FOB 术语后加列附加条件，这就形成了 FOB 的变形。主要包括以下几种：

（1）FOB Liner Terms（FOB 班轮条件）

这一变形是指装船费用按照班轮的做法处理，即由船方或买方承担。

（2）FOB Under Tackle（FOB 吊钩下交货）

卖方负担费用将货物交到买方指定船只的吊钩所及之处，而吊装入舱以及其他各项费用，概由买方负担。

（3）FOB Stowed（FOB 理舱费在内）

卖方负责将货物装入船舱并承担包括理舱费在内的装船费用。理舱费是指货物入舱后进行安置和整理的费用。在业务中，这一变形常以 FOBS 表示。

（4）FOB Trimmed（FOB 平舱费在内）

卖方负责将货物装入船舱并承担包括平舱费在内的装船费用。平舱费是指对装入船舱的散装货物进行平整所需的费用。在业务中，这一变形常以 FOBT 表示。

在许多标准合同中，为表明由卖方承担包括理舱费和平舱费在内的各项装船费用，常采用 FOBST（FOB Stowed and Trimmed）方式。

FOB 的上述变形，只是为了表明装船费用由谁负担而产生的，并不改变 FOB 的交货地点以及风险划分的界限。

（二）CFR

Cost and Freight（... named port of destination），即成本加运费（……指定目的港）。此术语是指卖方必须负担货物运至约定目的港所需的成本和运费。这里所指的成本相当于 FOB 价，因此 CFR 价由 FOB 价加上装运港至目的港的通常运费构成。

《INCOTERMS 2000》指出，CFR 是全球广泛接受的"成本加运费"术语的唯一的标准代码，不应再使用 C&F（或 C and F，C + F）这种传统的表述方式。在《INCOTERMS 2000》中，明确规定 CFR 术语只适用于海运和内河航运。如果合同当事人不采用船上交货，则应使用 CPT 术语。

1. 卖方义务

（1）自负风险和费用，取得出口许可证或其他官方批准文件，办理货物出口所需的一切海关手续。

（2）签订从指定装运港承运货物运往指定目的港的运输合同；在买卖合同规定的时间和港口，将货物装上船并支付至目的港的运费；装船后及时通知买方。

（3）承担货物在装运港越过船舷为止的一切风险。

（4）向买方提供通常的运输单据，如买卖双方约定采用电子通讯，则所有单据均可被同等效力的电子数据交换（EDI）信息代替。

2. 买方义务

（1）自负风险和费用，取得进口许可证或其他官方批准文件，办理货物进口以及经由他国过境的一切海关手续，支付有关费用。

（2）承担货物在装运港越过船舷以后的一切风险。

（3）接受卖方提供的有关单据，按合同规定受领货物，支付货款。

（4）支付货物在运输途中所产生的除通常运费外的各项费用，及包括驳运费和码头费在内的卸货费。

按 CFR 条件成交时，运输由卖方安排，货运保险由买方办理，因此，为了方便买方及时办理货运保险，卖方要注意及时发出装船通知，否则，卖方将承担有关风险和损失。同时，买方也要注意时刻关注货物装运情况。

3. CFR 的变形

按 CFR 术语成交，如货物是使用班轮运输，运费由 CFR 合同的卖方支付，在目的港的卸货费用实际上由卖方负担。在采用租船运输时，如船方按不负担装卸费条件出租船舶，买卖双方可在 CFR 术语后加列表明卸货费由谁负担的具体条件。

（1）CFR Liner Terms（CFR 班轮条件）

这是指卸货费按班轮办法处理，即买方不负担卸货费。

（2）CFR Landed（CFR 卸到岸上）

这是指由卖方负担卸货费，其中包括驳运费在内。

（3）CFR EX Tackle（CFR 吊钩下交货）

这是指卖方负担将货物从船舱吊起卸到船舶吊钩所及之处（码头上或驳船上）的费用。在船舶不能靠岸的情况下，租用驳船的费用和货物从驳船卸到岸上的费用，概由买方负担。

（4）CFR Ex Ship's Hold（CFR 舱底交货）

这是指货物运到目的港后，由买方自行启舱，并负担货物从舱底卸到码头的费用。

上述 CFR 术语的附加条件只说明卸货费由谁负担，不改变其交货地点和风险划分的界线。

（三）CIF

Cost Insurance and Freight（... named port of destination），即成本、保险费加运费

（……指定目的港）。按《INCOTERMS 2000》的规定，CIF 术语只适用于海运和内河航运。如果合同双方不采用船上交货，则使用 CIP 术语更为适宜。

1. 买卖双方基本义务的划分

按 CIF 术语成交时，卖方必须在合同规定的时间和装运港将货物交至运往指定目的港的船上，负担货物越过船舷为止的一切费用和风险，负责租船订舱，支付从装运港到目的港的正常运费，并负责办理货运保险，支付保险费。由此可以看出，在 CIF 术语下，卖方除承担 CFR 术语下的卖方义务外，还要负责办理货运保险和支付保险费。

2. 使用 CIF 术语应注意的事项

（1）CIF 合同属于"装运合同"

在 CIF 术语下，卖方在装运港将货物装上船即完成交货义务。因此，CIF 术语与其他 C 组术语（CFR、CPT、CIP）及 F 组术语（FCA、FAS、FOB）一样，属于"装运合同"，卖方在装运地（港）将货物交付装运后，对货物可能发生的任何风险不再承担责任。在我国曾将 CIF 术语译作"到岸价格"，CIF 合同的法律性质常被误解为"到达合同"。

（2）卖方办理保险的责任

在 CIF 合同中，卖方负责办理货运保险。《INCOTERMS 2000》规定：如无相反的明示协议，卖方只须按《协会货物保险条款》或其他类似的保险条款中最低责任的保险险别投保。如买方有要求，并由买方负担费用，卖方应在可能情况下投保战争、罢工、暴动和民变险。最低保险金额应为合同规定的价款加 10%，并以合同货币投保。在实际业务中，为了明确责任，一般都应在合同中具体规定保险金额、保险险别和适用的保险条款。

（3）象征性交货问题

从交货方式来看，CIF 属于典型的象征性交货（Symbolic Delivery）术语。在象征性交货方式下，卖方凭单交货，买方凭单付款，只要卖方按时向买方提交了符合规定的全套单据，即使货物在运输途中损坏或灭失，买方也必须履行付款义务。反之，如果卖方提交的单据不符合要求，即使货物完好无损地运达目的地，买方仍有权拒付货款。可见，装运单据在 CIF 交易中具有特别重要的意义。但是，如果卖方提交的货物不符合要求，买方即使已经付款，仍然可以根据合同的规定向卖方提出索赔。

3. CIF 的变形

在 CIF 条件下，买卖双方容易在卸货费的负担问题上发生争议，为了明确责任，贸易合同应对此作出明确具体的规定。如买方不愿负担卸货费，在商订合同时，可要求在 CIF 术语后加列"Liner Terms"（班轮条件）或"Landed"（卸到岸上）或"Ex Tackle"（吊钩下交货）字样。如卖方不愿负担卸货费，在商订合同时，可要求在 CIF 术语后加列"Ex Ship's Hold"（舱底交货）字样。

（四）FCA

Free Carrier（... named place），即货交承运人（……指定地点）。此术语的基本

内涵是指卖方在指定地点将货物交给买方指定的承运人，当卖方将货物交给承运人照管、并办理了出口结关手续时，就算履行了其交货义务。FCA 术语适用于各种运输方式，包括多式联运。

1. 卖方义务

（1）自负风险和费用，取得出口许可证或其他官方批准文件，办理货物出口所需的一切海关手续。

（2）在合同规定的时间、地点，将符合合同规定的货物置于买方指定的承运人控制下，并及时通知买方。

（3）承担将货物交给承运人之前的一切费用和风险。

（4）自负费用向买方提供交货的通常单据，如买卖双方约定采用电子通讯，则所有单据均可被具有同等效力的电子数据交换（EDI）信息代替。

2. 买方义务

（1）自负风险和费用，取得进口许可证或其他官方文件，办理货物进口和经由他国过境的一切海关手续，支付有关费用。

（2）签订从指定地点承运货物的合同，支付运费，并将承运人名称及有关情况及时通知卖方。

（3）承担货物交给承运人之后所发生的一切费用和风险。

（4）根据买卖合同的规定受领货物并支付货款。

3. 使用 FCA 术语应注意的事项

（1）关于交货问题。FCA 是《INCOTERMS 2000》较《INCOTERMS 1990》有实质性变化的三个术语之一。《INCOTERMS 1990》没有明确规定 FCA 条件下装载和卸载货物的义务由谁承担，而《INCOTERMS 2000》则明确规定，在 FCA 术语下，如果指定的交货地点在卖方所在地，则当货物被装上买方指定的承运人的运输工具时，交货即算完成，即卖方有义务装载货物；如果交货是在任何其他地点，当货物在卖方运输工具上，尚未卸货而交给买方指定的承运人处置时，交货即算完成，即卖方没有义务卸载货物。

（2）关于运输合同。《INCOTERMS 2000》中的 FCA 术语，应由买方自付费用订立从指定地点承运货物的运输合同，并指定承运人，但《通则》又规定，当卖方被要求协助与承运人订立合同时，只要买方承担费用和风险，卖方也可以办理。当然，卖方也可以拒绝订立运输合同，如若拒绝，则应立即通知买方。

（3）FCA 与 FOB 的异同。FCA 与 FOB 两种术语均属 F 组术语，按这两种术语成交的合同均属装运合同。买卖双方责任划分的基本原则是相同的。

FCA 与 FOB 的主要不同在于适用的运输方式、交货和风险转移的地点不同。FCA 术语适用于各种运输方式，交货地点视不同运输方式而定，其风险在卖方将货物交至承运人时转移；FOB 术语仅用于海运和内河运输，交货地点为装运港，风险划分以装运港船舷为界。此外，二者在装卸费的负担和运输单据的使用上也有所不同。

（五）CPT

Carriage Paid to（…named place of destination），即运费付至（……指定目的地）。按此术语成交卖方应向指定的承运人交货，支付将货物运至目的地的运费，办理出口清关手续。买方承担交货之后的一切风险和其他费用。CPT 术语适用于各种运输方式，包括多式联运。

1. 卖方义务

（1）自负风险和费用，取得出口许可证或其他官方批准文件，办理货物出口所需的一切海关手续。

（2）订立将货物运往指定目的地的运输合同，支付运费。在合同规定的时间、地点，将合同规定的货物交给承运人，并及时通知买方。

（3）承担将货物交给承运人之前的一切风险。

（4）自付费用向买方提供交货的通常单据，如买卖双方约定采用电子通讯，则所有单据均可被同等效力的电子数据交换（EDI）信息代替。

2. 买方义务

（1）自负风险和费用，取得进口许可证或其他官方文件，办理货物进口所需的海关手续，支付有关关税及从他国过境的费用。

（2）承担自货物在约定交货地点交给承运人之后的风险。

（3）接受卖方提供的有关单据，按合同规定受领货物，支付货款。

（4）支付货物在运输途中所产生的除通常运费之外的各项费用和卸货费。

3. 使用 CPT 术语应注意的事项

（1）风险划分的界限。按照 CPT 术语成交，虽然卖方要负责订立从启运地到指定目的地的运输合同并支付运费，但卖方承担的风险并没有延伸至目的地。按照《INCOTERMS 2000》的解释，货物自交货地点至目的地的运输途中的风险由买方承担，卖方只承担货物交给承运人控制之前的风险。在多式联运情况下，风险自卖方将货物交给第一承运人控制时即转移给买方。

（2）责任和费用的划分。采用 CPT 术语时，由卖方指定承运人，订立运输合同，并支付正常运费。卖方将货物交给承运人之后，应向买方发出货物已交付的通知，以便于买方在目的地办理货运保险和受领货物。

（3）CPT 与 CFR 的异同。CPT 与 CFR 同属 C 组术语，按这两种术语成交，卖方承担的风险都是在交货地点随着交货义务的完成而转移，卖方都要负责安排自交货地至目的地的运输事项，并承担其费用。另外，按这两种术语订立的合同，都属于装运合同，卖方无须保证按时到货。

CPT 与 CFR 的主要区别在于适用的运输方式不同，交货地点和风险划分界限也不相同。CPT 术语适用于各种运输方式，交货地点因运输方式的不同由双方约定，风险划分以货交承运人为界；CFR 术语适用于水上运输方式，交货地点在装运港，风险划分以船舷为界。除此之外，卖方承担的费用以及需提交的单据等方面也有区别。

（六）CIP

Carriage and Insurance Paid to（... named place of destination），即运费、保险费付至（……指定目的地）。按《INCOTERMS 2000》规定，CIP 术语适用于各种运输方式包括多式联运。

按 CIP 术语成交，卖方除负有与 CPT 术语相同的义务外，还须办理货物运输保险并支付保险费。因此，使用 CIP 术语时应注意：

1. 风险和保险问题

在 CIP 术语下，货物从交货地点运往目的地过程中的风险由买方承担，卖方投保是为了便于买方规避风险。根据《INCOTERMS 2000》的解释，一般情况下，卖方要按双方协商确定的险别投保，如果双方未在合同中规定投保险别，则由卖方按惯例投保最低的险别，保险金额一般是在合同价款的基础上加成 10%，并以合同货币投保。

2. 合理确定价格

在 CIP 条件下，卖方要承担较多的责任和费用，这些都应该反映在货价之中。所以，卖方对外报价时，要认真考虑运输距离、保险险别、各种运输方式和各类保险的收费情况，并注意预测运价和保险费的变动趋势。

3. CIP 与 CIF 的区别

CIP 与 CIF 有相似之处，它们的价格构成中都包括了通常的运费和保险费，而且，按这两种术语成交的合同均属于装运合同。但 CIP 和 CIF 术语在交货地点、风险划分界限以及卖方承担的责任和费用方面又有明显的区别，主要表现在：CIF 适用于水上运输，交货地点在装运港，风险划分以装运港船舷为界，卖方负责租船订舱、支付从装运港到目的港的运费，并且办理水上运输保险，支付保险费。而 CIP 术语则适用于各种运输方式，交货地点要根据运输方式的不同由双方约定，风险在承运人控制货物时转移，卖方办理的保险要视具体的运输方式而定。

（七）FCA、CPT、CIP 与 FOB、CFR、CIF 的异同

在 FCA、CPT 和 CIP 三种术语与 FOB、CFR 和 CIF 三种术语下，划分买卖双方责任的基本原则是相同的，但在其他方面又有明显不同，主要表现为：

1. 适用的运输方式不同

FOB、CFR、CIF 三种术语仅适用于海运和内河运输，其承运人一般只限于船公司；而 FCA、CPT、CIF 三种术语适用各种运输方式，包括多式联运，其承运人可以是船公司、铁路局、航空公司，也可以是安排多式联运的联合运输经营人。

2. 交货和风险转移的地点不同

FOB、CFR、CIF 的交货地点均为装运港，风险均在装运港货物越过船舷时从卖方转移至买方。而 FCA、CPT、CIP 的交货地点，需视不同的运输方式和不同的约定而定，它可以是在卖方处所由承运人提供的运输工具上，也可以是在铁路、公路、航空、内河、海洋运输承运人或多式联运承运人的运输站或其他收货点。至于货物灭失或损坏的风险，则于卖方将货物交由承运人保管时，即自卖方转移至买方。

3. 装卸费用负担不同

在 FOB、CFR、CIF 术语下，使用程租船运输的 FOB 合同中应明确装船费由何方负担，在 CFR 和 CIF 合同中，则应明确卸货费由何方负担。而在 FCA、CPT、CIP 术语下，如涉及海洋运输，并使用程租船装运，卖方将货物交给承运人时所支付的运费（CPT、CIP 术语），或由买方支付的运费（FCA 术语），已包含了承运人接管货物后在装运港的装船费和目的港的卸货费。这样，在 FCA 合同中的装货费负担和在 CPT、CIP 合同中的卸货费负担问题均已明确。

4. 运输单据不同

在 FOB、CFR、CIF 术语下，卖方一般应向买方提交已装船清洁提单。而在 FCA、CFR、CIP 术语下，卖方提交的运输单据要视不同的运输方式而定。如在海运和内河运输方式下，卖方应提供可转让的提单，有时也可提供不可转让的海运单和内河运单；如在铁路、公路、航空运输或多式联运方式下，则应分别提供铁路运单、公路运单、航空运单或多式联运单据。

三、其他几种贸易术语

《INCOTERMS 2000》包括 13 种贸易术语，除以上所述的 6 种常用贸易术语外，还有 7 种贸易术语。

（一）EXW

Ex Works（... named place），即工厂交货（……指定地点）。是指卖方在其所在地（如工厂或仓库）将备妥的货物交付买方，以履行其交货义务。按此贸易术语成交，卖方既不承担将货物装上买方备妥的运输工具的义务，也不负责办理货物出口清关手续。除另有约定外，买方应承担自卖方的所在地受领货物后的全部费用和风险。因此，EXW 术语是卖方承担责任、费用和风险最小的一种贸易术语。

EXW 术语适用于各种运输方式。使用 EXW 术语时，如双方同意且在合同中订明，在起运时卖方可负责装载货物并承担装载货物的全部费用和风险。如买方不能直接或间接地办理出口手续，不应使用该术语，而应使用 FCA 术语。

（二）FAS

Free Alongside Ship（... named port of shipment），即装运港船边交货（……指定装运港）。是指卖方把货物运到指定的装运港船边，即履行其交货义务。买卖双方负担的风险和费用均以船边为划分的界限。该术语仅适用于海运或内河运输。

关于办理出口清关手续，《INCOTERMS 2000》与《INCOTERMS 1990》的规定相反，即由买方办理改为卖方办理。《INCOTERMS 2000》规定，卖方应自负费用和风险取得出口许可或其他官方文件，并在需要时办理货物出口的一切海关手续，交纳出口关税及其他费用，如果双方当事人希望买方办理出口清关手续，应在合同中订明。

（三）DAF

Delivered at Frontier（... named place），即边境交货（……指定地点）。指卖方须在边境指定地点，在毗邻国家海关边界前将仍处于运输工具上尚未卸下的货物交给买方处置，办妥货物出口清关手续，即完成交货。卖方承担货物交给买方处置前的风险和费用。DAF 术语适用于陆地边界交货的各种运输方式。

根据《INCOTERMS 2000》的规定，买卖双方按边境交货条件成交时，"边境"一词可用于任何边境，包括出口国边境。为了明确交货责任和避免履约当中引起争议，买卖双方准确地规定边境交货的具体地点是非常重要的。假如交货的具体地点未约定，则卖方可选择最适合其要求的具体地点交货。

（四）DES

Delivered Ex Ship（. . . named port of destination），即目的港船上交货（……指定目的港）。指卖方应将货物运至指定的目的港，在目的港船上交给买方处置，即完成交货。卖方承担在目的港卸货之前的一切费用和风险，买方则承担货物交由其处置时起的一切费用和风险，其中包括卸货费和办理货物进口的清关手续。

DES 术语适用于海运或内河运输或多式联运。如果双方当事人希望卖方负担卸货的风险和费用，则应使用 DEQ 术语。

采用 DES 术语时，因货物在运输途中的风险由卖方承担，因此卖方及时办理货运保险是关系到其自身利益的重要工作。

（五）DEQ

Delivered Ex Quay（. . . named port of destination），即目的港码头交货（……指定目的港）。指卖方在指定的目的港码头将货物交给买方处置，即完成交货。卖方应承担将货物运至指定的目的港并卸至码头的一切风险和费用，但不负责办理办理进口清关手续。

《INCOTERMS 2000》规定，只有当货物经由海运、内河运输或多式联运且在目的港码头卸货时，才能使用 DEQ 术语。如果当事人希望卖方负担将货物从码头运至港口以内或以外的其他地点（仓库、终点站、运输站等）时，则应使用 DDU 或 DDP 术语。

（六）DDU

Delivered Duty Unpaid（. . . named place of destination），即未完税交货（……指定目的地）。指卖方在指定的目的地将货物交给买方处置，即完成交货，卖方承担将货物运至进口国内指定目的地并将货物实际交给买方的一切风险和费用，包括订立运输合同、自负风险和费用取得出口许可证和其他官方批准文件等，但不负责办理办理进口清关手续。买方承担在目的地约定地点受领货物后的风险和费用，并自负风险和费用取得进口许可证和其他官方批准文件等。

DDU 术语适用于任何运输方式，因此它虽然在许多方面与 DEQ 相似，但应用范围却更广。

（七）DDP

Delivered Duty Paid（. . . named place of destination），即完税后交货（……指定目的地）。指卖方在指定的目的地将货物交给买方，即完成交货。卖方须承担将货物运至目的地的一切风险和费用，办理进口清关手续，交纳进口税费。所以，DDP 术语是卖方承担责任、费用和风险最大的一种术语。

DDP 术语适用于所有运输方式。

第三节 《国际贸易术语解释通则® 2010》

一、《国际贸易术语解释通则® 2010》概述

《国际贸易术语解释通则® 2010》（以下简称《INCOTERMS® 2010》）是在《IN-COTERMS 2000》的基础上修订形成的。

随着国际贸易快速发展，贸易领域出现了许多新的变化，如全球范围内免税区的扩展，商业交往中电子通讯运用的增多，货物运输中安保问题关注度的提高以及运输方式的变化。为适应国际贸易的快速发展和国际贸易实践领域发生的新变化，国际商会于 2007 年发起了对《INCOTERMS 2000》进行修订的动议。经过 3 年的修订工作，《INCOTERMS® 2010》于 2010 年 9 月公布，于 2011 年 1 月 1 日生效实施。

二、《INCOTERMS® 2010》对《INCOTERMS 2000》的修改及主要特点

与《INCOTERMS 2000》相比，《INCOTERMS® 2010》对所有规则作出了更加简洁、明确的陈述，更新并整合了与"交货"相关的规则，并首次在贸易术语中对买方与卖方不使用有性别差异的称谓。通过有关修改，《INCOTERMS® 2010》在许多方面呈现出不同于《INCOTERMS 2000》的特点。

（一）贸易术语数量减少

《INCOTERMS 2000》包括 13 种贸易术语，《INCOTERMS® 2010》删除了其中的 DAF、DES、DEQ 和 DDU 4 个术语，新增加了 DAT 和 DAP 术语，共包括 11 种术语。

（二）类别调整

《INCOTERMS 2000》按字头相同和内容上的共同点将 13 种贸易术语分为四类或四组，即，E 组、F 组、C 组、D 组。《INCOTERMS® 2010》根据运输方式的不同将 11 种术语分成两类。一类是适用于任何运输方式或多种运输方式的贸易术语，包括 EXW、FCA、CPT、CIP、DAT，DAP 和 DDP，另一类为适用于海运及内河水运的贸易术语，包括 FAS、FOB、CFR、CIF。

（三）完善了使用说明

《INCOTERMS® 2010》的每个术语前都有该术语的使用说明，用以说明何时适用本术语以及在何种情形下适用其他术语，解释风险何时移转和买卖双方间的成本或费用以及出口手续如何划分等事宜。

（四）明确了贸易术语对国内货物买卖合同的适用性

考虑到对于一些大的区域贸易集团如欧盟而言，国与国之间的边界手续已不再重要，加之贸易方常在国内买卖合同中使用国际贸易术语，《INCOTERMS® 2010》明确

说明，只有在适用时，才产生遵守进出口手续的义务，贸易术语既适用于国际货物买卖合同，也适用于国内货物买卖合同。

（五）补充了关于链式销售的有关规定

由于货物在运送至销售终端的过程中常被多次转卖，而货物由第一个卖方运输，作为中间环节的卖方无须装运货物，而是由"取得"已装运货物的方式履行其对买方的义务，因此，《INCOTERMS® 2010》对链式销售中卖方的交付义务做了细分，明确以"取得运输中货物"作为在相关术语中运输货物义务的替代义务。

（六）FOB、CFR 和 CIF 风险划分界限的变化

根据《INCOTERMS 2000》的解释，FOB、CFR 和 CIF 均以装运港船舷为界划分风险，《INCOTERMS® 2010》则不再设定"船舷"的界限，而以装运港船上交货或取得已经这样交付的货物作为风险转移的界限，强调卖方承担交货前的一切风险，买方承担交货后的一切风险。

（七）买卖双方义务项目的变化

《INCOTERMS® 2010》将每种术语项下买卖双方各自的义务仍然列为十个项目，但不再采用《INCOTERMS 2000》将卖方的每一项具体义务与买方的每一项具体义务相对照的方法，而是将卖方和买方的义务分别归于"A 卖方义务"和"B 买方义务"，并在 A 和 B 栏目下将买卖双方的义务分为相互对应的十项，同时对有的项目内容也做了一定的调整。（见表 2-3）

表 2-3　　《INCOTERMS® 2010》与《INCOTERMS 2000》义务项目对比

《INCOTERMS 2000》	《INCOTERMS® 2010》 A/B "THE SELLERS OBLIGATIONS" / "THEBUYERS OBLIGATIONS" （卖方义务/买方义务）
A1/B1 "Provision of goods In conformity with the contract/payment of the price" （提供符合合同规定的货物/支付货款）	A1/B1 "General obligations of the seller/buyer" （卖方/买方一般义务）
A2/B2 "Licenses, authorization and formalities" （许可证、批准文件及海关手续）	A2/B2 "Licenses, authorization, security clearances and other formalities" （许可证、授权、安检通关和其他手续）
A3/B3 "Contracts of carriage and insurance" （运输合同和保险合同）	A3/B3 "Contracts of carriage and insurance" （运输合同和保险合同）
A4/B4 "Delivery/Taking delivery" （交货/受领货物）	A4/B4 "Delivery/Taking delivery" （交货/收取货物）
A5/B5 "Transfer of risks" （风险转移）	A5/B5 "Transfer of risks" （风险转移）
A6/B6 "Division of costs" （费用划分）	A6/B6 "Allocation of costs" （费用划分）
A7/B7 "Notice to the buyer/seller" （通知买方/通知卖方）	A7/B7 "Notice to the buyer/seller" （通知买方/通知卖方）

表 2 - 3（续）

《INCOTERMS 2000》	《INCOTERMS® 2010》 A/B "THE SELLERS OBLIGATIONS" / "THEBUYERS OBLIGATIONS" （卖方义务/买方义务）
A8/B8 "Proof of delivery, transport document or e-quivalent electronic messages" （交货凭证、运输单据或有同等作用的电子讯息）	A8/B8 "Delivery document/Proof of delivery" （交货凭证/交货证据）
A9/B9 "Checking - packaging - making/Inspection of goods" （查对、包装、标记/货物检验）	A9/B9 "Checking - packaging - making/Inspection of goods" （查对、包装、标记/货物检验）
A10/B10 "Other obligations" （其他义务）	A10/B10 "Assistance with information and related costs" （协助提供信息及相关费用）

（八）其他特点和变化

《INCOTERMS® 2010》赋予了电子讯息与纸质讯息同等效力，并考虑了《伦敦保险协会货物保险条款》修订产生的影响，将与保险相关的信息义务纳入涉及运输合同和保险合同的 A3 和 B3 条款。同时，考虑到人们对货物移动时的安全问题日益关注，以及要求确保货物对人的生命和财产不得构成威胁，《INCOTERMS® 2010》还就各方在安检通关及通关所需信息方面的义务做了规定。此外，为了避免买方既向卖方又向承运人或港口运营人支付码头作业费，《INCOTERMS® 2010》在 CPT、CIP、CFR、CIF、DAT、DAP 和 DDP 术语的 A6/B6 条款中明确了此类费用的分摊。

三、《INCOTERMS® 2010》的 11 种贸易术语

（一）11 种贸易术语概览

根据《INCOTERMS® 2010》对贸易术语的分类和解释，可将 11 个术语所属的类别及每个术语下买卖双方各自承担的主要义务等列示如表 2 - 4。

类别	缩写	英文	中文	交货地点	风险划分界限	运输办理	保险办理	运费	保险费	出口税	进口税
适用于任何运输方式或多种运输方式的术语	EXW	EX Works	工厂交货	卖方所在地	卖方处所	买方	买方	买方	买方	买方	买方
	FCA	Free Carrier	货交承运人	根据运输方式和合同约定	交第一承运人	买方	买方	买方	买方	卖方	买方
	CPT	Carriage Paid to	运费付至	根据运输方式和合同约定	交第一承运人	卖方	买方	卖方	买方	卖方	买方
	CIP	CARRIAGE AND INSURANCE PAID TO	运费、保险费付至	根据运输方式和合同约定	交第一承运人	卖方	卖方	卖方	卖方	卖方	买方
	DAT	Delivered at Terminal	运输终端交货	指定的目的港或目的地运输终端	指定目的地或目的港的集散站	卖方	卖方	卖方	卖方	卖方	买方
	DAP	Delivered at Place	目的地交货	指定目的地	指定目的地	卖方	卖方	卖方	卖方	卖方	买方
	DDP	Delivered Duty Paid	完税后交货	指定目的地	进口国指定地	卖方	卖方	卖方	卖方	卖方	卖方
适用于海运及内河水运的术语	FAS	Free Alongside Ship	装运港船边交货	装运港船边	装运港船边	买方	买方	买方	买方	卖方	买方
	FOB	Free on Board	装运港船上交货	装运港船上	装运港船上	买方	买方	买方	买方	卖方	买方
	CFR	Cost and Freight	成本加运费	装运港船上	装运港船上	卖方	买方	卖方	买方	卖方	买方
	CIF	Cost, Insurance and Freight	成本、保险费加运费	装运港船上	装运港船上	卖方	卖方	卖方	卖方	卖方	买方

（二）DAT

Delivered at Terminal（… named terminal at port or place of destination），即运输终端交货（……指定的目的港或目的地）。指卖方在指定的目的港或目的地的指定运输终端将货物从运输工具上卸下，交由买方处置时，即完成交货。"运输终端"意味着任何地点，包括码头、仓库、集装箱堆场或公路、铁路、空运货站等。DAT 的交货与《INCOTERMS 2000》的 DEQ 术语有相同之处。

1. 卖方的义务

卖方必须按约定交货，提交符合要求的商业发票和其他证据或具有同等作用的电子讯息，并承担将货物运至指定港口或指定目的地的运输终端并将其卸下的一切风险和费用，包括运费和保险费，签订运输合同，取得许可证和其他官方授权，办理货物出口和交货前从他国过境运输所需要的一切海关手续。对于买方，卖方不承担订立保险合同的义务。

2. 买方的义务

买方必须按约定收取货物和交货凭证、支付价款，承担自卖方按约定交货时起的一切风险和费用，取得许可证和其他官方授权，办理货物进口的一切海关手续。买方对卖方不承担订立运输合同和保险合同的义务，但应卖方要求，买方须向卖方提供取得保险所需要的信息。当有权决定在约定期间内的具体时间和（或）指定运输终端内收取货物的点时，买方必须向卖方发出充分的通知。

（三）DAP

Delivered at Place（... named place of destination），即目的地交货（……指定目的地）。指卖方在指定目的地将仍处于运输工具上但已做好卸货准备的货物交由买方处置时，即完成交货。这与《INCOTERMS 2000》中 DAF、DES、DDU 的交货有相同之处。

1. 卖方的义务

卖方必须按约定交货，提交符合要求的商业发票和其他证据或具有同等作用的电子讯息，并承担交货前的一切风险和费用，包括运费和保险费，签订运输合同，取得许可证和其他官方授权，办理货物出口和交货前从他国过境运输所需要的一切海关手续。对于买方，卖方不承担订立保险合同的义务。

2. 买方的义务

买方必须按约定收取货物和交货凭证、支付价款，承担自卖方按约定交货时起的一切风险和费用，取得许可证和其他官方授权，办理货物进口的一切海关手续。买方对卖方不承担订立运输合同和保险合同的义务，但应卖方要求，买方须向卖方提供取得保险所需要的信息。当有权决定在约定期间内的具体时间和（或）指定目的地内收取货物的点时，买方必须向卖方发出充分的通知。

第 2 篇　国际贸易方式

国际贸易是在一定的具体交换形式下进行的，在不同的交换形式下，当事人之间的关系会有所不同。国际贸易中交易双方进行货物买卖所采用的具体交换形式或交易方法及当事人之间的相互关系就是贸易方式。国际贸易方式在长期的国际贸易实践中逐渐形成，并随着国际贸易的发展而逐渐丰富、发展。由于各种贸易方式具有各自不同的特点和利弊，因此，了解各种贸易方式，并根据不同国家和地区、不同交易对象、不同商品等具体情况，选择可行性较强、风险较小、收益较大的贸易方式具有重要意义。从国际贸易实践情况来看，各种贸易方式可以归纳为三大类：一是有固定组织形式的贸易方式；二是没有组织形式的贸易方式；三是协定贸易。其中，协定贸易是根据国际贸易条约与协定的原则和范围而进行的贸易。关于贸易条约与协定，前面已有所介绍，这里不再赘述。以下是关于有固定组织形式和没有组织形式的贸易方式的分析。

第三章 国际贸易方式概述

在国际贸易的三类贸易方式中，协定贸易是根据国际贸易条约与协定的原则和范围进行的具有特殊性的贸易，因此这里仅就有固定组织形式和没有组织形式的贸易方式展开分析。

第一节 有固定组织形式的贸易方式

在国际贸易中，有些商品、特别是一些大宗商品的买卖，大多习惯按照一定的规章制度和交易条件，在特定的地点进行交易，这种交易方式通常被称为有固定组织形式的贸易方式，常见的有期货交易、展卖、拍卖、招标与投标。

一、期货交易

期货交易（Futures Transaction）是在固定的市场内，按照一定规章制度买卖标准期货合约的行为。期货交易脱胎于现货交易，但明显地区别于现货交易。

（一）期货交易的特点

与现货交易相比，期货交易的特点在于：

1. 合同形式不同

现货交易合同的具体条款是买卖双方在不违反法律法规的前提下自由议定的，不仅形式多样，而且内容也不具有格式化特征。期货交易的标的是标准期货合约（Futures Contract），它是由期货交易所制定、由买卖双方在交易所内按既定交易规则达成的，在规定时间和地点交割一定期货商品的标准化契约。其内容主要包括数量条款、品质条款、交割期、交割地点和价格条款。在这些内容中，价格可以在事先确定的浮动范围内变动，其余的由期货交易所规定。

2. 交易方式及买卖双方的合同责任关系不同

期货交易双方并不见面，而是通过经纪人或中间商在期货交易所内经过竞价敲定价格。期货以公开、公平的方式进行交易，一对一的谈判交易被视为违法，双方达成交易的信息，包括价格都对外公布。现货交易一般分散进行，并无特定市场，只有一些生鲜和个别农副产品是以批发市场的形式集中交易。现货交易一般无须经纪人参与，双方多以面谈等方式议定合同条款，合同内容通常不公开。此外，期货交易可作空头或多头（买空卖空），多数交易可以通过对冲解除履约责任，而现货交易却不允许如此运作，否则构成欺诈。期货合约的交易双方并无直接合同关系，而是各自与清算所建立合同关系。现货交易的双方必须承担直接合同责任关系。

3. 交割地点不同

现货交易并不限定交割地点，期货合约则必须在场内交易，任何场外交易、私下交易都是无效和非法的。场内交易必须满足三个条件：第一，交易所已事先得到有关管理部门的批准；第二，最终交易必须在交易所完成；第三，代理交易的经纪人必须具有交易所会员资格。

4. 交易主体、目的和商品不同

期货交易的主体多为以套期保值（Hedging）或投机（Speculation）为目的的套期保值者、经纪人、投机商，现货交易的主体则多是以买卖商品为目的的生产商、经销商和消费者。期货交易涉及的商品范围比较狭窄，一般是那些供求关系不稳定，价格波动较大的商品，如小麦、大豆、谷物、棉花、原糖等有形产品和外汇、有价证券等无形的金融资产。因此按其形态特点，期货可以分为商品期货（Commodity Futures）和金融期货（Financial Futures）。其中，商品是否能进行期货交易，取决于四个条件：一是商品是否有价格风险；二是商品经营者是否有转嫁风险的要求；三是商品能否耐储运；四是商品的等级、规格、质量是否容易划分。

5. 结算方式及交易保障机制不同

期货交易实行保证金制度，必须每日结算盈亏。期货合约成立时，交易双方必须向清算所交纳保证金（Margin），清算所每日结算并有权根据期货价值的升降要求追加保证金，以此确保交易双方都能对合同负责。现货交易的双方没有交纳保证金的义务，交易者必须事先了解对方资信和其他情况确保合同的履行，且实行一次或数次结清货款。

（二）期货交易的基本类型

期货交易的类型很多，但期货交易的主要目的无非是为了转移价格（包括利率、汇率和股票指数）波动风险，以求保值，或者为了获取盈利。因此，根据目的不同，期货交易分为套期保值业务和投机性交易。

1. 套期保值业务

套期保值（Hedging）又称对冲交易，是指在期货市场买进（或卖出）与现货市场品种及数量相同，但交易方向相反的商品（或金融性信用工具）期货合同，以期在未来某一时间通过卖出（或买进）期货合同来弥补或抵消因现货市场价格变动带来的实际价格风险。因此，套期保值交易的目的是为了最大限度地减少或消除价格波动的不利后果。

套期保值有多种交易方式，但被普遍采用的主要有卖期保值（Selling Hedging）和买期保值（Buying Hedging）。卖期保值又称"空头"（Bears）套期保值，其基本操作是先在期货市场卖出期货合同，在卖出现货商品时再买进一份与先前卖出的期货合同品种、数量和交割期相同的期货合同相对冲，以达到保值的目的。买期保值又称"多头"（Bulls）套期保值，其基本操作是先在期货市场买入期货合同，在买入现货商品时再出售一份与先前买进的期货合同品种、数量和交割期相同的期货合同对冲。

2. 期货投机业务

期货投机（Speculation）指以牟取利润为目的而买卖期货合同的行为。在商品期货市场和金融期货市场，从事这项活动的人统称为期货市场的投机者（Speculator）。投机者根据对市场前景的推测，在期货市场大规模地进行买进或卖出的交易。他们在价格看涨时买进期货合同，待价格上涨后回抛，这种做法称为"买空"或"多头"。他们在价格看跌时抛售期货合同，待价格下跌后低价补进冲销，这种做法称为"卖空"或"空头"。

二、展卖

展卖（Fairs and Sales）是利用展览会和博览会以及交易会等形式展出商品并进行销售的一种贸易方式。展卖往往在一定地点定期举办，具有把出口商品的展览和推销有机结合起来、边展边销、以销为主的特点。

（一）展卖的作用

1. 有利于宣传商品

展卖所提供的宣传是全方位或全感官的，因为它提供了实物环境，可让参观者通过视觉、听觉、嗅觉、味觉及触觉等感受商品，从而得到全面、真实的感觉，留下生动深刻的印象。

2. 有利于建立和发展客户关系

展卖活动为展出者提供了与客户进行联系和交流的场所，展出者可以接触整个行业或市场的许多客户，这对于扩大展销商品的销售地区和范围具有重要意义。

3. 有利于开展市场调研和改进产品质量

展卖会为参展者提供了调查研究的有利条件，参展者可以通过展卖会了解市场需求、消费习惯及竞争对手的情况等信息，并根据有关信息改进产品质量，增强出口竞争力。

（二）展卖的类型

1. 按照性质差异分类

根据性质不同，展卖分为贸易型展卖会和消费型展卖会。贸易型展卖会是为制造业、商业等行业举办的，与会者为生产行业和贸易界人士，展品多为生产资料。消费型展卖会是为社会大众举办的，展品为生活资料和日用消费品。

2. 按照展卖标的范围分类

按照标的范围不同，展卖分为综合性展卖会和专业性展卖会。各种商品均可参加展出和交易的博览会属于综合性的，又称"水平型博览会"，其基本特点是展出期限长、规模大，而且对普通公众开放。只限某类专业性商品参加展览和交易的展卖会属于专业性的，又称"垂直型展卖会"。

3. 按照展卖时间分类

按照展卖时间分类，展卖分为定期展卖会和不定期展卖会。定期展卖会的时间、地点相对固定，但展览次数不定。不定期展卖会由主办者根据需要和条件举办，它又分长期展卖和短期展卖。长期展卖可以是三个月、半年甚至常设，短期不超过一个月。

三、拍卖

拍卖（Auction）是一种现货交易方式，基本操作是专门从事公开拍卖业务的拍卖行（Auctioneer）接受货主的委托，在一定的时间和地点，按照一定的章程和规则，由众多的买主公开叫价相互竞购，最后将货物卖给出价最高的买主，因此又称"竞买"。拍卖有自己独特的法律和规章，其交易程序和方式、合同成立与履行不同于一般的交易方式，许多国家的买卖法都对此有专门的规定。此外，各个拍卖行也都制定了自己的章程和规则供拍卖时采用。

（一）拍卖的基本原则

拍卖奉行"三公一高"的基本原则，即"公开、公平、公正、价高者得"。"公开"指所有拍卖物品公开展示，全部拍卖活动公开进行。"公平"指买主竞买资格、竞买机会和竞买规则平等。"公正"指拍卖行对所有买主高度负责，没有欺骗，在提供服务时，拍卖行恪守公正无私、诚实可信、秉公办事、取信于民的原则，在拍卖过程中，拍卖机构推出保真、保值的拍品。此外，拍卖行对所有买主一视同仁，对买主的选择一律尊重，拍卖最终落槌于价高者。

（二）拍卖的方式

1. 增价拍卖

增价拍卖（Ascending – price Auction）亦称"英式拍卖"（English Auction），是历史最悠久、使用最广泛的一种拍卖方式。它具体指拍卖开始时，拍卖人向潜在买主征求第一个出价或宣布货物的起叫价，投买人以此为限，由低至高，竞相应价，直到拍卖人认为无人再出更高的价格时，则击槌成交，货物由最后出价最高的人获得。

2. 减价拍卖

减价拍卖（Descending – price Auction）也称"荷兰式拍卖"（Dutch Auction），因起于荷兰而得名。这种拍卖方式由拍卖人宣布拍卖品的预估最高价格，如果没有竞买者接受，就逐渐降低叫价，直到有竞买者应价表示接受时定槌成交。

2. 密封递价拍卖

密封递价拍卖（Sealed – bid Auction）又称招标式拍卖，具体做法是由拍卖人事先公布拍卖物的具体情况和拍卖条件，然后由竞买人在规定时间内将其出价密封递交拍卖人，再由拍卖人在规定时间统一开标，选择条件最适合的达成交易。

4. 网上拍卖

网上拍卖要求竞买人按要求登记注册，在某些情况下，还会要求提供一定的保证金。网上拍卖也有增价拍卖、减价拍卖、密封递价拍卖等不同的拍卖方式。在互联网商务中，为了买卖双方的交易公平，通常采用第三方担保，买受人将价款付至第三方担保的专门账户，由其凭拍卖行提交的"买受人已签收拍品通知单"付款。当然，买主也可以采取自行付款提货方式。

四、招标与投标

招标与投标是一种贸易方式的两个方面。招标（Invitation to tender, call for tender）由招标方（招标人）事先发出通告，详细说明准备采购的商品名称、规格、数量，或对兴办工程项目提出具体要求和条件，邀请有关各方按照一定程序在同等条件下前来投标，并按事先公布的规则评标，选择其中最符合条件者与其达成交易。投标（Submission of Tender）是投标人按照招标人发布的招标公告所列明的具体条件和要求，在规定的时间内向招标人提交报价的过程。

（一）招投标的特点

1. 公开、公平、公正、择优的竞争机制

招投标依据"公正、科学、择优"的原则公开发布招标公告，公开邀请投标人，公开招标条件，公开宣布投标人的报价及通过严密的综合评审择优选定中标人。

2. 一次性准确报价

投标实行实盘报价，众多投标人在同一时间内一次性报价，其投标文件在限期前递交，一经发出就不能撤回或更改。

3. 交易目标最优

由于采用招标方式的标的物往往具有资本、技术、效率、劳务和质量相结合的综合属性，招标的评价标准不仅在于标的物成本的高低，还在于是否能实现资源的有效配置和各要素组合的最佳统一，因此招投标具有获取最优综合目标的特征。

4. 具有固定的组织和规范的操作程序

招投标有固定的招标组织，固定的招标、询标、开标场所和相对固定的操作程序及交易规则。通常情况下，招投标的程序包括招标、投标、开标、评标、中标与签订合同。

（二）招标的种类

1. 公开性招标

公开性招标的基本方法是招标人在有代表性的宣传媒体上刊登广告宣布买主进行采购，并广泛地邀请供应商或承包商来参加投标。这种方式的主要特点是不限制招标信息的传播范围和途径，而且对投标人不加限制地邀请，同时以公开的方式开标。

2. 两阶段招标

两阶段招标的招标活动明显地分为两个阶段。在第一阶段，招标机构就拟采购的目标货物或工程的技术、质量以及合同条款等广泛地征求意见（合同价款除外），并同投标商进行谈判以确定目标货物或工程的技术规范。在第二阶段，招标机构依据第一阶段所确定的技术规范进行正常的公开招标。

3. 协议性招标

协议性招标是通过招标投标双方的协议而不是传统的招标方式来进行的。对于已经存在合作关系的承包商和发包人之间，或在政府间的双边经济援助协定规定工程项目的采购限于援助国家的厂商的情况下，或对一些难于确定工期、工程质量或者时间紧迫的工程，采用这种方式可以节省交易成本。

4. 自动条件招标

这是以最低报价为先决条件自动地将招标项目授予某个投标机构的招标方式。这种方式的基本特点是商品规格统一、质量水平相近，其他交易条件由招标人通过格式条款制订，价格不同是决定招投标自动成立的关键。

5. 随意条件招标

随意条件招标的合同授予条件可以比较灵活地变动。这种招标方式通常用于大型、复杂的建筑工程项目。

6. 谈判招标

谈判招标通常用于金额巨大、投标人实力相当的项目。与通过一次招标和开标确定合同的方式不同，谈判招标由招标机构在开标后和任何一个投标人通过谈判的方式磋商合同具体条款，然后再确定中标人。

第二节　没有固定组织形式的贸易方式

没有固定组织形式的贸易方式指超越固定市场范围的贸易方式，即不按照固定的规章和交易条件、不在特定地点进行交易的灵活的贸易方式，常见的有单进单出、代理、寄售、包销、经销等。

一、代理

（一）代理的含义和特点

代理（Agency）是指货主或生产厂商（委托人）授权代理人在规定的地区和期限内，向第三人招揽生意、订立合同或办理同交易有关的其他事宜，同时对代理人支付佣金作为报酬的一种贸易方式。代理双方的关系是委托与被委托的关系，而不是买卖关系。代理商在代理业务中只是代表委托人招揽客户、签订合同、处理委托人的货物、收受货款等，并从中赚取佣金。代理商不必动用自有资金购买商品，不负盈亏。

代理的实施必须具有法律意义，代理行为必须以委托人的名义进行，代理人必须在委托人授权的范围内行事，代理行为的法律后果由委托人承担。通过代理，出口商可充分利用代理人的销售网络、技术设施和信息扩大商品的销路，在商品市场被当地贸易商控制的情况下，通过代理还可以缓解这种垄断局面。

（二）代理的种类

1. 按职权范围划分

按照职权范围划分，代理分为总代理、独家代理、一般代理。总代理（General Agent）是委托人在指定地区的全权代表。独家代理（Exclusive Agent）则在约定的地区和一定期限内，单独代表委托人从事代理协议中规定的有关业务。与独家代理相比，一般代理（Agent）不享有独家经营权，同总代理相比，一般代理无权设立分代

国际贸易实务与融资

理，不能分享分代理的佣金。

2. 按行业性质划分

按照行业性质和代理人的职责划分，代理可以分为销售代理、购货代理、保险代理、广告代理和房地产代理、运输代理、诉讼代理、仲裁代理等。其中，销售代理指委托人授予代理商"销售代理权"，在销售代理权限内代理商代理委托人搜集订单、销售商品以及办理有关事务。购货代理是代理人按照代理协议的规定，为委托人在其所在地采购商品、原材料等。

二、寄售

在国际贸易中，寄售（Consignment）是指寄售人先将准备销售的货物运往各个寄售地，委托国外的代销人按照寄售协议中规定的条件，在当地进行销售，待货物售出后，由代销人按约定的办法与货主结算货款的一种贸易方式。在推销手工艺品、轻纺产品、土特产品、易腐商品以及小型机械设备等往往采用这种交易方式。

在寄售业务中，涉及的当事人包括寄售人和代销人。寄售人（Consignor）又称委托人或货主，在寄售协议签订后，寄售人应按照寄售协议的规定将货物运交代销人销售。代销人（Consignee）又称受托人。按照寄售协议的规定，代销人承担代替寄售人销售商品的职责。

（一）寄售的特点

寄售是先出运后出售商品，即由寄售人先将待售的商品运至国外，再经代销人与买主凭实物进行现货买卖。货物售出前其所有权和风险仍属货主，如果代销人破产，任何债权人不得对寄售货物主张权利。寄售人和代销人之间是委托代售关系，代销人在货主授权范围内，可以用自己的名义与当地客户直接签订合同并履行合同，如果代销人与当地客户发生贸易纠纷，代销人可以是直接的申诉人或被诉人。

（二）寄售的利与弊

对于出口商而言，寄售是一种有利有弊的贸易方式。一方面，出口商可以利用代销人的贸易渠道推销商品，加之寄售是看货买卖，对买主来讲，这可以缩短从订约到收货的时间，又可避免垫付资金和承担货物在运输途中的费用和风险，因此采用寄售有利于通过增强买主的购买积极性达到开拓市场的目的。同时，寄售货物出售前寄售人对货物的销售处理、价格的确定等仍然拥有决定权，这有利于寄售人灵活掌握销售价格，提高运营效率。此外，由于不占用代销人的资金，代销人也不承担费用和贸易风险，这有利于调动代销人推销商品的积极性。

但是，由于寄售人要承担待售货物的一切风险和费用，因此，在寄售方式下，出口商的风险较大，负担的费用较多，资金周转会因垫付资金受到影响。为了防范寄售的不利影响，出口商需要根据商品的特性和经营意图来决定是否采用寄售方式，同时要特别重视对销售市场的调查研究，谨慎选择代销人，订好寄售协议。

三、经销与包销

（一）经销

经销（Distribution）是出口商与国外经销商就某商品的售价、数量、销售地区、期限和其他有关事项达成授予其经营权的协议，经销商根据协议在一定地区和一定时期内经营规定商品的贸易方式。在这种方式下，出口厂商与经销商的关系是买卖关系，经销商购进商品后自行销售，自负盈亏。经销协议本身并不是一个具体的买卖合同，它仅规定一般的交易条件和双方的权利与义务，买卖双方的每笔交易尚需单独签订合同，规定所成交的商品数量、品质规格、价格和其他交易条件。但是，每次交易另行签订的合同的主要条款和双方应有的权利和义务，不能和总的经销协议相悖。

在采用经销方式出口时，供货商与经销商之间存在相对长期的合作关系。如果经销商信誉好，经营能力强，经销就可以使供销双方受益。如果经销商经营能力不佳或资信不好，则会使供货人作茧自缚。

（二）包销

包销（Exclusive Sales）也就是独家经销（Sole Distribution）。独家经销是与一般经销相比较而言的，两者的不同主要在于经销商的权限。在一般经销方式下，经销商不享有独家专营权，经销的当事人不受专营权的约束，在经销协议的期限内，出口商可以在同一经销区域内选择一个以上的经销商经营同类商品。包销是指进出口双方通过协议规定出口商授予进口商在某一时期、某一地区内独家经营某种或某类商品的权利的贸易方式，包销商对协议范围内的商品享有专营权，在协议规定的时期和地区内，出口商不得向包销商以外的任何其他客户发盘成交，同时，在取得专营权后，包销商不得采购或经营其他来源的同一商品，且应保证在规定的时期内购满协议确定的商品数量或金额。

在包销方式下，出口商可以利用包销商的销售渠道及广告宣传拓展销售，获取市场信息并根据市场需求分期分批均匀供货，同时还可以避免在同一地区内因多头出口造成的价格混乱，这对稳定价格和市场有重要意义。

另一方面，包销协议的约束机制可能使出口商和包销商中断与原有老客户的商业关系，包销商也可能凭借独家经营的地位提出较苛刻的要求，或在国外市价坚挺、行情上扬时操纵市场。因此，出口商要注意包销的不利影响。

四、对销贸易

对销贸易（Counter Trade）又称为对等贸易、反向贸易，是在互惠的基础上把进出口结合起来的整体贸易，其基本特点是互惠性，并以物物交换为交易基础，交易双方有进有出，以进带出，并在此基础上求得基本平衡。根据具体运作不同，对销贸易一般分为易货贸易、互购贸易、转手贸易、抵消贸易和补偿贸易。

（一）易货贸易

易货贸易（Barter）是对销贸易最基本的形式，它具体指买卖双方进行商品或服务的等价交换、无须现汇结算的贸易方式。在实践中，易货贸易分为直接易货和综合易货。直接易货即狭义的易货贸易，其基本做法是贸易双方进行一次性的等价的物物交换，既不进行现金结算，也不记账转账。这种易货贸易是人类历史上最古老和最简单的交易方式。综合易货又称为"一揽子"交易。和直接易货常用的以一种商品交换对方的一种商品的做法不同，综合易货可以涉及多种商品，多个进口方和出口方；在结算上，综合易货既可以采用逐笔平衡的方式，又可以在确定的时期内分别结算，综合平衡；在进口与出口的结合问题上，综合易货既可以是进出口同时进行，又可以是有先有后，分开进行。

易货贸易可以节约外汇，有利于规避汇价波动和外汇管制及贸易壁垒的影响，还可以以进带出，开拓新市场。但是，由于易货贸易涉及进出口协调的问题，只有在参与易货的商品能满足双方的需要时才能作成交易，这使易货贸易不可避免地受到双方国家经济互补性的制约。同时，在易货贸易的记账方式下，先出口方得到的不是现汇，而是对方对未来交货的承诺，这种逆差方无偿占用顺差方资金的情况会影响贸易的开展。

（二）互购贸易

互购贸易（Counter Purchase）的基本内涵是贸易双方互相购买对方的商品，因而又称对购或"平行贸易"（Parallel Trade）。互购是两笔相互关联的现汇交易，它不要求等值交换和进出口同步，通常使用两个既相独立又相互联系的合同。其具体做法是进出口双方签订协议，先出口国在协议中承诺在一定时期用全部或部分出口所得购买对方国家的产品。有关回购期限、回购产品的种类、价格、数量和交货期，既可在协议中一次性约定，也可另行签订合同再做规定。

互购贸易灵活性强，容易为双方接受。同时，互购贸易也具有以进口带动出口的功能。但是，由于互购是一种比较松散的交易，双方通常只能在第一份合同中达成原则性共识，从而不能确定有关第二笔交易的明细条款，如商品规格、交货期、价格等，这样对先出口方的约束较弱，使以后的交易具有不稳定性。加之互购贸易的先出口方可以直接取得现汇，而先进口方则要为第一笔交易付出现汇，并有可能因此遭受从付出现汇到回收第二笔货款之前的利息损失，这使进出口双方的利益不平衡，使先进口方承担较多的风险，而先出口方则在资金周转和后续谈判上占有优势。

（三）补偿贸易

补偿贸易（Compensation Trade）是指一方在信贷的基础上进口技术或设备，然后以回销产品或劳务的所得分期偿还进口技术或设备的价款本息的贸易方式，又称"产品回购"（Product Buy-back）。补偿贸易进口的机器设备或技术属于买断性质，一般不动用外汇，而是以商品或劳务作为支付手段，但由于补偿贸易通常涉及工业产权、专利技术等问题，在安装调试设备、培训员工、清算支付等程序上较为复杂，加之价款是在正式投产后以产品分期分批偿还，因而补偿贸易的偿还需要一段较长的时期。

根据偿还货款的产品与进口产品的关系不同，补偿贸易主要分为直接补偿、间接补偿、劳务补偿和综合补偿。直接补偿又称产品返销或有关产品补偿，具体指设备进口方用该设备生产出来的产品或相关产品来支付设备价款本息的补偿贸易方式。间接补偿又称非相关产品补偿，这是将信贷与对销贸易结合起来的一种做法，其基本内涵是指设备进口方不用该设备生产出来的产品或相关产品，而是以其他产品来支付设备价款本息的补偿贸易方式。劳务补偿是将补偿贸易与来料加工和来件装配相结合的补偿贸易。根据补偿协议，设备出口方向进口方提供生产线、相关技术和原材料，进口方则按要求进行生产并以加工费抵偿所欠款项。这类补偿贸易涉及的金额一般不大，且期限较短。综合补偿是将几种方法综合使用的补偿贸易，如直接补偿和间接补偿各占一定比例的方式，有时交易双方还可以根据情况支付部分现汇。

对不同的当事人，补偿贸易的作用不同。从买方角度看，补偿贸易的作用主要表现在弥补先进技术和设备进口的外汇不足，并通过以进带出，开拓出口市场。对卖方而言，由于补偿贸易可以突破一些进口国家的支付困难，因此有利于扩大设备和技术的出口；同时，由于补偿贸易的回头商品通常是一些原料和燃料类商品，因此，通过补偿贸易的方式可以获得比较稳定的原料、燃料的供应来源，有助于维持正常的生产。此外，由于发展中国家的原料和劳动力比较低廉，生产成本低，因而补偿贸易的回头商品一般售价较低，这有利于卖方从返销商品中获得较多的商业利润。

但是，由于抵偿的制造品有时不易被出口设备的供方所接受，因此达成一笔补偿贸易的交易常常需要反复磋商，有时会影响先进技术和设备的及时引进。同时，补偿贸易的履约时间长，资金周转慢，风险大，而且进口设备和技术的价格往往偏高，而补偿产品的价格往往偏低。此外，在补偿贸易中，设备出口方往往会借机兜售陈旧成品，如果进口方信息不灵，就难以保证进口的设备和技术的先进水平。

（四）转手贸易

转手贸易（Switch Trade），又称三角贸易（Triangular Trade）或转账贸易，它是在记账贸易条件下贸易商取得硬通货的一种手段。在记账贸易中，只要交易差额没有超过规定的范围，顺差方就不能要求对方支付现汇，此时的顺差更多地表现为一种从逆差方购进商品的"购买权"。为了取得现汇或获得自己真正需要的产品，顺差方可以采取两种转手贸易的方式：一是简单的转手贸易，即顺差方直接将记账贸易项下购进的货物运到国际市场上转手，以换取国际货币，从而增加流动性；二是复杂的转手贸易，即顺差方将记账贸易中结算盈余的部分或全部金额，转让给第三方，以换取自己需要的商品，第三方既可以利用这笔顺差从逆差国进口货物供自己消费，也可以将用此顺差换取的货物运到国际市场上转售，以取得硬通货偿还给顺差方。顺差方为了尽快得到急需的商品或硬通货，往往低价转让自己的顺差，或高价购买第三方的商品。在实践中，获得顺差或购买权的第三方在相应的逆差国采购时，往往也只能得到该国试图向外推销并很难换取自由外汇的商品。这样，第三方要取得资金回流，往往还要将这些商品运往其他国家继续转售，直至能够在国际市场上换取自由外汇为止。

（五）抵消贸易

抵消贸易（Offset）兼有互购与补偿贸易的特点，但与两者又都有区别。抵消是指一方在进口商品时，以先期向另一方或出口方提供的某种商品抵消一定比例进口价款的做法。实践中，抵消贸易具有涉及金额大、期限长及常常与投资行为结合在一起的特点，它常用于飞机、军火及大型设备的交易。

抵消贸易分为直接抵消和间接抵消。采用直接抵消时，双方建立起长期稳定的合作关系，先出口方向进口方提供大型机械设备、运输工具等商品，并承诺从对方购进相关产品或零部件。这种贸易方式通常与许可证贸易、技术贸易、补偿贸易、投资行为等结合在一起，因此，直接抵消有时也被称为"工业参与"（Industrial Participation）或"工业合作"（Industrial Cooperation），表示贸易双方建立了密切的合作关系，以区别于补偿贸易中双方的卖断关系。采用间接抵消时，先出口方承诺购回的是与出口产品不相干的商品，由于双方交易的产品多为高科技产品或国家管制商品，因此操作起来必须遵循特定的程序。

五、加工贸易

在我国的海关统计中，加工贸易主要包括来料加工和进料加工。此外还有境外加工贸易。

（一）来料加工业务

来料加工（Processing With-Customer's Materials）又称对外加工装配业务，广义的来料加工包括来料加工和来件装配（Assembling With Customer's Parts）。它是指由一国客户作为委托方提供一定的原材料、零部件，由另一国的被委托方按要求进行加工装配，成品交由委托方处置，被委托方按照约定收取费用的贸易方式。

来料加工与一般进出口贸易不同。一般进出口贸易属于货物买卖，来料加工业务虽然有原材料、零部件的进口和成品的出口，却不属于货物买卖。因为原料和成品的所有权始终属于委托方，在一进一出的过程中并未发生转移，被委托方只提供劳务并收取约定的加工费。因此，来料加工可以归于劳务贸易的范畴，是以商品为载体的劳务出口。

（二）进料加工业务

进料加工一般指从国外购进原料，加工生产出成品再销往国外。由于进口原料的目的是为了出口，所以习惯上称进料加工为"以进养出"。

进料加工与来料加工有相似之处，都是"两头在外"的加工贸易方式，但两者又有明显的不同：第一，在进料加工中，原料的进口和成品的出口是两笔不同的交易，均发生了所有权的转移，原料供应者和成品购买者之间也没有必然的联系，而来料加工却相反。第二，在进料加工中，加工方赚取从原料到成品的附加价值，且需要自筹资金、自寻销路、自负盈亏，而在来料加工中，加工方收取加工费，无须考虑料件的来源和成品的销路，也不用承担商业风险。

进料加工业务的具体做法主要有先签订进口原料合同后寻找市场和买主，先签订出口合同后购进原料加工生产，此外还有对口合同方式。对口合同方式的基本做法是双方同时签订两个相互独立、分别以现汇结算的合同，如加工方在与国外客户签订进口原料合同的同时签订出口成品的合同，原料的提供者同时也是成品的购买者。

（三）境外加工贸易

境外加工贸易是指一国企业以现有设备、技术在国外进行直接投资的同时，利用当地的劳动力开展加工装配业务，以带动和扩大国内设备、技术、原材料、零配件出口的一种国际经济合作方式。因此，境外加工贸易是在海外投资办厂的基础上，结合开展来料加工或进料加工。

第四章 单进单出

第一节 单进单出概述

一、单进单出的基本内涵

单进单出即单边进口和单边出口，通常称为进出口贸易，是进口贸易或出口贸易各自单独进行，不以相应的出口或进口为其前提的贸易方式。它的基本做法是买方或卖方在世界市场上自由选择交易对象，直接通过函电往来或当面洽商，就商品的品种、规格、数量、价格等有关情况进行谈判，在达成一致意见的基础上签订贸易合同，当双方按照合同条款规定分别履行付款和交货等义务后，双方的买卖关系即告结束。

单进单出属于典型的没有固定组织形式的贸易方式，因此它和有固定组织形式的贸易方式及协定贸易的区别是显而易见的。实际上，和其他没有固定组织形式的贸易方式相比，单进单出的特征也是很突出的。根据前述分析，代理与寄售方式下的当事人之间是委托与被委托的关系，而不是买卖关系，但单进单出的当事人之间的关系是买卖关系。因此，从这个意义上讲，单进单出与代理和寄售分属两类贸易方式。

在经销、对销贸易、加工贸易方式下，当事人之间是或有买卖关系，然而这些买卖关系通常不是简单意义上的买卖关系。在经销方式下，出口厂商与经销商之间的关系是具有售定性质的买卖关系，经销商购进商品后需自行销售、自负盈亏，但这种买卖关系是依据经销协议确立的相对长期和稳定的购销关系，经销协议本身并不是一个具体的买卖合同，它仅规定一般的交易条件和双方的权利与义务，买卖双方之间的每笔交易尚需单独签订合同，规定所成交的商品数量、品质规格、价格和其他条款等；而且，在独家经销即包销方式下，当事人之间的买卖关系还受专营权的约束。对销贸易是互惠基础上的"物物交换"，是进出口结合起来的整体贸易，其双方当事人从事的是"有买有卖"、以出口抵补进口的交易。再从加工贸易来看，进料加工的当事人之间的买卖关系比较单纯，但它具有"以进养出"的特点，甚至在对口合同方式下，原料的提供者同时也就是成品的购买者；至于来料加工，其当事人之间有委托加工的关系，也有买卖关系，但来料加工属于劳务贸易的范畴。

可见，没有固定组织形式的贸易方式大体可以分为两类：一类是以单边出口和单边进口为代表的单纯的商品购销方式，另一类是与其他因素结合的复合购销方式，如代理、寄售、包销、补偿贸易、易货贸易、加工贸易等。在单进单出方式下，交易是逐笔做成的，交易双方的关系不是以互惠为基础的或进出结合的贸易关系，更不受专营权约束，而是简单的买卖关系，这种买卖关系以国际货物买卖合同为依据，买卖合同明确规定交易条件及交易双方的权利和义务，一笔交易完成后，双方之间就不存在法律上的必然联系。因此这种贸易方式又被称为简单售定或逐笔售定，它简单直接地反映了国际贸易实务活动的一般原理，是货物贸易中最具代表性的贸易方式。

二、单进单出的实务程序

单进单出的实务程序指进出口贸易中有关当事人缔结合同买卖商品的一系列过程及手续。从其基本环节来讲，一般包括交易前的准备、交易磋商、合同的签订和合同的履行四个阶段。

在交易前的准备工作中，市场调查和制订经营方案具有非常重要的意义。市场调查主要包括对国家或地区的调查、对商品市场的调查和对交易对象的调查。对国家或地区进行调查的主要目的在于研究、了解有关国家和地区的社会经济状况、对外政策，尤其是其对外的经济贸易政策。对商品市场的调查主要是为了掌握有关商品及相关商品在品种、品质、消费、供给、成本、价格等方面的情况。对交易对象的调查主要是调查已有或潜在客户的资信状况、经营范围、经营能力等。通过市场调查，逐级筛选出适宜交易的国家或地区、目标市场和交易对象。

经营方案是关于贸易项目的全面业务安排。制定经营方案的主要依据是经营意图和通过市场调查获取的信息，包括市场情况及国际国内的相关宏观因素等。经营方案的内容一般包括国际国内的市场行情、历史经营状况、成本及经济效益核算、交易条件如价格、货款收付、运输等。此外，出口经营方案通常还包括商品的广告宣传及商标注册等。经营方案是贸易商进行交易磋商的依据，对贸易商掌握磋商策略和争取有利的交易条件具有重要意义。

交易磋商、贸易合同的签订和履行是进出口贸易的实质性环节，这些环节涉及交易条件和合同关系的具体确定，也涉及货物和货款的对流。其中，货物的流动表现为符合合同要求的、一定品质和数量的某种商品通过一定的交货方式和运输方式，从卖方转移至买方，而货款的流动则表现为以某种货币表示的一定数额的资金通过一定的结算方式从买方转移至卖方。在这个过程中，为了规避风险，与货物运输相关的保险变得非常重要，而为了达成交易或保证货款的顺畅流转，贸易融资又显得举足轻重。这些内容将成为后续章节的主题。

第二节　交易磋商

交易磋商（Business Negotiation）又称贸易谈判，指进出口双方就商品的交易条件，按照一定的程序进行协商，以期达成交易的过程。交易磋商是国际货物买卖过程中不可缺少的一个重要环节，它直接关系到买卖双方能否达成交易，还关系着交易在性质上是否符合公平合理、平等互利的贸易原则，在内容上是否符合国家的法律与商贸惯例，在经济上能否达到应有的经济效益。

一、交易磋商的内容与方式

（一）交易磋商的内容

交易磋商的内容包括商品名称、品质、规格、数量、包装、价格、装运、保险、支付、商检、索赔、不可抗力、仲裁等各项基本交易条件，买卖双方对各交易条件达成协议以后，就形成了买卖合同的正式条款。但在实际业务中，并不是每笔交易业务都要逐条议定全部交易条件，如果买卖双方能够通过一定的方法确定一部分交易条件，这部分交易条件就可以不纳入磋商，买卖双方便只需要就其他尚未确定的交易条件进行协商。

为了简化交易磋商内容，节省磋商的时间和费用，有些进出口商往往在正式进行磋商之前，先与对方就"一般交易条件"达成协议。"一般交易条件"（General Terms and Conditions）指进口商或出口商为简化磋商内容和方便合同的制作而事先拟定的交易条件，这些交易条件具有适用于特定行业所有交易的特性，或单独印制成文，或打印在进出口商制作的标准合同上。一般交易条件的内容虽各有不同，但就我国出口企业所拟定的一般交易条件而言，通常包括有关预防和处理争议的条件、有关主要交易条件的补充说明、个别的主要交易条件（如通常采用的包装方法、凭不可撤销即期信用证支付的规定）等。

（二）交易磋商的方式

在外贸业务中，交易磋商的方式有很多种，买卖双方可以通过双方面谈，也可以通过往来信函、电传、传真、电话或通信卫星等进行磋商。从大类来讲，交易磋商主要分为口头磋商和书面磋商。

1. 口头磋商

口头磋商指交易双方在谈判桌上进行的面对面的谈判，如参加各种交易会、洽谈会、展卖会、拍卖会、邀请外商来访、组织贸易团体或贸易小组出访等。此外，口头磋商还包括双方通过国际长途电话进行的交易磋商。口头磋商有利于及时了解交易双方的态度和诚意，尤其适合于谈判内容复杂、涉及问题多的交易。

2. 书面磋商

书面磋商指交易双方通过信件、电报、电传等通信方式来洽谈交易。随着现代通信技术的发展，书面磋商越来越简便易行，且费用较低，因此是日常业务中通常采用的做法。

此外，交易磋商还包括无纸贸易方式下的磋商及以行为表示的磋商。前者是通过电子数据交换，也就是按照协议，通过具有一定结构的标准信息系统在计算机网络中进行的，后者如在拍卖市场进行拍卖式购进等。

二、交易磋商的一般程序

在国际贸易实务中，交易磋商可以分为四个环节：询盘、发盘、还盘和接受。其中发盘和接受是达成交易不可缺少的两个基本环节。

（一）询盘

询盘（Enquiry）指交易的一方向另一方询问有关交易条件的行为。询盘既可以由买方发出，也可以由卖方发出。询盘的内容可以只询问商品价格（询价），也可以询问其他若干项交易条件，目的在于邀请对方发盘，以便考虑是否接受，这种询盘习惯上称之为"索盘"。

询盘对于询盘人和被询盘人均无法律上的约束力。进口方询盘后，没有必须购买的义务，出口方也没有必须出售的责任。但是，在商业习惯上，被询盘的一方接到询盘后应尽快给予答复。

询盘不是每笔交易洽谈所必经的步骤，有时可未经询盘而直接向对方发盘。但在一般情况下，询盘往往是交易的起点，且是进行调查研究、试探市场动态的一般手段，因此不应忽视。

发询盘一般不直接用"询盘"这个词标明，询盘的通常用语是：

请告……（Please Advise. . .）；

请电传告……（Please Advise by Telex. . .）；

对××有兴趣，请……（Interested in. . . Please. . .）；

请报价……（Please Quote. . .）；

请发盘……（Please Offer. . .）。

（二）发盘

1. 发盘的含义

发盘（Offer）又称发价，在法律上称为"邀约"，是买方或卖方向对方提出交易条件，并愿按此条件达成交易、订立合同的一种表示。发盘既可由卖方提出，也可由买方提出，因此有卖方发盘（Selling Offer）和买方发盘（Buying Offer）之分，后者习惯称为"递盘"。

发盘一般采用以下术语和语句：

发盘（Offer）；

发实盘（Offer Firm；Firm Offer）；

报价（Quote）；

订购（Book；Booking）；

订货（Order；Ordering）。

在实际业务中，发盘通常是一方在收到对方询盘之后提出的，但也可以不经对方询盘而直接发。发盘具有法律效力，在发盘有效期内，发盘人不能任意撤销或修改其内容。若受盘人在有效期内对该发盘表示无条件接受，发盘人就必须按发盘条件与其达成交易、签订合同，否则即为违约，要承担相应的法律责任。

2. 构成有效发盘的条件

《销售合同公约》规定："凡向一个或一个以上特定的人提出的订立合同的建议，如果其内容十分确定并且表明发盘人在其发盘得到接受时就受其约束的意旨，即构成发盘。"由此可以看出，要构成一项有效的发盘，需要具备以下条件：

（1）发盘必须向一个或一个以上特定的人提出。所谓"特定的人"，是指在发盘中指明个人姓名或企业名称的受盘人。这项规定的目的是把发盘与发广告、商品目录、价目单等相区别。在发盘中必须指定一个或多个可以对发盘表示接受的人，只有这些特定的人才可以对发盘表示接受并与发盘人签订合同。若发盘人没有指定受盘人，它便不能构成有法律约束力的发盘，而只能被视为邀请发盘，如出口企业向国外广泛寄发价目单而未规定价目单的有效性。

（2）表明在发盘被接受时承受约束的意旨。发盘人必须表明在受盘人对其发盘作出有效接受时便按发盘条件与其订立合同的意旨。在衡量发盘人是否在发盘中表明了这种意旨时，不能只看发盘中是否有"实盘"之类的字样，更重要的是取决于发盘的整个内容是否确定。如果发盘中没有表明订约意旨，或表示了发盘人不受其发盘的约束，该项发盘就不是真正的发盘，而只能被看作是发盘的邀请。

（3）发盘的内容必须十分确定。发盘内容的确定表现为发盘中的交易条件必须是完整的、明确的和无保留性的。所谓"完整的"是指主要交易条件必须是完整的，包括商品的名称、品质、规格、数量、价格、交货期、支付方式等内容。一旦这些条件为受盘人所接受，便足以构成一项有效的合同。所谓"明确的"，是指主要交易条件内容清楚确定，没有含糊和模棱两可的词句，如"约"、"参考价"等。所谓"无保留性"，是指发盘人愿意按他提出的各项交易条件同受盘人订立合同，除此之外，没有任何其他保留条件或限制条件。

（4）必须传达到受盘人。发盘于送达受盘人时生效，在此之前，即使受盘人已通过其他途径知道了发盘的内容，也不能在收到发盘前主动对该发盘表示接受。

3. 发盘的有效期

发盘的有效期是指可供受盘人对发盘做出接收的期限，也是发盘人承受约束的期限，在此期限内，发盘人不得任意撤销发盘，如果受盘人在此期间表示接受，交易即告达成。如果是超过有效期，接受则为无效，发盘人即不受其约束。发盘人对发盘有效期可作明确的规定，也可不作明确的规定。明确规定有效期的发盘，从发盘被传达到受盘人开始生效，到规定的有效期届满为止。不明确规定有效期的发盘，按有关规定在合理时间内有效。

在通常情况下，规定发盘有效期可以采取明确规定受盘人表示接受的最迟期限的方式，也可以采用规定一段接受期限的方式。《销售合同公约》第18条（2）款规定："对口头发价必须立即接受，但情况有别者不在此限。"所谓"立即接受"，通常被理解为在双方口头磋商时当场有效，受盘人不在磋商当场表示接受，发盘随即失效。"情况有别者"一般则被理解为：发盘人在口头发盘时，明确规定了有效期，则该发盘不在"立即接受"之列。

4. 发盘的撤回与撤销

发盘的撤回是指发盘人将尚未为受盘人收到的发盘予以取消的行为。对于发盘能否撤回，不同的法律和惯例有不同的解释。《销售合同公约》第15条第2款规定：一项发盘，即使是不可撤销的，也可以撤回，如果撤回的通知在发盘到达受盘人之前或同时到达受盘人。这种规定是建立在发盘尚未生效的基础上的。因此，如果发盘人发现内容有误或出于其他原因想取消发盘，则可以在发盘生效前将其撤回，但撤回发盘的通知应在发盘送达受盘人之前，或与发盘同时到达受盘人。

发盘的撤销与撤回不同，它是指发盘人在发盘生效后，通知受盘人取消发盘，解除自己在发盘项下所应承担的责任的行为。不同的国家对发盘能否撤销有不同的规定。英美法认为，在发盘被接受之前，发盘人可以随时撤销发盘或变更其内容。大陆法国家对此问题的看法相反，认为发盘人原则上应受发盘的约束，不得随意将其发盘撤销。《销售合同公约》规定，在发盘已送达受盘人，即发盘已经生效，但受盘人尚未表示接受之前这一段时间内，只要发盘人及时将撤销通知送达受盘人，仍可将其发盘撤销，如果受盘人已发出接受通知，发盘人则无权撤销发盘。但是在下列两种情况下，发盘不得撤销：一是发盘中明确规定了有效期或以其他方式表示发盘是不可撤销的；二是受盘人有理由信赖发盘是不可撤销的并且已本着对该项发盘的信赖行事。

5. 发盘的终止

发盘的终止是指发盘法律效力的消失，发盘人不再受发盘的约束，受盘人也失去了接受该发盘的权利。关于发盘效力终止的原因，一般有下列几个方面：

（1）在发盘规定的有效期内未被接受，或虽未规定有效期，但在合理时间内未被接受。

（2）被受盘人拒绝或还盘之后，即拒绝或还盘通知送达发盘人时，发盘的效力即告终止。

（3）发盘被发盘人依法撤回或撤销。

（4）发盘人发盘之后，发生了不可抗力事件，按不可抗力免责原则，发盘的效力即告终止。

（5）发盘人或受盘人在发盘被接受前丧失行为能力。

（三）还盘

还盘（Counter – Offer）又称还价，是受盘人对发盘条件不能完全同意而对原发盘提出相应的修改或变更意见的行为。还盘是受盘人对原发盘的拒绝，同时也是受盘人对原发盘人作出的一项新的发盘。因此一经还盘，原发盘的有关内容即告失效。此外，还盘也同样具有发盘的法律效力，即如果原发盘人对还盘表示接受，那么合同即告成立，还盘人受其还盘内容的约束。

还盘不是交易磋商的必经阶段，有时交易双方无需还盘即可成交，有时则要经过多次还盘才能对各项交易条件达成一致，甚至有时虽经反复还盘，但终因双方分歧太大而不能成交。

还盘虽称还价，但也可以对商品价格之外的其他交易条件提出意见。如果还盘没有提到某些交易条件，则意味着还盘人接受原发盘对这些交易条件的规定而不再重复。

（四）接受

1. 接受的含义及其有效的条件

接受（Acceptance）是交易一方无条件地同意对方在发盘或还盘中所提出的交易条件，并以声明或行为表示愿按这些条件与对方达成交易、签订合同的行为。一般情况下，发盘一经接受，合同即告成立，对买卖双方都将产生约束力。因此，接受是法律行为，必须要符合法律规则。《销售合同公约》规定，被发盘人声明或做出其他行为表示同意一项发盘，即是接受；缄默或不行动不等于接受。可见，要构成一项法律上有效的接受，需要具备以下条件：

（1）接受必须由特定的受盘人做出。这个条件实际上是与构成发盘的第一个条件相对应的，即只有发盘中指定的受盘人才能对发盘表示接受，任何第三者对发盘的接受都不对发盘人构成约束，只能被认为是第三方对原发盘人做出了一项新发盘。

（2）接受必须表示出来。接受必须由特定的受盘人表示出来，缄默或不采取任何行动不能构成接受。一般来说，接受可以采取口头或书面方式来表示，也可以根据发盘的要求或以双方当事人之间已经确立的习惯做法做出行动来表示。

（3）接受必须在发盘的有效期内做出。当发盘规定了接受的时限时，受盘人必须在发盘规定的时限内做出接受才能有效。若发盘没有规定接受的有效期，则接受应在合理时间内表示。但是，对什么是"合理时间"，人们往往没有统一的认识，为了避免理解不一和由此导致纷争，发盘最好规定接受的具体时限。如果接受没有在规定的时限内或合理时间内做出，则该接受成为一项逾期接受（Late Acceptance），除非发盘人确认其有效，否则，按各国法律规定，逾期接受对发盘人没有约束力。

（4）接受必须与发盘相符合。如果要达成交易、订立合同，受盘人必须无条件地全部同意发盘的条件，也就是说，接受必须是绝对的、无保留的。如果受盘人在对发盘表示同意的同时又对发盘的内容做了修改或提出了某些附加条件，只能看作是对原发盘的拒绝并构成一项还盘。由于在实际业务中受盘人往往需要对发盘作某些添加、限制或修改，为促成交易，《销售合同公约》将接受中对发盘内容的修改分为实质性变更与非实质性变更，前者构成还盘，而后者除非由发盘人及时提出反对，否则不改变接受的效力。同时《销售合同公约》还规定："有关货物价格、付款、货物质量和数量、交货地点和时间、一方当事人对另一方当事人的赔偿责任范围或解决争端等等的添加或不同条件，均视为在实质上变更发盘的条件"。除此之外，对发盘内容的变更，如要求提供某种单据、要求增加单据的份数、要求将货物分两批装运等，均属于非实质性变更。

2. 接受生效的时间及其撤回

对于接受的生效时间，各国法律有不同的规定。英美法采用投邮生效的原则，大陆法则采用到达生效的原则。《销售合同公约》对这个问题基本上是采取大陆法的立场，明确规定接受送达发盘人时生效，如接受通知未在发盘规定的时限内送达发盘人，或者发盘虽未规定时限但在合理时间内未曾送达发盘人，则该项接受构成逾期接受。

按照到达生效的原则，受盘人撤回接受以撤回通知先于或与接受通知同时到达发盘人为限，接受通知一经到达发盘人即不能撤销。因为接受一经生效，合同即告成立，如要撤销接受，在实质上已属毁约行为。

第三节　国际贸易合同概述

一、国际贸易合同的含义与形式

合同（Contract）是社会经济活动得以正常进行的一种重要保证。在对外经济活动中，有关当事人之间订立的合同很多，如购货合同、供货合同、运输合同、保险合同等。其中，贸易商之间订立的贸易合同，即国际货物买卖合同是最基本最重要的合同。

国际货物买卖合同是指营业地在不同国家的当事人之间订立的合同，亦称国际货物销售合同，它是当事人双方各自履行约定义务的依据，也是违约救济和处理争议的重要文件。

在国际上，对货物买卖合同的形式没有特定的限制。《销售合同公约》第11条规定：销售合同可以用包括人证在内的任何方法证明，无须以书面形式订立或书面证明。因此，买卖合同可以是书面形式，也可以是信件、电报、电传、传真等形式，甚至可以是口头形式。此外，随着电子商务的推广，合同也可以采用电子形式。

二、国际贸易合同有效成立的条件

根据有关法律和《销售合同公约》的规定，合同必须符合一定的条件才能有效成立。

（一）合同当事人意思表示要一致

这种意思表示一致是通过要约（Offer）和承诺（Acceptance）而达成的。也就是说，一方向另一方提出要约（发盘），另一方对该项要约表示承诺（接受），双方的意思表示达成了一致，合同即告成立，对双方均产生法律约束力。如果有要约，而没有承诺，即使双方互相要约，意思表示正好一致，合同也不能有效成立。

（二）当事人必须在自愿和真实的基础上订立合同

各国法律认为，合同当事人合意必须真实才能成立一项有约束力的合同，否则这种合同无效或可以撤销。同时，合同必须是双方当事人在自愿的基础上签订的，任何一方不得把自己的意志强加给对方，不得采取欺诈或胁迫手段。

（三）当事人必须具有订立合同的行为能力

订立买卖合同的当事人主要是自然人和法人。各国法律一般都规定自然人必须是精神正常的成年人才能订立合同，未成年人和精神病患者没有订立合同的行为能力，其所签订的合同不具备法律约束力。对于法人订立合同的行为能力，法律规定必须通过其代理人在法人的经营范围内订立合同，越权的合同无效。

（四）合同必须有对价或约因

英美法规定，合同必须要有对价才能成立。对价（Consideration）指当事人之间所提供的相互给付（Counterpart），即双方互为有偿，如买方付款和卖方交货就是买卖双方的相互给付。大陆法认为，合同成立的要素之一是约因（Cause）。约因指当事人签订合同所追求的直接目的，如买方的约因是获得货物，卖方的约因是获得货款。

（五）合同必须合法

国际货物买卖合同体现了营业地在不同国家当事人之间的经济关系，它必须符合法律规范，并以法律来调整当事人之间的权利和义务，使之得到法律的承认、保护及监督和约束。从法律适用的角度讲，与国际贸易合同相关的法律规范包括国内法、国际贸易惯例和国际公约。从具体内涵讲，合同的合法性包括合同的标的、内容和形式必须合法。

合同标的指合同项下的货物与货款。交易货物的种类、数量、包装等内容及货款的收付必须符合有关国家的法规。同时，合同的内容也必须合法。我国有关法律规定，违反中华人民共和国法律和社会公共利益的合同无效。对合同的形式，《销售合同公约》没有限制，并允许缔约国对此提出声明予以保留。因此，如果有关国内法规定合同必须采取书面的形式，或当事人约定合同必须以书面形式订立，那么合同就应该符合规定的形式。

三、书面合同的形式与内容

（一）书面合同的形式

在国际贸易中，书面合同一般采用的是合同、确认书、协议、备忘录、定单等形式，在我国进出口业务中，主要采用合同和销售确认书。

1. 合同和确认书

合同和确认书虽然在格式、条款项目和内容繁简上有所不同，但在法律上具有同等效力，对买卖双方都有约束力。在我国的进出口业务中，外贸企业所采用的合同主要包括销售合同（Sales Contract）和购货合同（Purchase Contract），确认书主要有销售确认书（Sales Confirmation）和购货确认书（Purchase Confirmation）。

2. 协议（Agreement）

在法律上，协议与合同具有相同的含义。书面文件冠以"协议"或"协议书"的名称，只要其内容对买卖双方的权利和义务都作了明确、具体、肯定的规定，它就与合同一样对买卖双方有法律约束力。但是，如果交易洽商的内容比较复杂，双方商定了一部分条件，还有一部分条件有待进一步洽商，于是先签订了一个"初步协议"，在协议中也作了协议属初步协议的说明，这种协议就不具有合同的性质。

3. 备忘录（Memorandum）

备忘录也可以作为书面合同的形式之一，它是在进行交易洽商时用来记录洽商内容以备今后核查的文件。如果当事人把洽商的交易条件完整、明确、具体地记入备忘录，并经双方签字，那么这种备忘录的性质和作用就与合同无异。如果双方洽商后只是对某些事项达成一致或一定程度的理解和谅解，并记入备忘录，同时冠以"理解备忘录"的名称，它在法律上就不具有约束力。

4. 定单和委托订购单

定单（Order）是指由进口商或实际买主拟制的货物定购单。委托订购单（Indent）是指由代理商或佣金商拟制的代客购买货物的订购单。在我国对外贸易实践中，有的客户往往发出定单，要求我方签回。这种经洽商成交后发出的定单或委托订购单，实际上是国外客户的购货确认书。

（二）书面合同的内容

书面合同的内容一般包括三部分：约首、本文和约尾。

约首是合同的序言部分，包括合同的名称、编号、订约双方当事人的名称和详细地址等。此外，约首还常常写明双方订立合同的意思和执行合同的保证。

本文是合同的主体部分，是对各项交易条件的具体规定，如品名和品质条款、数量条款、包装条款、价格条款、交货条款、支付条款，以及商检、索赔、仲裁和不可抗力条款等，用以明确双方当事人的权利和义务。

约尾是合同的结尾部分，通常载明合同使用的文字及其效力，合同正本的份数，附件及其效力，以及有正当权限的双方当事人代表的签字。

书面合同的内容必须符合政策要求，并做到内容完备、条款明确、文字严密、前后一贯，与交易磋商的内容相一致。

第 ③ 篇　交易条件与合同条款

前已述及，商品的名称、品质、规格、数量、包装、价格、装运、保险，货款的支付、商检、索赔、不可抗力、仲裁等，都是国际货物买卖中的基本交易条件，也是交易双方磋商洽谈的基本内容。买卖双方就交易条件达成协议以后，关于这些交易条件的具体规定就成为贸易合同的基本条款。可见，交易条件与合同条款是国际贸易实务的重要内容。本篇以商品的名称、品质、数量、包装、交付与运输及运输保险为主题，其余交易条件和合同条款将构成后续篇章的内容。

第五章　商品的名称、品质、数量与包装

第一节　商品的名称与品质

一、商品的名称

商品的名称（Name of Commodity）又称"品名"，是指用来区别不同商品的称呼。在实践中，为了使自己的商品与同类商品相区别，厂商常常将商品的名称与品牌名融合，从而使商品的名称构成描述、说明商品的重要部分。商品的名称不仅在一定程度上表明商品的自然属性、用途以及主要的性能，好的商品名称还能起到促销的作用。为了反映商品的属性、用途以及主要的性能特征，商品的命名方法通常有以用途命名、以主要成分命名、以制作工艺命名等。不管采用哪种命名方法，选用商品名称要遵循的总体原则是准确、浅显、易于接受，特别是对国际市场上已有的商品，应采用国际习惯称呼。

品名条款是买卖合同中不可缺少的主要条款之一。对品名条款的规定，取决于成交商品的品种和特点。就一般商品来说，有时只要列明商品的名称即可，但有的商品有不同的品种、等级和型号。为了明确起见，往往把有关具体品种、等级和型号的概括性描述包括进去，作为进一步的限定。此外，有的品名条款也与品质条款合并在一起。

二、商品的品质

（一）商品品质的含义和作用

商品的品质（Quality of Goods）是商品的外观形态和内在素质的综合表现。商品的内在素质也称为内在质量，主要表现为商品的自然属性，包括商品的物理性能、机械性能、化学成分和生物特征等；外观形态即商品的外在特征，表现为商品的外形、色泽、款式、气味和透明度等。

在国际贸易中，商品的品质不仅关系到商品的使用效能，还直接关系到商品的销售价格和厂商的销售利益，关系到商品的销路及企业的声誉。可以说，商品的品质是决定商品使用效能和影响商品市场价格及竞争能力的重要因素，提高商品的品质是竞争的重要手段。从一国经济贸易的角度讲，不断改进和提高商品质量，生产出符合国际市场需要的、品质优良的商品，不仅可以增加外汇收入，而且可反映出该国在科学

技术方面的进步，增强国家的产业竞争能力。

国际市场上商品品种繁多，同一种商品也因生产国、生产企业不同，从而自然条件、工艺水平及原材料等也不尽相同，进而导致不同国家、不同企业生产的同种商品之间存在各种品质差异。这些差异决定了品质条款在合同中的重要性，它既是关于商品的重要说明，也是买卖双方交接货物的重要依据。英国的货物买卖法把品质条款作为贸易合同的一项要件（Condition），如果卖方所交付商品的品质与合同规定不符，买方有权拒收商品并有权宣布合同无效和要求赔偿损失；《销售合同公约》规定，卖方交付的货物必须符合约定的质量，否则即构成"根本违反合同"（Fundamental Breach of Contract）。

（二）商品品质的表示方法

根据国际贸易实践，表示商品品质的方法可以归纳为以实物表示和以文字说明表示两大类。

1. 凭实物表示商品品质

以实物表示商品品质，包括凭成交商品的实际品质表示和凭样品品质表示两种方法。

（1）凭成交商品实际品质表示

凭成交商品实际品质表示是指看货买卖，即以商品的实际品质（Actual Quality）为依据进行交易的一种做法。在这种方法下，买方或其代理人一般要在卖方所在地验收货物，卖方将验看过的商品交付买方。这种品质表示方法多用于寄售、拍卖和展卖业务中。

（2）凭样品品质表示

样品（Sample）通常是指从一批商品中抽出来的，或由生产、使用部门设计加工的，足以反映和代表整批商品质量的少量实物。买卖双方根据样品进行交易磋商和订立合同，并以样品作为交货品质的最后依据的做法称为凭样品买卖（Sale by Sample）。这种做法适用于工艺品、土特产品、轻工产品等商品的交易。在国际贸易中，根据样品提供方的不同，凭样品表示品质的方法可分为凭卖方样品表示、凭买方样品表示和凭对等样品表示。卖方样品（Seller's Sample）是由卖方提供的，以卖方样品表示商品品质是以卖方提供的样品的品质表示需要交易的商品的品质，并以此作为买卖的依据。这种做法被称为凭卖方样品成交（Sale by Seller's Sample）。买方样品（Buyer's Sample）是由买方提供的，以买方样品表示品质即以买方样品的品质表示需要交易的商品的品质，并以此作为交易的依据。这种方式被称为凭买方样品买卖（Sale by Buyer's Sample），在我国出口业务中也称"来样成交"或"来样制作"。以对等样品（Counter Sample）表示商品品质属于以买方样品表示商品品质的一种特例。在这种情况下，卖方往往根据买方样品加工复制出一个类似的样品交给买方，如果买方确认（同意认可），就以该加工复制的样品的品质表示所交易商品的品质，并以此作为买卖的依据。这种由卖方根据买方样品加工复制并经买方认可的样品称"对等样品"或"回样"，也称为"确认样品"，卖方交货时必须提供与加工复制样品的品质相符的商品。

此外，买卖双方为了发展贸易关系和增进彼此对对方商品的了解，往往采用互相寄送样品的做法。这种以介绍商品为目的而寄出的样品，必须标明"仅供参考"字样，以免与标准样品混淆。这种样品对交易双方均无约束力。

上述是以样品表示品质的几种具体方法。无论以何种方法表示商品的品质，合同一经成立，双方确认的样品就成为履行合同时双方交接货物的品质依据，卖方必须承担所交货物的品质与样品品质相一致的责任。如果交货品质与样品品质不符，买方有权索赔或拒收。因此，在凭样品买卖时，应当注意下列事项：

第一，凡凭样品买卖，卖方交货品质必须与样品一致。买方应有合理的机会对卖方交付的货物与样品进行比较。卖方所交货物，不应存在合理检查时不易发现的不宜销售的缺陷。

第二，以样品表示品质的方法，只能酌情使用。凡能用客观指标表示商品质量时，就不宜采用此方法。一般而言，对于在造型上有特殊要求或具有色、香、味等方面特征的商品以及其他难以用客观指标表示品质的商品，往往可采用样品来表示商品的某个或某几个方面的品质指标。例如，在纺织品和服装交易中，为了表示商品的色泽质量，则采用"色样"（Color Sample）；为了表示商品的造型，则采用"款式样"（Pattern Sample）。

第三，以卖方样品表示品质并凭此成交时，卖方在寄出样品时可留存"复样"（Duplicate Sample），"复样"是与寄出样品相同的留存样品，主要目的在于将来交货或处理品质纠纷时作核对之用，在留存"复样"时需注意将寄出的样品和留存的复样编上相同的号码，并对复样进行妥善保管，防止品质变化，必要时可以使用封样（Sealed Sample）办法，即由公证机构加封，或由买卖双方共同加封。

第四，凭买方样品交易时要充分考虑原材料供应、加工生产技术、设备等方面的实际情况，衡量接受买方样品的能力；或按对等样品成交，同时考虑来样是否符合国家的对外贸易原则、是否涉及第三者的商权及专利权益等问题，为慎重起见，在合同中可订明："如果由来样引起的涉及第三者的合法权益等问题与卖方无关。"

第五，采用凭样品成交时，一般应在合同条款中相应做出灵活的规定。例如，可在买卖合同中订明："品质与样品大致相同"（Quality shall be about equal to the sample）或"品质与样品近似"（Quality is nearly the same as the sample）。

2. 凭说明表示商品品质

凭说明表示品质，即指用文字、图表、相片等方式来说明成交商品的品质，具体有以下几种情况：

（1）凭规格表示商品品质

商品规格（Specification of Goods）是指用以反映商品品质的若干主要指标，如商品的成分、含量、纯度、容量、性能、大小、长短、粗细等。用规格表示商品的品质比较简便、准确，还可以根据商品的不同用途选择相应的指标作为规格。以商品规格作为买卖双方进行交易磋商和订立合同及卖方交货品质的最后依据的做法称为凭规格买卖（Sale by Specification）。

（2）凭等级表示商品品质

商品的等级（Grade of Goods）是指同类商品按照规格中若干主要指标的差异，用文字、数字或符号来表示的商品品质上差异的程度，如甲级、乙级、丙级，A级、B级、C级，等等。

以商品等级作为买卖双方进行交易磋商和订立合同及卖方交货品质的最后依据的做法称为凭等级买卖（Sale by Grade）。凭等级买卖的关键是进口方一定要弄清楚各等级的具体规格，并与出口方取得一致。如果某些商品只以简单的等级表示，则在规定等级的同时，最好把其规格指标也一一标明。这种表示品质的方法，对简化手续、促进成交和体现按质论价等方面都有一定的作用。

（3）凭标准表示商品品质

商品的标准（Standard of Goods）是指经政府机关或工商业团体统一制定公布的规格或等级，它实质上是将商品的规格和等级规范化、标准化，并以一定的文件形式来表明。标准化的规格、等级所代表的品质指标即为一定规格、一定等级的指标准则。在我国，商品标准是由国家或有关部门规定的；在国外，商品的标准除由国家政府机构规定外，有的也由有关的行业公会、贸易协会或商品交易所制定。以商品的标准作为买卖双方进行交易磋商和订立合同及卖方交货品质的最后依据的做法称为凭标准买卖（Sale by Standard）。目前，国际货物买卖中常用的标准，有些具有法律上的约束力，凡品质不符合标准要求的商品，不许进口或出口；也有些标准不具有法律上的约束力，仅供交易双方参考使用，买卖双方洽商交易时，可另行商定对品质的具体要求。因此，在以标准表示品质时，必须弄清所用标准是否具有法力效力，切不能把不具法律效力的标准当作具有法律效力的的标准使用。否则，一旦发生纠纷争议，就难以得到可靠的法律保护。此外，由于商品的标准在不断地修改变动，同一组织颁布的某类商品的标准往往有不同年份的版本。版本不同，品质标准内容也不相同。在合同中援引标准时，应注明采用标准的版本名称及其年份。

（4）凭说明书和图样表示商品品质

这种方式通常出现在轻工产品、仪器仪表、机械产品等的交易中。这些商品的结构比较复杂，对材料、设计、技术等要求也比较严格，其品质很难用几项指标来表示，使用方法也不能用简短的文字予以说明。对这类商品，一般用说明书并附以图样、照片、设计图纸、分析表以及各种数据来表示品质。以这种方式规定商品品质的交易称为凭说明书和图样买卖（Sale by Descriptions and Illustrations）。按这种方式成交时，卖方所交货物必须符合说明书和图样的要求。但由于这类产品的技术要求较高，有时同说明书和图样相符的产品，在使用时不一定能发挥设计所要求的性能，因此，采用这种方式时应注意，除了要在合同中列入说明书的内容外，还应在买卖合同中加入卖方品质保证条款和技术服务条款。

（5）凭商标或牌号表示商品品质

商标是指商品的生产者或销售者用来识别他所生产或出售的商品的标志，一般由一个或几个具有特色的单词、字母、数字、图形等组成，牌号则是生产者或销售者为了同一目的而给予产品的名称。当一种产品在国际市场上经过长期销售享有一定声誉且品质比较稳定，其商标和牌号成了一种品质象征时，便可采用这些商品的商标或牌号来表示其品质，并以此作为买卖双方交易的依据。这种做法通常被称为凭商标或牌号买卖（Sale by Trade Mark or Brand）。

（6）凭产地名称表示商品品质

在国际货物买卖中，由于一些产品尤其是农副产品受产地的自然条件、传统加工工艺等因素的影响，具有独特的品质，这类产品一般可用产地名称来表示其品质。在实际业务中，经常将产地名称和等级相结合来表示商品品质，以便使合同得到顺利履行。以产地名称表示商品品质并作为交易依据的方法称为凭产地名称买卖（Sale by the Name of Origin）。

三、贸易合同的品质条款

（一）品质条款的内容及掌握原则

品质条款是合同中的一项主要条款，它包括商品的规格、商标、牌名、等级或标准等基本内容，但其具体内容常常因表示品质的方法不同而异。例如，在以样品表示品质时，贸易合同的品质条款除应列明各项基本内容外，还应包括样品的编号和寄送日期，而在以标准表示品质的情况下，则应加上所用品质标准的版本、年份。由于品质条款是买卖双方在交接货物时对货物品质进行检验的依据，而商品的一些品质因素又非常抽象，因此商品的品质问题通常成为买卖双方产生争议的主要原因。为了减少争议，买卖双方在规定合同的品质条款时就必须从根本上做到品质条款明确、具体、科学、合理，具体应注意以下几点：

第一，对条款内容的规定要具体明确，不能笼统含糊。一般应避免使用"大约"、"左右"、"合理误差"等字样，但也不能使用绝对化的词句。

第二，条款内容要繁简适度。要适当选择品质指标，做到有选择地规定品质指标；各项重要的品质指标必须详尽明了，不能遗漏；对于一些与品质无关紧要的条件或可有可无的指标，则尽量简略，以免过于繁杂。

第三，应注意品质条款各项指标之间的相互关系。各项质量指标是从不同的角度来说明品质的，各项指标之间有内在的联系，在确定品质条件时，要注意它们之间的一致性，以免由于某一质量指标规定不合理而影响其他质量指标，造成经济损失。

第四，条款内容要科学合理、切合实际。品质指标要适当，不要过高或偏低。不切实际地规定一些难以达到的指标，会对生产和交货不利，给履约造成困难，有时也没必要；而品质指标过低又不利于交易的持续发展。

第五，应注意品质条款的灵活性。为避免交货品质与合同品质条款稍有不符而造成违约，订立品质条款时要留有余地，不宜订得过死，要有一定的灵活性。在国际贸易中，灵活订立品质条款的做法主要有规定机动幅度和规定品质公差两种。品质机动幅度是指允许卖方所交货物的品质出现差异的幅度。实践中，规定品质机动幅度的方法通常有两种：一是规定一定的范围，即对某项货物的品质指标规定允许发生差异的一定范围；二是规定一定的极限，即对所交货物的品质规格，规定上下极限。品质公差（Quality Tolerance）是指国际同行业所公认的或买卖双方所认可的产品品质差异。如果某种商品没有国际同行业公认的品质差异，则在该商品的交易中就需要买卖双方进行协商，明确规定一个双方都愿意接受的品质差异标准。为了明确起见，一般都应在合同品质条款中订明一定幅度的公差。从含义上讲，品质公差与品质机动幅度基本一致，二者都是允许卖方所交货物品质可以灵活变动的幅度范围。区别主要在于品质机动幅度通常用于初级产品，由于初级产品质量的不稳定性，要求品质条款要有一定的灵活性。品质公差则主要用于制成品，由于工业制成品在生产过程中不可避免地会出现一定的品质误差，需要保持品质条款的灵活性。此外，品质公差通常是国际上公认的商品品质的误差，品质机动幅度一般是买卖双方自行约定的。

（二）品质增减价条款

品质增减价条款是指在品质条款中，根据商品在品质机动幅度内的品质差异来调整合同价格的规定。对于某些初级产品（如农副产品等）的交易，成交量比较大，为保护当事人双方的利益，体现按质论价，往往需要根据所交货物的品质情况适当调整价格。为此，常常在规定品质机动幅度的同时，选用对价格有重要影响而又允许有一定机动幅度的主要质量指标加入增减价条款，其方法一般有以下几种：

（1）对机动幅度内的品质差异，可按交货实际品质规定予以增价或减价。例如，在买卖东北大豆时，就可以在合同的品质条款中做如下规定："含油量每增减1%，则合同价格增减1.5%；若增减幅度不到1%的，可按比例计算。"

（2）在品质机动幅度范围内，实际交货品质若低于合同规定的品质，买方要予以扣价；如果实际交货品质高于合同规定的，不予以增价。

（3）在品质机动幅度的范围内，买方按品质差异程度的不同采用不同的扣价办法。例如，在合同的品质条款中规定："若实际交货品质低于合同规定的1%，扣价1%；低于合同规定的1%～2%，扣价3%。"

四、WTO 条件下贸易商应注意的与商品品质有关的问题

在 WTO 条件下，随着传统的高关税壁垒和非关税壁垒的作用日益受到限制，不少成员方越来越重视根据 WTO 的一般例外原则、《技术性贸易壁垒协议》、《实施卫生与植物卫生检疫措施协议》等加强本地区相关立法，并制定和实施了许多与商品品质有关的标准和措施。一些与环保、人类和动植物健康相关的非关税壁垒如技术性贸易壁垒等也日益盛行。这使得国际贸易中的商品品质要求越来越多、越来越严，如果商品的品质不符合进口国的有关要求，货物就可能被要求转做他用、退运回国甚至就地销毁。在当前的国际贸易中，这类案例与日俱增，一旦遇此情况，无论是进口商还是出口商都将遭受极大的损失。为了尽量避免有关损失，贸易商必须注意以下问题：

（一）充分重视商品的品质

实践中，不少贸易商对商品品质重视不够，出口时片面强调价格竞争，为了维持

低价而影响或忽略商品的质量，进口时又片面强调低价购进，为了维持低廉的采购成本而影响或忽略商品的品质。贸易商的这种意识和做法不仅造成一些宏观问题，而且往往给自身利益带来直接影响。在现今的国际贸易形势下，贸易商要保持长久的利益，就必须改变这种短视行为，重视商品品质。出口商出口商品时要注重质量竞争，做到以质取胜。出口商在出口备货和进口商在进口商品时，要在保证商品质量的前提下尽量降低经营成本。

（二）熟悉各主要国家和地区关于商品品质的法律和规章制度

近年来，美国、日本、加拿大、欧盟等纷纷加大了关于产品品质的法律法规的建立和修改的力度，如日本的《食品卫生法》修正案对进口食品的药残指标、可以使用的农药等作了非常严格的规定，对多次检验出不合格进口食品的地区将全面禁止进口。欧盟自1991年起陆续发布法令，对农药的使用及农产品农药残余标准等作了许多规定。对这些国家和地区的有关法律法规，贸易商必须充分了解，仔细研究，只有根据目标市场所在国家和地区的有关规定选择符合要求的商品成交，才能避免遭遇规章限制。

（三）尽量选择通过质量认证的商品成交

在当今的国际贸易中，质量认证已成为保证产品质量符合技术法规及标准要求的合格评定活动和国际通行的对产品进行评价的有效方法，而贯彻标准和获取质量认证则早已成为市场竞争的重要手段。通过了质量认证的商品就好比获得了进入国际市场的通行证，拥有广泛、权威的质量认证的商品既可免去许多检查，同时在市场竞争中又可居于有利地位。不仅许多贸易商要求把通过权威认证作为合同签订的前提，不少跨国集团公司也把是否通过权威的质量认证作为约束供应商的条件，甚至在政府的招标、采购中，通过了权威性的质量认证的商品也能够获得一定的优势。因此，选择通过质量认证的商品成交不仅能够有效规避以技术法规、标准、合格评定程序为主要形式的TBT壁垒，还能有效规避以动植物及其产品卫生检疫为主要内容的卫生检疫措施及以环境技术指标和环境管理为核心的环境壁垒。

（四）注重选择标签内容全面且符合目标市场所在国家和地区有关要求的商品成交

随着国际贸易的发展，许多国家和地区对商品的标签和标识制定了严格的技术法规，不仅要求标签必须贴在醒目的位置，而且要求标签和标识必须包含一定的内容。美国劳工部要求危险标签和标识应标明危险的种类、程度、防范方法等，美国食品和药物管理局要求大部分食品必须标明至少14种营养成分的含量，欧盟要求进口纺织品必须加贴生态标签，并以此作为纺织品进入其市场的通行证，而欧洲食品安全局下属的营养产品、营养及致敏科学组新通过的一项规定则要求必须在食品标签上列明食品所含的各类致敏物。很显然，选择标签内容全面且符合目标市场所在国家和地区的有关要求的商品成交，也是贸易商顺利经营、规避风险的有效途径。

（五）注重交易中的知识产权问题

随着含有知识产权的商品在国际贸易中所占比重不断扩大，各国有关知识产权保护的立法日趋强化。在交易中，贸易商必须注重知识产权问题，在合同条款中尽量明确侵权责任的承担。

第二节　商品的数量

商品的数量是指以一定的度量衡表示的商品的件数、长度、面积、容积等。合同中的数量条款约定了买卖双方所交易的商品数量，它是国际贸易合同不可缺少的主要条款之一。商品数量的多少，直接关系到商品成交总价值的大小，涉及买卖双方的利益。《销售合同公约》规定，卖方交付的货物必须与合同规定的数量相符合。如果卖方交货数量大于约定的数量，买方可以拒收多交的部分，也可以收取多交部分中的一部分或全部，但应按合同价格付款；如果卖方交货数量少于约定的数量，卖方应在规定的交货期届满前交付缺漏部分或补交货物的不足数量，但不得使买方遭受不合理的不便或承担不合理的开支。即使如此，买方也有保留要求赔偿的权利。

一、计量制度与计量单位

由于世界各国所采用的度量衡制度不尽相同，所以同一计量单位所表示的数量也就有所差异。

（一）国际贸易中的计量制度

目前，由于各国度量衡制度有所不同，因此在国际贸易中使用的计量单位存在着差异。通常采用的衡量制度有公制（The Metric System）、英制（The Britain System）、美制（The U. S. System）及国际标准计量组织在公制的基础上制定的国际单位制（The International System of Units）。《中华人民共和国计量法》明确规定，我国各行各业都要使用法定计量单位。我国以国际单位制为基础，并考虑到国际组织和我国的实际情况，选定了部分非国际单位制单位，以此构成我国的法定计量单位。此外，除个别领域外，一般不许再使用非法定计量单位。我国出口商品时，为了适应对方国家贸易习惯约定采用公制、英制、米制或美制；在进口商品时，除特殊需要并经有关计量标准管理部门批准外，都应使用我国法定的计量单位。

（二）商品的计量单位

国际贸易中使用的计量单位很多，具体交易时采用何种计量单位，要视商品的种类和特点以及交易双方的意愿来决定。不同类型的商品，需要采用不同的计量单位。通常使用的有下列几种：

1. 重量计量单位

按重量（Weight）计算在当今国际贸易中广为使用，大量用于农副产品、矿产品和工业原料等商品的交易。常用的重量单位有公吨（Metric Ton, M/T）、长吨（Long Ton, L/T）、短吨（Short Ton, S/T）、千克（Kilogram, kg.）、公担（Quintal, q.）、克（Gram, gm.）、盎司（Ounce, oz.）、克拉（Carat）等。

2. 数量计量单位

数量（Number）单位主要适用于一些轻工产品、日用消费品、机械产品以及一部分土特产品。常用的数量单位有件（Piece）、打（Dozen）、双（Pair）、套（Set）、卷（Roll）、箱（Case）、袋（Bag）等。

3. 长度计量单位

在金属绳索、丝绸、布匹等类商品的交易中，通常采用码（Yard）、米（Meter）、英尺（Foot）等长度（Length）单位来计量。

4. 面积计量单位

在木板、皮革、地毯等商品的交易中，一般习惯于以面积（Area）作为计量依据。常用的有平方码（Square Yard）、平方米（Square Meter）、平方英尺（Square Foot）等。

5. 体积计量单位

体积（Volume）单位主要用于木材、天然气等商品的计量，在国际贸易中使用较少。属于这方面的计量单位，有立方码（Cubic Yard）、立方米（Cubic Meter）、立方尺（Cubic Foot）等。

6. 容积计量单位

液体货物及各种谷物，如小麦、玉米、煤油、汽油、啤酒等往往按容积（Capacity）单位计量。常见容积单位的有：蒲式耳（Bushel），作为各种谷物的计量单位；公升（Litre）、加仑（Gallon），则用于酒类、油类商品。

二、商品重量的计量方法

在国际贸易中，很多商品采用按重量计量。通常计算重量的方法有以下几种：

（一）按毛重计算

毛重（Gross Weight）是指商品本身的重量加上其包装物的重量作为交货重量。这种计重办法一般适用于低值商品，如粮食、饲料等农副产品。此外，在国际贸易中使用的一种名为"以毛作净"的计量方法，其实就是指按毛重计算重量。

（二）按净重计算

净重（Net Weight）是指货物本身的实际重量，即由毛重扣除包装的重量（即皮重）。计算皮重的办法，在国际贸易中有四种：

（1）实际皮重（Actual Tare or Real Tare）。即将整批商品的包装逐一过秤，算出每一件包装的重量和总重量。用这种方法计算皮重最精确，但也最麻烦，费用耗费也最多。因此，只有对单位价值较高的商品才采用这种方法求得皮重。

（2）平均皮重（Average Tare）。即从整批货物中抽出一定的件数，秤出其皮重，除以抽取的件数，得出平均数，再以平均每件的皮重乘以总件数，算出全部包装重量。

（3）习惯皮重（Customary Tare）。有些商品的包装比较规范，重量相对固定不变，并在长期的业务实践中为国际贸易界所公认。对这样的包装，可以直接将大家公认的重量作为皮重，而不必再进行称量。

（4）约定皮重（Computed Tare）。这是指买卖双方按事先约定的单件包装重量，乘以商品的总件数，求得该批商品的总皮重。

在国际贸易中计算皮重的方法依交易商品的特点以及商业习惯的不同，由买卖双方事先商定在买卖合同中作出具体规定。

（三）按公量计算

公量（Conditioned Weight）是指用科学方法抽掉商品中的水分后所剩余的重量——商品的干净重，加上标准含水量所求得的重量。按照国际上常用的计算方法，标准含水量等于商品的干净重与标准回潮率（国际公定回潮率）的乘积，这样，公量的计算方法就可以表示为：

公量 = 商品干净重 ×（1 + 公定回潮率）

和其他计算重量的方法相比，以公量计重的办法较为复杂、麻烦，实践中主要用于少数经济价值较高而水分含量又不稳定的商品，如羊毛、生丝、棉花等。

（四）按理论重量计算

理论重量（Theoretical Weight）适用于有固定规格和尺寸且每件重量大体一致的商品，其基本方法是根据件数推算总重量。由于这种计重方法是以每件货物重量相同为基础的，重量如果有变，则其实际重量也会发生差别，因此，理论重量只能作为计重时的参考。

（五）按法定重量和净净重计算

所谓法定重量（Legal Weight）是指货物本身的重量加上直接接触货物的销售包装的重量。而除去这部分重量所表示出来的纯商品的重量，则称为净净重（Net Net Weight）。法定重量和净净重是海关依法征收从量税时作为征税基础的计量方法。

在国际货物买卖合同中，如果货物是按重量计量或计价，而未明确规定采用何种方法计算重量和价格时，根据惯例应按净重计量。

三、正确掌握成交数量

成交数量的正确掌握无论从宏观上讲还是对进口商与出口商而言都具有非常重要的意义。就宏观意义来讲，进口太多可能会给国家的国际收支平衡、外汇储备、产业发展、就业乃至国民经济的整体发展等造成负面影响，而出口太多又可能遭遇进口国的保障措施或其他贸易壁垒。从微观层面来看，如果成交数量过大，进口商可能会产生支付困难或销售困难，出口商则可能会在收汇及销售价格和利润等方面受到影响或因货源问题遇到履约困难。在市场经济条件下，进口商或出口商的成交数量取决于相关因素，而宏观的进出口量则既受政府的宏观调控决定，同时在很大程度上又受进出口商的自主经营行为的影响。因此，分析影响进口商和出口商成交数量的有关因素对正确掌握成交数量的宏观和微观意义是毋庸置疑的。

在国际贸易中，影响进口商及出口商成交数量的因素很多。从宏观上讲，主要包括进口国政府在许可证发放、外汇管理和其他方面的有关对外贸易的制度和措施，以及出口国政府的相关制度措施。从微观上讲，出口商、进口商分别要考虑不同的因素。

（一）出口商决定成交数量需要考虑的因素

1. 国外市场的供求状况

在出口中，国外市场的需求状况决定着商品出口的数量、价格和利润回报，供给状况则直接影响着该市场的需求量。因此，当出口商在决定向某市场出口时，就必须了解目标市场上该商品的供求状况，并按进口市场的需求数量合理确定成交量，以保证出口商品的价格水平和利润回报。尤其是对于主销市场的客户，应特别注意保持恰当的成交数量，防止因成交数量过少或供应不及时而丢失市场和客户。

2. 国际市场的价格水平及价格动态

国际市场的价格水平决定着出口价格和出口盈亏，在确定出口数量时，出口商必须认真考虑国际市场的价格水平。由于出口从磋商到签定贸易合同需要一定的时间，在这段时间内国际市场行情可能会发生变化，因此，在考虑国际市场的价格水平时，出口商不仅要把握现时的状况，更应该把握目标商品的国际市场价格动态，当价格看跌又有存货时，就应争取多售快销，当价格看涨时，则可适当控制成交量，以待时机成熟时争取更高的售价。

3. 国内市场的供应数量及价格行情

国内市场的供应数量和国内市场价格行情决定着卖方的货源，从而影响着出口商对货物的组织及履约条件，也影响着出口商的采购成本。在确定出口商品的成交数量时，出口商应当充分考虑国内的货源状况与价格行情，如果货源充沛、行情有利则可适当扩大成交数量，否则就只能适当控制成交数量，如果货源太过紧缺或行情太差，就只能放弃交易。

4. 国外客户的资信状况和经营能力

国外客户的资信状况和经营能力决定着卖方的收汇安全。在确定成交数量时，出口商必须仔细分析国外客户的资信状况和经营能力，并根据客户的有关情况确定适当的成交数量，对不了解其资信状况或资信欠佳的客户，应提高成交条件和控制成交数量，对资信状况和经营能力优良的客户则可适当扩大成交数量。

（二）进口商决定成交数量需要考虑的因素

1. 国内市场的需求数量及价格行情

国内市场的需求数量及价格行情决定着进口商品的销售价格和进口商的经营利润。在进口时，进口商应根据国内市场的实际需要量和价格行情来确定成交数量，需求量大、行情有利的商品可适当扩大进口，需求量小、行情不利的商品则应适当控制进口。

2. 支付能力

支付能力影响着进口商的履约条件和信誉，在确定进口商品数量时，进口商应认真权衡自己的支付能力。在外汇管制的情况下，进口商需要考虑取得外汇的可能，如果外汇来源有困难，则不宜盲目成交。

3. 国际市场的行情变化

国际市场的行情变化影响着进口商的采购成本，在洽购商品时，进口商应根据国际市场行情及其可能的变化情况来确定成交数量。当行情变化有利时，可适当扩大成交数量；反之，当行情变化不利时，则应该适当控制成交数量。

四、合同中的数量条款

合同中的数量条款是买卖双方交接货物和处理数量争议的依据。数量条款包括成交商品的数量、计量单位、计算方法、度量衡制度等基本内容。此外，合同的数量条款有时还包括数量机动幅度条款。

数量机动幅度是在合同中规定的、卖方所交货物实际数量可以多于或少于合同中规定数量的幅度。由于受商品自身特性的影响或因包装及运输工具的限制等，卖方实际交货的数量有时难免与合同规定的数量有所偏差。为了防范履约风险，买卖双方有必要在合同数量条款中规定一定的灵活机动幅度。实践中，规定数量机动幅度的方法一般有两种：

（一）约数条款

在数量条款中加上一个"约"（About or Approximate）字，如"约1 000 码"，表示允许卖方的交货数量与合同规定的数量之间有一定的误差幅度。但是应该注意，不同国家、不同行业对"约"字的解释存在差异，有的解释为2%，有的解释为5%。根据《跟单信用证统一惯例》（UCP 600）规定，如果信用证上的交易数量前有"约"字，则应解释为允许有不超过10%的增减幅度。因此，为了避免这种解释差异产生纠纷，应同时规定约数的含义。

（二）溢短装条款

所谓溢短装条款（More or Less Clause）就是在规定具体数量的同时，再在合同中规定允许多装或少装的一定百分比。规定卖方可多交约定数量的一定百分比的条款称为溢装条款，规定可少交的称为短装条款。在实际业务中，一个完整的溢短装条款由三部分组成：

1. 机动幅度

机动幅度，即允许多交或少交的百分比。对分批交付的货物，数量机动幅度可做出不同的规定，一种是只对合同数量规定一个百分比的机动幅度，而对每批分运的具体幅度不做规定，因此只要卖方交货总量在规定的机动幅度范围内，就符合合同规定的数量；另一种是除规定合同数量总的机动幅度外，还规定每批分运数量的机动幅度，在这种情况下，卖方总的交货量就得受总机动幅度的约束，卖方应根据累计的交货量，计算出最后一批应交付的数量。

2. 选择权

选择权，即视具体情况约定哪方有权决定多交或少交的数量。一般来说，是由履行交货的一方即卖方行使选择权。但如果交货多少涉及船舱容量，则交货机动幅度一般是由负责安排船只的一方选择，或直接由船长根据装载情况做出选择。

3. 超过或不足部分的计价方法

超过或不足部分的计价方法，一般是按合同价格结算。在这种情况下，交货时市价下跌，多装就会对卖方有利，而如果市价上升，多装就对买方有利。因此，为了防止有选择权的一方故意多装或少装，有时也规定溢短装部分应按装船时或货到时的市价计算，以体现公平合理的原则。

第三节　商品的包装

一、包装的含义和作用

国际贸易中的商品一般都需要有适当的包装，只有少数商品采用裸装（Nude Pack）或散装（In Bulk）的方式。所谓包装（Package），是指各类用于装盛或包裹商品的容器或材料。商品采用包装的目的在于方便商品储运中装卸、保管、清点及消费者认购、携带和使用，并有陈列展示、美化宣传、提高身价、吸引顾客的作用。具体而言，商品包装的作用主要有：

1. 商品的包装是商品生产过程的继续

商品要从生产领域经流通领域到消费者手中，一般都需要包装，有些商品甚至根本离不开包装，商品和商品的包装成为不可分割的一个整体。因此，包装是商品从生产领域进入流通领域从而实现其价值和使用价值的必要条件，是在流通过程中保护商品质量和数量的重要措施，是商品生产过程的继续。

2. 商品包装能够提供许多便利并说明商品

一方面，商品包装上的各种标识能说明产地、目地的、重量、尺寸等，便于商品运输、装卸、储存和保管。另一方面，商品包装是商品的重要说明，包装上关于商品规格、成分、批号、使用方法、生产日期、有效期等的说明，给消费者提供了商品的有关信息，特别在超市，销售包装就是"无声的售货员"。

3. 商品包装是对外竞销的重要手段

商品包装能够宣传、美化商品，吸引顾客，扩大销路，提高售价，显示国家的科技文化水平。在生活水平不断提高的今天，企业要提高效率，消费者也需要省时方便，这使商品包装在形式和内容上都发生了重要变化，从而在节省购销时间、提高商品内在质量、增加竞争能力、提高经济效益和社会效益等方面起着日益重要的作用。

4. 包装条款是合同中的一项主要条款

有些国家的法律明文规定，若卖方交付货物不符合合同的包装要求，买方有权拒收货物。《销售合同公约》第35条规定，卖方必须按照合同规定的方式包装。如果卖方交付的货物未按约定的条件包装，或货物的包装与行业习惯不符，买方则有权拒收货物。因此，为明确双方当事人的责任，通常都需要在买卖合同中对商品的包装作出明确具体的规定。

二、包装的种类

根据包装在流通过程中所起作用的不同，商品的包装可分为运输包装和销售包装两种类型。前者的主要作用是在商品的流通过程中保护商品，后者除了保护商品之外，还能起到宣传商品、促进销售的作用。

（一）运输包装

运输包装（Transport Packing）又称大包装、外包装，它是成件或成箱的包装。运输包装除了可以有保护货物在长时间和远距离的运输过程中不被损坏和散失的作用外，还可以起到方便货物运输、装卸和储存，提高物流效率以及传达信息、方便管理的作用。因此，运输包装应适应各种不同运输方式的要求，具有一定的牢固性和方便运输的特性，同时还应注意节约。此外，运输包装还要符合有关国家的法律规定和惯例。

1. 运输包装的种类

运输包装可按包装方式、包装造型、包装材料、包装程度分类。

（1）按包装方式，运输包装可分为单件运输包装和集合运输包装。前者指在运输过程中作为一个计件单位的包装；后者指将若干单件包装组合成一件大包装，能够更有效地保护商品、减少货损、提高装卸效率和节省运输费用。在国际贸易中，常见的集合运输包装有集装袋（Flexible Container）、托盘（Pallet）、集装箱（Container）等。

（2）按包装造型不同，运输包装可分为箱（Cases）、袋（Bags）、包（Bales）、桶（Drums）、捆（Bundles）等。不能紧压的货物通常装入箱内。凡可以紧压的商品，如羽毛、羊毛、棉花、布匹、生丝等，可以先经机压打包，然后再用棉布、麻布包裹，外加箍铁和塑料带，这种方式称为捆包。粉状、颗粒状和块状的农产品及化学原料，常用袋装。

（3）按包装材料不同，运输包装可分为金属包装、木包装、塑料包装、纸包装、麻制品包装、草制品包装、柳制品包装、陶瓷制品包装、玻璃制品包装等。

（4）按包装程度不同，运输包装可分为全部包装（Full Package）和局部包装（Part Package）两种。

在国际贸易中，买卖双方究竟采用何种运输包装，应根据商品特性、形状、贸易习惯、货物运输路线的自然条件、运输方式和各种费用开支大小等因素而定，并在合同中具体订明。

2. 运输包装的标志

运输包装的标志是指为了在装卸、运输、仓储、检验、交接中识别货物，防止货物损坏而在商品外包装上刷写的标志。按其用途可分为运输标志、指示性标志和警告性标志等。

（1）运输标志

运输标志（Shipping Mark），俗称"唛头"，它通常是由一个简单的几何图形和一些字母、数字和文字组成。其作用是便于在装卸、运输、储存过程中识别、点数。其主要内容包括收/发货人的名称代号、简单的几何图形、目的港或目的地的名称、件号。其中，件号说明整批商品的件数及每件包装的顺序号。此外，运输标志有时还包括合同号、发票号、信用证号、进口许可证号，货物的花色号、型号等。如需要中途转运时，还要注明转运港（地）的名称。

随着国际贸易的发展，为适应国际货物流量的增加和国际多式联运的开展以及电子计算机在运输和单证流转方面应用的需要，联合国欧洲经济委员会简化国际贸易程序工作组在国际标准化组织和国际货物装卸协调会的支持下制定了一项"标准运输标志"。标准运输标志由四项内容按规定顺序排列而成，包括：①收货人或买方名称的英文缩写字母或简称；②参考号，如运单号、订单号或发票号；③目的地；④件号。至于根据某种需要而须在运输包装上刷写的其他内容，如许可证号等，则不作为运输标志的必要组成部分。

例1：

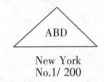

New York
No.1/ 200

例2：（标准化运输标志）

XYH ………………………………………… 收货人代号

3456 ………………………………………… 参考号

HONG KONG ……………………………… 目的地

1/50 ………………………………………… 件数代号

（2）指标性标志

指示性标志（Indicative Mark）即用于在商品的储运过程中，根据商品的特性提出应注意的事项，并用醒目的图形或文字表示的标志。例如，"小心轻放"、"防止潮湿"、"向上"和"禁用手钩"等。

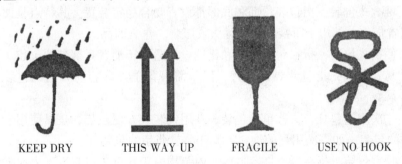

KEEP DRY   THIS WAY UP   FRAGILE   USE NO HOOK

图5-1 指示性标志图例

（3）警告性标志

警告性标志（Warning Mark）又称危险品标志，是指在装有爆炸品、易燃物品、腐蚀物品、氧化剂和放射物质等危险物品的运输包装上用图形或文字表示各种危险性的标志。其作用在于提醒人们在搬运、仓储、使用货物时针对其危险性质采取特别措施，以保障人身和物质的安全。

图 5-2　警告性标志图例

除我国颁布的《危险货物包装标志》外，联合国政府间海事协商组织也规定了一套《国际海运危险品标志》，这套规定在国际上已广为采用。因此，使用警告性标志时应注意，在我国出口危险货物的运输包装上要同时刷写两套危险品标志。

（二）销售包装

销售包装（Selling Packing）又称小包装、内包装或直接包装，是直接接触商品并随商品进入零售市场的包装。销售包装也具有保护商品的作用，同时还具有美化、宣传商品，吸引顾客和方便消费者选购、携带和使用的作用。因此，在国际贸易中不仅要求销售包装具备适于商品销售的各种条件，而且在包装的用料和造型结构、装潢设计和文字说明上都有严格的要求。此外，销售包装还应适应有关国家的消费习惯和在销售包装方面的规定，同时兼顾消费者在图案和色彩方面的爱好特点。

1. 销售包装的种类

根据商品的特征和形状，销售包装可采用不同的包装材料和不同的造型结构与式样。常见的销售包装有以下几种：

（1）挂式包装，指可在商店货架上悬挂展示的包装，通常带有吊钩、吊带、挂孔等装置。

（2）堆叠式包装，指包装顶部和底部都设有吻合稳定装置。其特点是便于摆设和陈列，节省货位，常用于听装的食品罐头或瓶装、盒装商品。

（3）便携式包装，指在包装造型和比例设计适合于消费者携带的包装。

（4）易开包装，指包装封口严密，但不需另备工具即容易开启的包装，如易拉罐等。

（5）一次用量包装，又称单份包装、专用包装或方便包装，是以使用一次为目的的较简单的包装，如一次用量的饮料、调味品、药品的包装等。

（6）喷雾包装，指在气密性容器内，内装物由于安有按钮产生压力而喷射出来的包装，如空气清新剂、香水等。

（7）配套包装，指将消费者在使用上有关联的商品搭配成套，装在同一容器内的销售包装，如成套化妆品的包装盒、工具配套袋等。

（8）礼品包装，指专为送礼而设计的精美包装，如工艺品、玩具、化妆品、糖果的包装等。

2. 销售包装的装潢和文字说明

在销售包装上，一般都附有装潢画面和文字说明，目的在于美化商品，宣传商品，吸引消费者。装潢画面和文字说明通常直接印刷在商品包装上，也可在商品上直接粘贴、加标签、挂吊牌等。

销售包装的装潢画面包括图案和色彩，应力求美观大方，富于艺术吸引力，并突出商品的特征，以利于促进销售。同时，还应适应进口国或销售地区的民族习惯和爱好，以利于扩大出口。

此外，在销售包装上还应有必要的文字说明，如商标、品牌、品名、产地、数量、规格、成分、用途和使用方法等。文字说明和装潢画面要紧密配合，以达到宣传和促销的目的。在销售包装上使用文字说明或制作标签时，还应注意有关国家的标签管理条例的规定。

3. 条形码标志

条形码是由一组带有数字的黑白色粗细间隔不等的垂直平等条纹所组成的印在销售包装上的标志，是利用光电扫描阅读设备为计算机输入数据的特殊的代码语言。

条形码是商品流通于国际市场的一种通用的国际语言，是商品身份证的国际统一编号。目前，世界上许多国家都在商品包装上使用条形码标记，只需将商品包装上的条码标记对准光电扫描器，计算机就能自动地识别出该商品的品名、品种、数量、生产日期、制造厂商、产地等有关该商品的信息。例如按国际上使用最广的 EAN 码由 12 位数字的产品代码和 1 位校验码组成。产品代码前 3 位为国别码，中间 4 位数字为厂商号，后 5 位数字为产品代码。

在国际上通用的条形码有两种：一种是由美国、加拿大组织统一编码委员会（Universal Code Council，UCC）编制的，其使用的物品标识符号为 UPC 码（Universal Product Code）；另一种是由欧共体 12 国成立的欧洲物品编码协会（European Article Number Association）即后来的国际物品编码协会（International Article Number Association）编制的，其使用的物品标识符号为 EAN 码（European Article Number）。目前，EAN 条码已成为国际公认的物品编码标识系统。

我国于 1988 年 12 月成立了中国物品编码中心，1991 年 4 月 8 日中国物品编码中心代表中国正式加入国际物品编码协会（EAN），并自同年 7 月 1 日起行使会员的权利，履行会员的义务。目前国际物品编码协会分配给我国的国别号为"690"、"691"、"692"。

（三）定牌包装、无牌包装和中性包装

采用定牌包装、无牌包装和中性包装，是国际贸易中常有的习惯做法。

1. 定牌包装

定牌包装是指卖方按买方要求在其出售的商品或商品包装上标明买方指定的商标或牌号的一种做法。除非另有约定，在使用定牌时可以标明生产国别。世界许多国家的大型百货公司、超级市场和专业商店对其经营出售的商品，都会在商品上或包装上标明本商店使用的商标或牌号，以扩大本店知名度和显示该商品的身价。有些出口厂商为了提高商品售价和扩大销路，也愿意接受定牌包装。

2. 无牌包装

无牌包装是指卖方按买方要求在其出售的商品或包装上免除任何商标或牌号的做法。和定牌包装一样，在采用无牌包装时，一般也可标明生产国别。实践中，无牌包装主要用于一些需要进一步加工的半成品，如供印染用的棉坯布，或供加工成批服装用的呢绒和绸缎等，其目的主要是为了降低成本。国外有的大型百货公司、超级市场向我国订购低值易耗的日用消费品就要求采用这种方式，以降低销售成本，实现薄利多销。

3. 中性包装

中性包装（Neutral Packing）是指在商品及其内外包装上均不显示生产国别、地名和厂商名称及商标或牌号的一种特殊包装。采用中性包装是为了适应国外市场的特殊需要，如转口销售等，目的在于扩大贸易。此外，中性包装也是出口国贸易商打破某些进口国家与地区的关税与非关税壁垒，以加强对外竞销的一种手段。

中性包装有定牌中性和无牌中性之分。定牌中性包装，是指在商品包装上使用买方指定的商标牌名，但不注明生产国别等的包装，其目的主要是为了利用买方商标牌名在进口国市场的声誉以利于销售。无牌中性包装，是指在商品包装上既不使用任何商标牌号，也不注明生产国别等的包装。它主要用于一些尚待进一步加工的半成品。

由于中性包装近年来受到了种种限制，因此对出口商品采用中性包装必须谨慎。

三、合同中的包装条款

包装条款是国际货物买卖合同的重要内容，买卖双方必须在合同中加以明确规定。合同中包装条款的主要内容一般包括包装材料、包装方式、包装规格、包装标志和包装费用的负担等内容。买卖双方在商订包装条款具体内容时，应注意以下几个方面的问题：

（一）充分考虑各方面的要求

要充分考虑商品的特性、所采用的运输方式、交易习惯等方面的要求，在约定包装材料、包装方式、包装规格和包装标志时，必须从商品在储运和销售过程中的实际需要出发，使约定的包装科学、合理，并达到安全、适用和适销的要求。

（二）包装条款的内容要具体明确

包装条款的内容一般应根据商品的不同性质做出具体、明确的规定。除非买卖双方对包装方式的具体内容经事先充分交换意见，或由于长时期的业务交往已取得一致认识，否则不宜采用如"适合海运包装"（Sea-Worthy Packing）、"习惯包装"（Customary Packing）、"出口包装"（Export Packing）等用语，以免引起纠纷与争议。

（三）关于运输标志的规定

运输标志一般由卖方设计确定，并无必要在合同中做具体规定。但有些情况下，买方要求指定运输标志时，买卖双方须在包装条款中对买方提供运输标志的时间做出规定。若买方逾期尚未指定，则卖方可以自行决定。

（四）关于包装的费用规定

包装的费用一般由卖方承担，并计入货价内，订立包装条款时不再专门做规定。但如买方提出特殊包装要求，除非事先明确包装费用包括在货价内，其超出的包装费用原则上应由买方承担，并应在合同中具体规定负担的费用和支付办法。此外，如果买方供应包装或包装材料时，应明确规定买方提供的包装或包装材料到达卖方的时限和逾期到达的责任。

四、WTO 条件下贸易商需要注意的与包装有关的问题

在 WTO 条件下，由于传统的高关税壁垒和非关税壁垒的作用日益受到限制，同时，随着人们生活水平的提高和人们对环保和健康的日益重视，各国对包装的安全性、对人体和自然环境的无害性等方面的要求越来越严格。为了实现有关要求，各国都制定了严格的技术法规和相应的检疫标准。例如欧盟 1999 年 6 月对所有来自中国的货物木质包装实施新的检疫标准，要求木质包装不得带有树皮且必须进行烘干处理，木材含水量要低于 20%，木材不能有直径大于 3mm 的蛀洞。

综合而论，各国有关包装的规定主要包括三方面内容：

（1）以立法的形式规定禁止使用某些包装材料，如含有铅、汞等成分的包装材料。禁止使用没有达到特定的再循环比例的包装材料等。

（2）建立存储返还制度。许多国家规定，啤酒、软性饮料等一律使用可循环利用的容器，消费者购买这些商品时需要向商家缴存一定的保证金，待日后退还容器时商家再退还保证金。

（3）规定相应的税收措施。对生产和使用包装材料的厂商，根据其生产、使用的包装材料是否符合要求、是否安全、是否有利于人类健康和环境，分别给予免税、低税优惠或征收高税。

在严格的包装要求下，如果货物的包装不符合有关要求，贸易商就可能遭遇罚款、退货甚至更严厉的处罚。美国自 2000 年 1 月 1 日起要求中国出口货物木质包装必须进行熏蒸或热处理，并附有官方出具的"熏蒸/消毒证书"，以防木质包装中的光肩星天牛危害森林。如果不符合有关要求，货物到达美国口岸后将被熏蒸处理并收取高额的熏蒸处理费。另外，除了熏蒸处理的费用，还有办理有关手续、货物滞留等所造成的负担，所有这些都将使贸易商的利益受到损失。因此，为了防范有关风险，贸易商必须充分了解有关国家和地区在包装方面的法规及要求，依据其规定选择包装符合要求的商品成交。此外，为了明确责任，买卖双方应该在合同的包装条款中规定能反映目标市场所在国或地区的包装法规要求的条文，出口商应严格按照合同包装条款的有关规定备货。

第六章　货物的交付与运输

货物的交付习惯上称为交货（Delivery），是指卖方自愿将其对货物的占有权转移给买方的行为。在国际贸易中，货物从卖方转移到买方，一般都要经过长途运输。因此，货物的交付总是与货物的运输紧密相连、不可分割的。

第一节　货物的交付

国际贸易中的交货较为繁杂，其具体内涵是指卖方按照贸易合同约定的时间、地点和方式，将符合合同规定的货物及有关单据交付给买方的行为。有关交货的时间、地点、方式等规定是交货条款的重要组成部分。

一、交货的时间和方式

（一）交货的时间

交货时间指卖方在约定的地点，按照约定的方式向买方交付货物的期限。交货时间直接关系到买方双方的利益。就买方而言，交货时间涉及买方能否及时取得货物以满足其使用或转售的需要；就卖方而言，所交货物是否符合合同规定则直接决定着其交货义务的完成是否顺利、货款能否及时收回、资金周转是否快速高效及销售成本的高低。卖方延期交货会构成违约行为，买方有权索赔或拒收，而且延期交货还会增加货物储存的风险和费用，增加销售成本，影响货款收回和资金周转。因此，在贸易合同中，通常都会对交货时间做出明确具体但又有必要机动期限的规定。为了保证交货时间的合理性，在规定交货时间时需要考虑下列因素：

1. 货源情况

规定交货时间需分析货物的生产进度、进销情况、库存情况。生产进度快的，交货时间可订得近些，现货可规定即期交货。尚待生产的货物则要看生产安排的可能性及生产周期的长短。若一时安排不过来或生产周期较长，交货时间就要订得久远一些。

2. 运输情况

这主要针对"到达合同"的贸易术语条件，在这种情况下，卖方需要自负费用自担风险将货物运抵目的地置于买方的掌管之下，这样运输情况就会直接关系到货物的到达情况及交货时间。因此，在规定交货时间时必须要考虑运输情况，如运输能力、航线、港口条件等，有直达船和航次较多的港口，交货时间可订得短些；反之，则应订得长些。对某些国家、地区，还需注意尽量避开雨季和冰冻期。

3. 市场需求情况

从出口来讲，规定交货期一般除要考虑国内市场的供应情况和国外市场的需求状况外，对季节性消费商品特别是对节日供应商品和临时特殊需要的商品，要特别注意消费需求的时间限制，以免错过消费季节。从进口来讲，则主要应该考虑国外市场的供给和国内市场的需求状况。

4. 商品情况

这主要指商品自身的特点和性质，交货时间的规定要符合商品的性质和特点，易受潮发霉的商品应避免在雨季交货，易受热溶化的商品则应避免在夏季交货。

（二）交货的方式

在国际贸易中，交货方式一般有两种，即实际交货（Physical Delivery）和象征性交货（Symbolic Delivery）。实际交货是指卖方在规定的时间和地点把符合合同规定的货物直接交给买方或其指定的人，从而使货物处于买方的实际占有之下的交货方式。

象征性交货指凭单交货的方式，即卖方向买方提交包括物权凭证在内的全套合格单据，而不是将实际的货物交给买方、置于买方的控制之下，物权凭证及各有关单据只是货物的代表或象征，而非货物本身，卖方将它交给买方，只象征着卖方将货物所有权转移给买方，象征着买方对货物有处置、控制权，但买方并没有实际占有货物。

交货方式与交货的时间是紧密相关的，同时，由于交货方式不同，实际上产生了"装运"和"交货"是否一致的问题。在实际交货的情况下，卖方将货物交给买方的时间才是交货时间，但从实际操作的情况来看，货交买方的地点有时在起运地，有时又在到达地，这样，"装运"和"交货"是根本不同的。在象征性交货的情况下，卖方在装运港或装运地将货物交到船上或者交给承运人，取得表示货物的单据并将这些单据交给买方就完成了交货义务，这样，"装运"和"交货"在一定意义上是一致的。不过，在这种凭单交货的方式下，实际上有两种不同的时间界限，即装运货物的时间和交付单据的时间，实践中习惯以装运货物的时间作为交货时间，而不以交付单据的时间作为交货时间，因为在装运货物的时候承运人就必须出具有关单据，表明已交付货物。

此外，交货方式和交货时间与贸易术语也是紧密相关的。根据《2000 年国际贸易术语解释通则》，在使用 C 组和 F 组的术语时，买卖双方采用象征性交货方式，而在使用 E 组和 D 组术语时，买卖双方采用实际交货方式。因此，选用的贸易术语不同，交货的方式也会有别，而交货方式不同，交货时间的确定也不同。这样，贸易术语便通过对交货方式的影响对交货时间的确定产生影响。

二、交货地点

交货的地点关系到买卖双方在交接货物过程中有关手续的办理、费用的支付、风险转移的界限等，明确规定、合理选择交货地点，对双方都极为重要。实践中，交货地点的类别一般有装运港或启运地及目的港或目的地两种，其具体确定与所选用的贸易术语紧密相关。根据《2000 年国际贸易术语解释通则》，若采用 E 组术语，交货地点在出口国的卖方所在地；若采用 D 组术语，交货地点一般是在目的港或目的地；在

F组和C组术语下，交货地点则在装运港或启运地。具体究竟在什么地点交货，需要根据情况不同在交易双方磋商的基础上确定，并在合同中明确规定，其确定方法和原则因交货地点的类别不同而有所区别。

在以装运港或启运地为交货地点的情况下，具体的交货地点一般由卖方提出经买方同意后确定下来，此时选择交货地点的基本原则是便利货物装运出口和买方接货。一方面，要尽量选择接近货源所在地的港口或地方作为交货地点，并同时考虑国内的和对外的运输条件及费用水平，做到运输便利、费用合理。另一方面，如果需要买方接运，如在《2000年国际贸易术语解释通则》的FOB术语下，买方要负责指派船只接运货物，选择交货地点时就需要尽量考虑买方接货是否便利，如作为交货地点的港口水深与买方派来的船只大小是否相适应等。

在以目的港或目的地为交货地点时，具体的交货地点通常由买方提出经卖方同意后确定下来，此时选择交货地点的基本原则是便利买方对货物的使用或转售，即由买方根据便于使用或转售货物的前提提出。

第二节　国际货物运输的方式

国际货物运输方式包括海洋运输、航空运输、集装箱运输、铁路运输、公路运输、管道运输、多式联运等多种国际货物运输方式。国际贸易中的买卖双方可以根据货物性质及双方的具体需求情况，灵活地选用国际货物运输方式。

一、海洋运输

海洋运输（Ocean Transport）作为国际贸易中起源较早的一种运输方式，由于其突出的特点，如运量大、运费低廉、不受道路和轨道限制等，至今仍然是广泛使用的国际货物运输方式。比较其他运输方式，海洋运输的主要缺点是运输速度慢、风险较大、受气候和自然条件影响较大等。

按照船舶经营方式的不同，国际海洋运输可分为班轮运输（Liner Transport）和租船运输（Charter Transport）两种。

（一）班轮运输

班轮运输又称定期船运输，简称班轮（Liner），它是指船舶在固定航线和固定港口之间按事先公布的船期表和运费率往返航行，从事客货运输业务的运输方式。班轮运输比较适合于运输小批量、多批次、交货港口分散的货物，它具有以下特点：

（1）"四固定"，即固定航线、固定港口、固定船期和相对固定的运费率。

（2）"一负责"，即货物由班轮公司负责配载和装卸，运费内已包括装卸费用，班轮公司和托运人双方不计算滞期费和速遣费。

（3）班轮公司和货主之间的权利、义务和责任豁免以班轮公司签发的提单条款为依据。

（二）租船运输

租船运输又称不定期船运输，是指包租整船或部分舱位进行货物运输的方式。租船方式主要有定期租船（Time Charter）和定程租船（Voyage Charter or Trip Charter）两种。

1. 定期租船

定期租船又称期租船，是指按一定期限租赁船舶的方式，即由船东（船舶出租人）将船舶出租给租船人在规定期限内使用，在此期限内由租船人自行调度和经营管理。租期可长可短，短则数月，长则数年，租金按租期每月（30天）载重吨计算。通常在租赁期船东只负责船员的相关费用和保持船舶具备适航性而产生的费用；其他在租船期的各航次中产生的燃油费、港口费等都由租船人负担。

船东和租船人双方的权利和义务以期租船合同为依据，一般只规定船舶航行区域而不规定航线和装卸港；可以装运除另有规定外的各种合法货物；不规定装卸率和滞期速遣条款。在定期租船中，还有一种"光船租船"（Bareboat Charter）方式，即船舶所有者仅向租船方提供适航船舶，租船人需要自己配备船舶出航所需的所有人员以及负担船舶运营费用和船员费用。在实际操作中，光船租船方式已经较少采用，往往是作为一种融资租赁方式出现。

2. 定程租船

定程租船又称程租船或航次租船，是指按航程租赁的租船运输方式。一般可以分为单程航次租船（Single Trip Charter）、来回程航次租船（Return Trip Charter）、连续航次程租船（Consecutive Trip Charter）等租船形式。定程租船的特点是：航线、装卸港口、航行期等是根据租船人（货主）的需要和船东的可能，经双方协商在程租船合同中规定的，并不固定；程租船合同需规定装卸率和滞期速遣费条款；运价受租船市场供需情况的影响较大，租船人和船东双方的其他权利、义务一并在程租船合同中规定。定程租船以运输货值较低的粮食、煤炭、木材、矿石等大宗货物为主。

二、航空运输

航空运输（Air Transport）是一种现代化的运输方式，具有运送迅速、安全准时、节省包装、节省保险和储存费用、高质量地将货物运往世界各地而不受河海和道路限制等特点。因此，对易腐、鲜活、季节性强、紧急需要的商品运送尤为适宜。航空货物运输有班机、包机、集中托运和航空急件传送等多种方式。

（一）班机运输

班机运输（Airline Transport）是指利用在固定航线上定期开航的，并有固定始发站、目的港及途经站的航班运送货物。航空公司的班机一般都使用客货混合型飞机（Combination Carrier），也有一些较大的航空公司在一些航线上使用全货机（All Cargo Carrier）执行班机运输。班机运输的特点主要有以下几点：

（1）由于固定航线、固定停靠港和定期开航，因此班机运输方式能保证货物安全迅速地到达世界上各通航地点。

（2）方便收货人、发货人确切掌握货物起运和到达的时间，有利于急需商品、鲜活易腐货物以及贵重商品的运送。

（3）班机运输一般是客货混载，因此，有限的舱位不能满足大批量货物的及时出运，往往需要分期分批运输，这是班机运输不足之处。

（二）包机运输

包机运输（Chartered Carrier Transport）可分为整包机和部分包机两种。

1. 整包机

整包机即包租整架飞机，指航空公司按照与租机人事先约定的条件及费用，将整架飞机租给包机人，从一个或几个航空港装运货物至目的地。整包机的费用随国际市场供求情况变化一次一议，原则上是按每一飞行公里固定费率核收费用，并按每一飞行公里费用的一定比例收取空放费。因此，大批量货物使用包机时，均要争取来回程都有货载以降低费用。

2. 部分包机

部分包机是指由几家航空货运公司或发货人联合包租一架飞机或者由航空公司把一架飞机的舱位分别卖给几家航空货运公司装载货物，一般运用于货物容积不足一架整机机舱，但重量较重的货物运输。

3. 包机运输的特点

对比班机运输方式，包机运输能够有效解决班机仓位不足、空运旺季航班紧张的矛盾；可使非直达航班地区得以开展航空货运；可以节省时间和多次发货手续，减少货损、货差或丢失的现象。但包机运输也存在运输时间比班机长，各国政府对从事包机业务的外国航空公司实行各种限制等缺点。

（三）集中托运

集中托运方式（Consolidation Transport）是我国进出口货物的主要运输方式之一。集中托运指将若干票单独发运的、发往同一方向的货物集中起来作为一票货，填写一份总运单发运到同一目的站，由航空货运代理公司在目的站的代理人负责收货、报关并将货物分别拨交给各收货人的做法。

1. 集中托运的含义和特点

（1）节省运费。航空货运公司的集中托运运价一般都低于航空协会的运价，发货人可得到较低的运价，从而节省费用。

（2）提供方便。将货物集中托运，可使货物到达航空公司到达地点以外的地方，延伸了航空公司的服务，方便了货主。

（3）提早结汇。发货人将货物交与航空货运代理后，即可取得货物分运单，并持分运单到银行尽早办理结汇。

2. 集中托运的具体做法

（1）将每一票货物分别制定航空运输分运单 HAWB（House Airway Bill）。

（2）将所有货物按照目的地相同即同一国家、同一城市的原则来分类集中，制定出航空公司的总运单 MAWB（Master Airway Bill）。总运单的发货人和收货人均为航空货运代理公司。

（3）整理该总运单项下的货运清单（Manifest），即此总运单下的分运单数量、号码及分运单货物件数、重量等。

（4）把该总运单和货运清单作为一整票货物交给航空公司。一个总运单可视货物具体情况随附分运单（可以是一个分运单或多个分运单）。

（5）货物到达目的地站机场后，当地的货运代理公司作为总运单的收货人负责接货、分拨，按不同的分运单制定各自的报关单据并代为报关、为实际收货人办理有关接货送货事宜。

（6）实际收货人在分运单上签收以后，目的站货运代理公司以此向发货的货运代理公司反馈到货信息。

（四）联运方式

陆空联运是火车、飞机和卡车的联合运输方式，简称 TAT（Train – Air – Truck），或火车、飞机的联合运输方式，简称 TA（Train – Air）。由于我国国际航空港口岸主要集中在北京、上海、广州等大城市，因此我国空运出口货物通常采用陆空联运方式，在货量较大的情况下，往往采用陆运至国际航空口岸，再与国际航班衔接。

（五）航空速递

航空速递是目前国际航空运输中最快捷的运输方式，发展非常迅速。它不同于航空邮件和航空货运，是指由经营此项业务的专业机构与航空公司合作，通过自身或其代理人用最快的速度在货主、机长、收件人之间传送急件的一种新型快速运输方式。航空速递目前主要有门/桌到门/桌（Door/Desk to Door/Desk）、门/桌到机场（Door/Desk to Airport）、专人派送（Courier on Board）三种服务方式。

三、集装箱运输

集装箱运输（Container Transport）是以集装箱（Container）为运输单位进行货物运输的一种现代化的运输方式，它可适用于各种运输方式的单独运输和不同运输方式的联合运输。集装箱运输是运输方式上的一大革命，它的出现和广泛运用，对国际贸易产生了很大的影响。

（一）集装箱的含义、种类

集装箱是一种能反复使用的便于快速装卸的标准化容器。国际标准化组织推荐了三个系列十三种规格的集装箱，在国际运输中常用的集装箱规格为 40 英尺（合 12.192m）和 20 英尺（合 6.090m）两种，即 IA 型 8′×8′×40′，IAA 型 8.6′×8′×40′，IC 型 8′×8′×20′。按制箱材料不同，集装箱分为铝合金集装箱、钢板集装箱、纤维板集装箱、玻璃钢集装箱；按用途不同，集装箱分为干集装箱、冷冻集装箱（Reefer container）、挂衣集装箱（Dress Hanger Container）、开顶集装箱（Opentop Container）、框架集装箱（Flat Rack Container）、罐式集装箱（Tank Container）。

（二）集装箱运输的特点

集装箱运输具有如下特点：

（1）在全程运输中，可以将集装箱从一种运输工具直接方便地换装到另一种运输工具，而无须接触或移动箱内所装货物。

（2）货物装箱后，可经由海陆空几种运输方式一直运送至收货人的工厂或仓库，实现"门到门"运输而中途无须开箱倒载和检验。

（3）集装箱由具专门设备的运输工具装运，效率高，质量有保证。

（4）一般由一个承运人负责全程运输，其优越性是：①提高装卸效率，加速车船周转；②提高运输质量，减少货损货差；③便于货物运输，简化货运手续，加快货运速度，缩短货运时间；④节省包装用料，减少运杂费；节省装卸费用，减少营运费用，降低运输成本；⑤节约劳动力，改善劳动条件；⑥节约仓容，压缩库存量，加速资金周转。

（三）集装箱运输的主要关系方

集装箱运输的关系方主要有无船经营人、集装箱实际承运人、集装箱租赁公司、集装箱堆场和集装箱货运站等。

1. 无船经营人

无船经营人（Non - vessel Operating Common Carrier，NVOCC）专门经营集装货运的揽货、装拆箱、内陆运输及经营中转站或内陆站业务。对货主来讲，无船经营人是承运人；而对实际承运人来说，无船经营人是托运人，通常无船承运人应受所在国法律制约，在政府有关部门登记。

2. 实际承运人

实际承运人（Actual Carrier）指掌握运输工具并参与集装箱运输的承运人。实际承运人通常拥有大量集装箱，以利于集装箱的周转、调拨、管理以及集装箱与车船机的衔接。

3. 集装箱租赁公司

集装箱租赁公司（Container Leasing Company）仅指专门经营集装箱出租业务的关系方。

4. 集装箱堆场

集装箱堆场（Container Yard，CY）指办理集装箱重箱或空箱装卸、转运、保管、交接的场所。

5. 集装箱货运站

集装箱货运站（Container Freight Station，CFS）是处理拼箱货的场所，在此办理拼箱货的交接，配载积载后将集装箱送往集装箱堆场（CY），并接受从 CY 交接的进口货箱，进行拆箱、理货、保管，最后分拨给各收货人，同时也可按承运人的委托进行铅封和签发场站收据等业务。

（四）集装箱运输货物的交接

集装箱运输按其装载货物所属货主可分为整箱货和拼箱货。整箱货（Full Container Load，FCL）是指由货方自行装满整箱后，直接送至集装箱堆场（CY），整箱货到达目的地后，送至堆场由收货人提取。如果发货方货物不足一整箱，需送至集装箱货运站（CFS），由承运人把不同货主的货物按性质、目的地进行拼装，称为拼箱货

（Less than Container Load，LCL）。拼箱货到达目的地后也应送至货运站，由承运人拆箱后由各收货人分别提取。

每个集装箱有固定的编号，装箱后封闭箱门的钢绳铅封上印有号码。集装箱号码和封印号码可取代运输标志，显示在主要出口单据上，成为运输中的识别标志和货物特定化的记号。集装箱的交接方式应在运输单据上予以详细说明。

按照集装箱货物装箱方式的不同，当前国际上通用的交接方式有整装整拆（FCL/FCL）、整装拼拆（FCL/LCL）、拼装整拆（LCL/FCL）、拼装拼拆（LCL/LCL）。

按货物交接地点不同，交接方式可以分为门到门（DOOR to DOOR）、门到场（DOOR to CY）、门到站（DOOR to CFS）、场到门（CY to DOOR）、场到场（CY to CY）、场到站（CY to CFS）、站到门（CFS to DOOR）、站到场（CFS to CY）、站到站（CFS to CFS）。

（五）集装箱运输的费用

集装箱运输费用的构成比较复杂。以集装箱海运为例，其运费包括内陆或装运港市内运输费（Inland Transport Charge）、拼箱服务费（LCL Service Charge）、堆场服务费（Terminal Handling Charge）、海运运费、集装箱及其设备使用费（Fee for Use Container and Other Equipments）等。

四、其他运输方式

（一）铁路运输

铁路运输（Rail Transport）具有运行速度快、载运量较大、受气候影响小、准确性和连续性强等优点。在国际贸易中，铁路运输在国际货运中的地位仅次于海洋运输。在我国对外贸易运输中，铁路运输占有一定比重。

我国对外贸易货物使用铁路运输可分为国内铁路运输和国际铁路货物联运（International Railway Through Goods Traffic）两部分。国内铁路运输特指对港澳地区的铁路运输，即利用铁路将供应港、澳地区的货物运往香港九龙，或运至广州南部转船至澳门。国际铁路货物联运是指在两个或两个以上不同国家铁路当局联合起来完成一票货物运送的铁路运输方式。在国际铁路运送中使用一份统一的国际联运单据，并以连带责任办理货物的全程运送，在由一国铁路向另一国铁路移交货物时，无须发货人、收货人参加。国际铁路货物联运通常依据有关的国际条约开展。目前，用于规范国际铁路联运的国际条约主要是《国际铁路货物联运公约》（简称《国际货约》）和《国际铁路货物联运协定》（简称《国际货协》）。我国对周边国家，如朝鲜、越南、蒙古、俄罗斯等国家的进出口货物，大部分采用铁路运输。通过国际铁路货物联运，欧亚大陆连成一片，为发展我国与欧洲、亚洲国家的国际贸易提供了有利的条件。

（二）公路运输

公路运输（Road Transport）也是一种基本的陆路运输方式。在我国对外贸易中，公路运输占据一定地位，是我国边疆地区同内陆邻国间进行边贸的主要货物运输手段。公路运输灵活机动，能够随着公路网延伸到各个角落，可以方便地实现门到门运输服务。同时公路运输也是海洋、铁路、航空等运输方式集散货物的重要手段。但是，公路运输有载货量有限、运输成本高、运输风险较大之不足。

（三）内河运输

内河运输（Inland Waterway Transport）是以船舶为运输工具，内陆河流为运输航道的货物运输，是除海上运输外的另一种水上运输方式，具有投资少、运量大、成本低，可以实现内陆同海港、空港等货运站的有效连接，在进出口货物的运输和集散中起着重要作用。国际商会所规定的贸易术语中，适用于海上运输的术语同样也适用于内河运输。我国有广阔的内河运输网，也有部分边疆地区同邻国边境河流连接，随着我国内河港口的进一步开放，我国对外贸易内河运输将具有更有利的条件。

（四）邮政运输

邮政运输又称邮包运输（Parcel Post Transport），是一种最简便的运输方式，各国邮政部门之间订有协定和《万国邮政公约》，这保证了邮政运输的畅通无阻、四通八达，形成了全球性的邮政运输网，从而使国际邮政运输得以在国际贸易中被广泛使用。近年来，邮政特快专递业务发展迅速，目前快递业务主要有国际特快专递（International Express Mail Service 简称 EMS）和 DHL、UPS、FEDEX 等信使专递（Courier Service）

（五）国际多式联运

1980 年 5 月联合国国际多式联运公约第二次会议一致通过的《联合国国际多式联运公约》中，对国际多式联运（International Multimodal Transport）的定义如下："国际多式联运是指按照国际多式联运合同，以至少两种不同的运输方式，由多式联运经营人（Combined Transport Operator，C. T. O.）将货物从一国境内接管货物的地点运至另一国境内指定的交货地点。为履行单一方式货物合同所规定的货物接送业务，则不应视为国际多式联运。"

1. 国际多式联运的特征

（1）必须有一个多式联运合同并使用全程提单（Combined Transport Bill of Lading）；

（2）必须由一个联运经营人对货主承担全程的运输责任；

（3）联运经营人以单一费率向货主收取全程运费；

（4）必须是国际间的货物运输；

（5）必须是采用两种以上不同运输方式衔接组成一个连贯的运输。

国际多式联运具有手续简化、运输速度较快、质量较高、运费计算方便、可缩短发货人回款时间的优点。货物的交接方式可以采用门到门、门到港站、港站到港站、港站到门等多种方式。

2. 国际多式联运经营人的性质和责任范围

《联合国国际多式联运公约》对多式联运经营人所下的定义是："国际多式联运经营人，是指其本人或通过其代表订立多式联运合同的任何人，他是货主，而不是发货人的代理或代表或参加多式联运的承运人的代理人或代表，并且负有履行合同的责任。"其责任期间是从接受货物之时起到交付货物之时止，在此期间对货主负全程运输责任。根据多式联运责任制的范围和索赔限额，目前国际上一般有三种类型和做法：统一责任制（Uniform Liability System）、分段责任制又称网状责任制（Net Work Liability）、修正统一责任制（Modified Uniform Liability System）。

（六）大陆桥运输

大陆桥运输（Land Bridge Transport）是指使用横贯大陆的铁路或公路运输系统作为中间桥梁，把大陆两端的海洋运输连接起来的连贯运输方式。大陆桥运输实际上是以铁路为主体，以集装箱为媒介，兼具集装箱运输和国际多式联运的优点，将海运、公路、航空、河运、管道等多种运输方式相结合，横跨洲际大陆，实行海防衔接，"一票到底"的国际联运。由于其突出的优点，大陆桥运输越来越受到国际运输界、贸易界的广泛重视。目前运用较广的是西伯利亚大陆桥、亚欧大陆桥及北美大陆桥。

与传统的国际运输方式相比，大陆桥运输具有明显的优势：

（1）运输距离大为缩短。大陆桥横穿大陆，比绕道海路近得多。目前世界上开通的西伯利亚大陆桥、北美大陆桥和亚欧大陆桥等主要大陆桥，一般可以比传统的海运路线缩短 1/2 ~ 1/3 的路程。

（2）速度快，时间短。由于大陆桥运距较近，且能使用铁路集装箱专用直达车，中间环节少，运行速度快，从而节省了大量的途中运输时间，并使运行时间有了保证。

（3）运输质量高。大陆桥运输实行"一票到底"的"门到门"运输，手续简便、责任明确；加上陆上运输安全可靠，集装箱运输货损货差减少，具有运输质量高、效益好的特点。

此外，还有一种 OCP（Over-land Common Point）运输方式，它是指以美国落基山脉为界，除美国西海岸紧邻太平洋的九个州以外，其他界东的广大地区为内陆地区，是适用"OCP"的地区范围。凡海运到美国西海岸港口再以陆路运往内陆地区的货物，如提单上表明按 OCP 条款运输，与直达西海岸港口相比可享受费率优惠，相应的陆运运费率也有降低，而且向相反方向的运送也可得到相同的优惠。但是这种优惠只适用于货物的最终目的地在 OCP 地区，而且必须经美国西海岸港口中转。

（七）管道运输

管道运输（Pipeline Transport）是随着石油的生产而产生和发展的，它是一种特殊的运输方式，与普通货物的运输形态完全不同。普通货物运输是货物随着运输工具的移动而被运送到目的地，而管道运输的运输工具本身就是管道，是固定不动的，只是货物本身在管道内移动，即它具有运输通道和运输工具合二为一的特点。此外，管道运输还具有高度专业化及单方向运输的特点，是适于运输气体和液体货物运输并在管道内借助高压气浆的压力将货物向目的地输送的专门运输方式。现代管道运输起源于 19 世纪 60 年代的美国，但直到 20 世纪初，管道运输才得到迅速发展。现代管道不仅可以输送原油、各种石油成品、化学品、天然气等液体和气体物品，而且可以输送矿砂、碎煤浆等。

1. 管道运输的种类

管道运输就其铺设工程不同可分为架空管道、地面管道和地下管道，其中以地下管道应用最为普遍。如果地形情况特殊，一条管道也可能三者兼而有之。

管道运输就其地理范围不同可分为：油矿至聚油塔或炼油厂，称原油管道（Crude Oil Pipeline）；从炼油厂至海港或集散中心，称成品油管道（Product Oil Pipeline）；从海港至海上浮筒，称系泊管道（Buoy Oil Pipeline）。

管道运输就其运输对象不同又可分为液体管道（Fluid Pipeline）、气体管道（Gas Pipeline）、水浆管道（Scurvy Pipeline）。

此外，管道运输同铁路运输、公路运输一样，也有干线和支线之分。

2. 管道运输的优点与局限

管道运输特有的特点表明它的优点与局限。一方面，管道运输不受地面气候影响，可以连续作业；运输的货物无需包装，费用节省，成本低廉；货物在管道内移动不易受到损坏，货损货差小；由于永远是单向运输，因此无回空运输问题；经营管理比较简单。另一方面，也正是由于永远是单向运输，因此机动灵活性差，同时由于运输货物仅限于液体和气体货物，因此具有过于专门化的局限，且固定投资较大。

第三节　装运条款

装运条款的内容与贸易合同的性质和运输方式紧密相关，交易的合同性质及所选用的运输方式通常则与贸易术语直接相关。在适用于海洋运输的贸易术语下，装运条款的内容主要包括装运期、装运港、目的港、分批装运与转运、装运通知等内容。

一、装运期

装运期（Time of Shipment）是指卖方在启运地装运货物的期限。它与交货期是两个不同的概念。在国际货物买卖中，装运期对当事人的权益有着非常直接的影响，通常需要在贸易合同中做出明确具体的规定。在实务操作中，常用的规定方法有三种：

（一）规定具体的装运期限

规定具体的装运期限具有明确具体、不易引起争议、方便落实货源和安排运输的优点，是国际贸易中常用的方法。这种规定方法包括规定最后期限和规定以一段时间为装运期限两种做法，前者如规定为"装运期不迟于某年某月某日"，后者如规定为"某年某月至某月"，这种方法多用于大宗交易或偏僻港口装运货物，因而需要较长的和更具灵活性的装运期的情况。

（二）规定收到信用证后一定时间内装运

这种方法一般用于对买方的资信情况不够了解，或对某些进口管制较严的国家或地区，或专为买方制造的特定商品等情况。对卖方而言，这种方法的优点是有利于收汇和安排货源，其不足在于装运期取决于买方的开证期限，因此卖方装运货物较为被动。为了避免纷争，特别是为了防止买方故意拖延开证甚至在行情变化时拒不开证，在采用这种方法时，应该在贸易合同中同时规定买方开证的期限，如规定"收到信用证后30天内装运"，同时规定"买方必须于某年某月某日前将信用证开到卖方"。

（三）采用习惯术语表示

这适用于买方急需而卖方又备有现货的情况，通常采用表示近期时间的习惯术语，如"即期装运"、"尽快装运"等。但是，由于这类规定太笼统，且各国家和地区对此解释不一，因此容易产生争议，除买卖双方有一致理解外，一般不宜采用这种方法。

二、装运港和目的港

装运港（Port of Shipment）和目的港（Port of Destination）分别是开始装运货物和最终卸货的港口。在贸易合同中，一般只规定一个装运港和目的港，在货物数量较大而且货源又分散几处或达成合同时不能具体确定在何处发运货物时，也可规定两个或两个以上，并分别列明有关港口的名称。如果商订合同时难以明确规定一个或几个港口，也可采用"选择港"（Optional Ports）的做法，即列明两个或两个以上的港口，或笼统规定某一航区的港口并从中任选一个作为装运港或目的港，在这种情况下，贸易合同中应该规定在装运期前若干天由卖方或买方将选定的港口通知对方。

上述方法不论采用哪种，对装运港和目的港的规定都应尽量做到明确具体，并注意选择安全可靠的港口，同时还要注意所选港口是否有重名，如果有重名，应该列明所选港口所处的国家和方位。在与内陆国家的贸易中，如果需要通过海运，一般应选择离该国最近的且易于安排船舶的港口为目的港。有时也以内陆城市为目的地，但这一般只适用于联合运输且承运人能接受全程运输的情况。

三、分批装运和转运

分批装运（Partial Shipment）是指一个合同项下的货物先后分若干批装运。各国法律和有关国际惯例对分批装运的规定和解释不一，如有些国家的法律规定合同没有规定允许分批装运则不得分批装运。因此，在交易数量较大或由于其他条件的限制需要分批装运时，贸易合同中应该规定分批装运条款，否则，就很容易引起争议。

转运（Transhipment）通常指货物在从装运港或装运地到目的港或目的地的运输过程中的转装或重装，包括从某一运输工具转移至另一运输工具及从一种运输方式转移至另一运输方式。货物的转运会增加费用开支和延长运输时间，有时还会造成损耗，因此，在需要转运的情况下，合同应明确订立"允许转运"条款。

四、装运条款的其他内容

除上述内容外，装运通知往往也是装运条款的重要内容。不论按什么贸易术语成交，交易双方都要承担有关装运通知的义务。规定装运通知既有利于明确双方的责任，还可以促进双方相互配合，做好货物运输方面的衔接工作和货运保险工作，从而有利于贸易合同的顺利履行。

在大宗商品交易采用程租船运输时，为了明确交易双方的装卸责任，使贸易合同与租船合同的内容相互衔接，贸易合同应结合商品特点和港口条件，对装卸时间、装卸率、滞期费及速遣费的计算、支付等做出具体规定。

第七章 货物运输保险

国际货物运输不管采取何种运输方式，由于货物必然发生空间或时间的大跨度，以致货物在运输过程中往往会遭遇各种风险，导致货物不同程度的损失，因此办理国际货物运输保险对转移货物在运输过程中可能发生的风险和减少经济损失具有十分重要的意义。

第一节 海上货物运输保险

一、海上风险、损失及费用

（一）风险

风险是指造成损失的可能。保险业把海上货物运输的风险分为海上风险和外来风险。

1. 海上风险

海上风险（Perils of The Sea）包括自然灾害和意外事故，一般是指船舶或货物在海上运输过程中发生的风险。但在国际保险实务中，海上风险还包括与海上运输航行有关的、发生在陆地或海、河等处的事故灾害。

自然灾害（Natural Calamity）并不是指一般自然力量所造成的灾害，仅指如雷电、洪水、流冰、地震、海啸等恶劣天气，以及其他人力不可抗拒的原因造成的灾害。

意外事故（Fortuitous Accidents）是指运输工具由于偶然的、非意料中的原因发生事故，主要包括船舶搁浅、触礁、沉没、碰撞、失火、爆炸以及失踪等具有明显海洋特征的重大意外事故。

2. 外来风险

外来风险（Extraneous Risk）是指除海上风险以外的各种风险，分为一般外来风险和特殊外来风险。一般外来风险是指偷窃、破碎、渗漏、玷污、受潮受热、串味、生锈、钩损、短量、淡水雨淋等；特殊外来风险主要是指由于军事、政治及行政法令等原因造成的风险，如战争、罢工、交货不到、拒收等。

（二）损失

海上货物运输的损失又称海损（Average），指货物在海上运输过程中由于海上风险而造成的损失，也包括与海运相连的陆运和内河运输过程中的货物损失。海上损失按损失的程度可以分成全部海损和部分海损。按照货物损失的性质，可分为共同海损和单独海损。在保险实务中，共同海损和单独海损均属部分损失。

1. 全部海损

全部海损（Total Loss）又称全损，指整批被保险货物或其中可以完全分割开来的一部分遭受全部灭失或等同于全部灭失的损失。按照性质不同，全部海损可分为实际全损（Actual Total Loss）和推定全损（Constructive Total Loss）。实际全损是指货物因全部灭失或全部变质而不再有任何商业价值。推定全损是指货物遭受风险后受损，尽管未达实际全损的程度，但实际全损已不可避免，或者为避免实际全损所支付的费用和继续将货物运抵目的地的费用之和超过了保险价值。推定全损需经保险人核查后认定。

2. 部分海损

不属于实际全损和推定全损的损失为部分海损（Partial Loss），即损失没有达到全部损失程度的海上损失。部分海损分为共同海损和单位海损。其中，共同海损（General Average）指在海洋运输途中，当船舶、货物或其他财产遭遇共同危险，船方为了解除共同危险，有意采取合理的救难措施所直接造成的特殊牺牲和支付的特殊费用。在船舶发生共同海损后，凡属共同海损范围内的牺牲和费用，均可通过共同海损清算，由有关受益方（即船方、货方和运费收入方）根据获救价值按比例分摊，然后再向各自的保险人索赔。共同海损分摊涉及的因素比较复杂，一般由专门的海损理算机构进行理算（Adjustment）。单独海损（Particular Average）是指不具有共同海损性质的、仅涉及船舶或货物所有人单方面的、未达到全损程度的损失。

（三）费用

海上风险还会造成费用支出，即在发生保险责任范围内事故时，为了避免被保险货物遭受损失或减少损失而进行施救产生的费用支出。这些费用主要包括：

（1）施救费用（Sue and Labour Expense），即被保险货物在遭受承保责任范围内的灾害事故时，被保险人或其代理人或保险单受让人，为了避免或减少损失，采取各种措施而支出的合理费用。

（2）救助费用（Salvage Charge），即保险人和被保险人以外的第三者采取了有效的救助措施而产生的由被救方承担的费用。

（3）特别费用（Special Charges），即船舶在遭遇保险责任范围内保险事故后，在避难港避难所引起的费用。

保险人对上述费用都负责赔偿，但赔付总和以保险金额为限。

二、海上运输保险的险别

海上运输保险的保险条款由各国保险公司按照各自的需要自行制定。在国际保险实务中影响较大并有代表性的保险条款是伦敦保险协会所制定的《协会货物条款》。我国主要使用中国人民保险公司制定的《海洋货物运输保险条款》，我国海运货物保险的险别分为基本险和附加险。

（一）基本险

1. 平安险

平安险（Free from Particular Average，FPA）这一名称在我国保险行业中沿用甚久，其英文原意是指单独海损不负责赔偿。根据国际保险界对单独海损的解释，它是指部分损失。因此，平安险原来的保障范围只包括全部损失，但在长期实践的过程中对平安险的责任范围进行了补充和修订。当前平安险的责任范围已经突破只赔全损的限制，保险人对于特定意外事故如搁浅、触礁、沉没、焚毁等所引起的单独海损亦予以承保。详细说来，平安险的责任范围主要包括：

（1）在运输过程中，运输工具发生意外事故或由于自然灾害造成的被保险货物的实际全损或推定全损。

（2）由于运输工具遭搁浅、触礁、沉没、互撞、与流冰或其他物体碰撞以及失火、爆炸等意外事故造成的全部或部分损失。

（3）在运输工具已经发生搁浅、触礁、沉没、焚毁等意外事故的情况下，在此之后又在海上遭恶劣气候、雷电、海啸等自然灾害所造成的被保险货物的部分损失。

（4）在装卸或转船过程中，被保险货物一件或数件落海所造成的全部或部分损失。

（5）运输工具遭受自然灾害或意外事故后，在避难港卸货引起被保险货物的损失以及在中途港或避难港口停靠时引起的卸货、装货、存仓以及运送货物所产生的特别费用。

（6）发生共同海损所引起的牺牲、公摊费和救助费用。

（7）发生保险责任范围内的危险时，被保险人对货物进行抢救，采取防止或减少损失的各种措施而产生的合理施救费用。但是保险公司承担的施救费用限额不能超过这批被救货物的保险金额。

（8）运输契约订有"船舶互撞条款"时，根据该条款规定应由货方补偿船方的损失。

2. 水渍险

水渍险（With Particular Average，WPA）的责任范围除了包括上列"平安险"的各项责任外，还负责被保险货物由于恶劣气候、雷电、海啸、地震、洪水等自然灾害所造成的部分损失。

3. 一切险

一切险（All Risks）的责任范围除包括上列"平安险"和"水渍险"的所有责任外，还包括货物在运输过程中，因各种一般外来风险所造成的保险货物的全部或部分损失。

上述三种险别都是海洋货物运输保险的基本险别，被保险人可以从中选择一种投保。此外，保险人可以申请扩展保险期，经保险公司出立凭证后予以延长，每日加收一定保险费。

（二）附加险

附加险是不能独立承保的险别，它必须附属于主要险别，即只有在投保了主要险别以后，投保人才能投保附加险。附加险的种类很多，从大的类别来看，分为一般附加险和特殊附加险两类。

1. 一般附加险

一般附加险承保一般外来风险所造成的全部或部分损失，它主要包括以下具体 11 种险别：

（1）偷窃、提货不着险（Theft、Pilferage and Non-delivery，TPND）承保在保险有效期内保险货物被偷窃走，以及货物运抵目的地以后整件或全部未提交的损失。

（2）淡水雨淋险（Fresh Water Rain Damage，FWRD）承保货物在运输中由于遭受淡水、雨水以及雪融所造成的损失。淡水包括船上淡水舱、水管漏水以及舱汗等。

（3）短量险（Risk of Shortage）承保被保险货物在运输途中的数量短少和重量短少的损失。通常情况下，对于包装货物的短少，保险公司需要查清外包装是否发生破口、破袋、扯缝等异常现象；对于散装货物，往往则以装运重量（Shipping Weight）和卸货重量（Landing Weight）的差额作为计算短量的依据，但不包括自然损耗（Natural Loss）和正常损耗（Normal Loss）。

（4）混杂、玷污险（Risk of Intermixture & Contamination）承保被保险货物在运输过程中因混进杂质所造成的损失，如矿石混进了泥土、草屑等从而使质量受到影响。此外，保险货物因为和其他物质接触而被玷污，如布匹、食物、服装等被油类或带色的物质污染而引起的经济损失，也在保险范围内。

（5）渗漏险（Risk of Leakage）承保流质、半流质的液态物质以及需要用液体浸泡的货物在运输过程中因为容器损坏而引起的渗漏损失。如以液体装存的湿肠衣，因为液体渗漏而使肠衣发生腐烂、变质等损失。

（6）碰损、破碎险（Risk of Clash & Breakage）承保货物碰损、破碎的损失。碰损主要是对金属、木质等货物而言的，具体指在运输途中，因为受到震动、颠簸、挤压而造成货物本身的损失；破碎主要针对易碎性物质，具体指在运输途中，由于装卸不当、运输工具的颠震造成货物本身的破裂、断碎的损失。

（7）串味险（Risk of Odour）承保货物在运输途中因受其他异味货物影响而造成的损失。如茶叶在运输途中受到一同堆放的香料影响使品质变化的损失。

（8）受热、受潮险（Damage Caused by Heating & Sweating）承保货物在航行途中，由于气温骤变，或者因为船上通风设备失灵等使舱内水气凝结、受潮、受热引起的损失。

（9）钩损险（Hook Damage）承保被保险货物在装卸过程中因为使用手钩、吊钩等工具所造成的损失。如因吊钩钩坏粮食包装袋而造成的粮食外漏的损失。

（10）包装破裂险（Loss or Damage Caused by Breakage of Packing）承保由于包装破裂造成货物的短少、玷污等损失。此外，对于因被保险货物在运输过程中出于续运安全的需要而产生的调换包装所支付的费用也在保险范围内。

（11）锈损险（Risk of Rusting）承保被保险货物在运输过程中因生锈而造成的损失。这种生锈必须在保险期内发生，如原装时就已生锈，保险公司不承担赔付责任。

在投保平安险或水渍险时，可投保上述一种或多种一般附加险，在投保一切险时就不需要投保一般附加险，因为一切险已经包含了一般附加险的责任范围。

2. 特殊附加险

特殊附加险承保特殊外来原因导致货损的全部或部分损失，这种损失不包括在基本险范围内。被保险人要想获得有关保障，可在投保基本险的基础上另行加保特殊附加险。

目前，我国保险公司承办的特殊附加险主要有交货不到险（Failure to Delivery Risk）、进口关税险（Import Duty Risk）、舱面险（On Deck Risk）、黄曲霉素险（Aflatoxin Risk）、拒收险（Rejection Risk）、货物出口到香港（包括九龙在内）或澳门存仓火险责任扩展条款（Fire Risk Extension Clauses for Storage of Cargo at destination Hongkong, including Kowloon, or Macao）、战争险（War Risk）和罢工险（Strikes Risk）。

战争险承保战争或类似战争行为造成的保险货物直接损失，其保险责任起讫不采用"仓至仓"条款，它的承保责任仅限于水上危险或运输工具上的危险。罢工险承保被保险货物因罢工者、被迫停工工人或参加工潮、暴动等的人员的行动造成的直接损失，其保险责任起讫采用"仓至仓"条款。罢工险与战争险的关系密切。按国际海上保险市场的习惯，保了战争险再加保罢工险时一般不再加收保险费，但仅仅投保罢工险时则按战争险费率收费，所以被保险人一般在投保战争险的同时加保罢工险。

（三）除外责任

除外责任（Exclusion）是指保险公司明确规定不予承保的损失和费用。根据我国《海运货物运输保险条款》的规定，基本险的除外责任主要包括：被保险人的故意行为或过失造成的损失，属于发货人责任引起的损失，在保险责任开始前就已经存在的被保险货物的品质不良或数量短差所造成的损失，被保险货物的自然损耗、本质缺陷、特性以及市价跌落、运输延迟所造成的损失或费用，战争险和罢工险的责任范围和除外责任。

海洋运输货物战争险的除外责任包括：由于敌对行为使用原子或热核制造的武器（如原子弹、氢弹等）所致的损失和费用，由于执政者、当权者或其他武装集团的扣押、拘留引起的承保航程的丧失或挫折而提出的任何索赔要求。

海洋运输货物罢工险以罢工引起的间接损失为除外责任，即在罢工期间由于劳动力短缺或不能运输导致被保险货物的损失，或因罢工引起动力或燃料缺乏使冷藏机停止工作所致冷藏货物的损失。

（四）保险责任起讫

中国人民保险公司的《海洋运输货物保险条款》规定，基本险承保责任起讫期限或称保险期限，采用国际保险业务中惯用的"仓至仓条款"（Warehouse to warehouse, W/W Clause），即保险责任自被保险货物运离保险单所载明的起运地仓库或储存处所开始运输时生效，包括正常运输过程中的海上、陆上、内河和驳船运输在内，直至该项货物到达保险单所载明目的地收货人的最后仓库或储存处所或被保险人用作分配、分派或非正常运输的其他储存处所为止。如未抵达上述仓库或储存处所，则以被保险货物在最后卸载港全部卸离海轮后满 60 天为止。如在上述 60 天内被保险货物需转运至非保险单所载明的目的地时，则于货物开始转运时终止。

战争险保险责任从货物装上海轮或驳船时开始至货物运抵目的港卸离海轮为止。如果不卸离海轮，则以货物到达目的港当日午夜起 15 天为限。

第二节　其他运输方式下的货物保险

一、航空运输货物保险

保险公司承保通过航空运输的货物，保险责任是以飞机作为主体来加以规定的。航空运输货物保险的基本险别分为航空运输险和航空运输一切险。被保险货物在投保航空运输险和航空运输一切险后，还可经协商加保航空运输货物战争险等附加险。

（一）航空运输险和航空运输一切险

（1）航空运输险（Air Transportation Risks）

航空运输险负责赔偿被保险货物在运输途中遭受雷电、火灾、爆炸或由于飞机遭受恶劣气候或其他危难事故而被抛弃，或由于飞机遭碰撞、倾覆、坠落或失踪意外事故所造成的全部或部分损失，以及被保险人对遭受承保责任内危险的货物采取抢救，防止或减少货损的措施而支付的合理费用，但以该批被救货物的保险金额为限。

（2）航空运输一切险（Air Transportation All Risks）

航空运输一切险除包括上述航空运输险责任外，还负责赔偿被保险货物由于外来原因所致的全部或部分损失。

（二）除外责任

航空运输货物保险对下列损失不负赔偿责任：

（1）被保险人的故意行为或过失所造成的损失；

（2）属于发货人责任所引起的损失；

（3）保险责任开始前，被保险货物已经存在的品质不良或数量短差所造成的损失；

（4）由于被保险货物的自然损耗、本质缺陷、特性以及市价跌落、运输延迟所引起的损失或费用；

（5）航空运输货物战争险条款和货物及罢工险条款规定的责任范围和除外责任。

（三）责任起讫

1. "仓至仓"责任

航空运输货物保险的两种基本险负"仓至仓"责任，即自被保险货物运离保险单所载明的起运地仓库或储存处所开始运输时生效，包括正常运输过程中的运输工具在内，直至该项货物运达保险单所载明目的地收货人的最后仓库或储存处所或被保险人用作分配、分派或非正常运输的其他储存处所为止。如未运抵上述仓库或储存处所，则以被保险货物在最后卸载地卸离飞机后满30天为止。如在上述30天内被保险货物需转送到非保险单所载明的目的地时，则以该项货物开始转运时终止。

2. 保险责任的终止

由于被保险人无法控制的运输延迟、绕道、被迫卸货、重行装载、转载或承运人运用运输契约赋予的权限所作的任何航行上的变更或终止运输契约，致使被保险货物运到非保险单所载目的地时，在被保险人及时将获知的情况通知保险人，并在必要时加缴保险费的情况下仍继续有效，保险责任按下述规定终止：

（1）被保险货物如在非保险单所载目的地出售，保险责任至交货时为止。但不论任何情况，均以被保险的货物在卸载地卸离飞机后满30天为止。

（2）被保险货物在上述30天期限内继续运往保险单原所载目的地或其他目的地时，保险责任仍按第（1）款的规定终止。

（四）被保险人义务

被保险人应按照以下规定的义务办理有关事项：

（1）当被保险货物运抵保险单所载目的地以后，被保险人应及时提货，当发现被保险货物遭受任何损失，应立即向保险单上所载明的检验、理赔代理人申请检验。如发现被保险货物整件短少或有明显残损痕迹，应立即向承运人、受托人或有关当局索取货损货差证明。如果货损货差是由于承运人、受托人或其他有关方面的责任所造成，应以书面方式向他们提出索赔，必要时还须取得延长时效的认证。

（2）对遭受承保责任内危险的货物，应迅速采取合理的抢救措施，防止或减少货物损失。

（3）在向保险人索赔时，必须提供下列单证：保险单正本、提单、发票、装箱单、磅码单、货损货差证明、检验报告及索赔清单。如涉及第三者责任还须提供向责任方赔偿的有关函电及其他必要单证或文件。

二、集装箱运输货物保险

在集装箱运输中发生货损货差，承运人应承担的最高赔偿额、拼箱货的责任限制与传统货物运输相同。整箱货的赔偿按照目前的国际惯例，如果提单上没有列明箱内所装货物的件数，每箱作为一个理赔计算单位；如果提单上列明箱内载货件数的，按件数计算；如果货物的损坏和灭失不属海运，而是在内陆运输中发生的，则按陆上运输最高赔偿额办理；如果集装箱是由托运人所有或提供时，遇有灭失或损坏，其责任确属承运人应承担者，亦应视作一个理赔计算单位。

集装箱货物运输保险根据实际运输工具的不同，分别按照海上货物运输保险、陆上运输货物保险、航空运输货物保险执行，但由于集装箱运输的特殊性，又略有差别。以海上运为例，海上集装箱运输货物保险的保险责任基本与海上运输货物保险责任范围相同，但根据我国《进口集装箱货物运输保险特别条款》的规定，受到以下限制：

（1）进口集装箱货物运输保险责任按原运输险保险单责任范围负责，但保险责任至原保险单载明的目的港收货人仓库终止。

（2）集装箱货物运抵目的港，原箱未经启封而转运内地的，其保险责任至转运目的地收货人仓库终止。

（3）如集装箱货物运抵目的港或目的港集装箱转运站，一经启封开箱，全部或部分箱内货物仍需继续转运内地时，被保险人或其代理人必须征得目的港保险公司同意，按原保险条件和保险金额办理加批加费手续后，保险责任可至转运单上标明的目的地收货人仓库终止。

（4）集装箱在目的港转运站、收货人仓库或经转运至目的地收货人仓库，被发现箱体有明显损坏或铅封被损坏或灭失，或铅封号码与提单、发票所列的号码不符时，被保险人或其代理人或收货人应保留现场，保存原铅封，并立即通知当地保险公司进行联合检验。

（5）凡集装箱箱体无明显损坏，铅封完整，经启封开箱后，发现内装货物数量规格等与合同规定不符，或因积载或配载不当所致的残损不属保险责任。

（6）进口集装箱货物残损或短缺涉及承运人或第三者责任的，被保险人有义务先向有关承运人或第三者取证，进行索偿和保留追索权。

（7）装运货物的集装箱必须具有合格的检验证书，如因集装箱不适而造成的货物残损或短少不属保险责任。

三、陆上运输货物保险

陆上运输货物保险分为陆运险和陆运一切险两种。陆上运输货物的附加险为陆上运输货物战争险（Overland Transportation Cargo War Risks-by Train），该险种只限于火车运输。

（一）陆运险及陆运一切险

1. 陆运险（Overland Transportation Risks）

承保范围包括被保险货物在运输途中遭受暴风、雷电、洪水、地震自然灾害，或由于运输工具遭受碰撞、倾覆、出轨，或在驳运过程中因驳运工具遭受搁浅、触礁、沉没、碰撞，或由于遭受隧道坍塌、崖崩或失火、爆炸意外事故所造成的全部或部分损失，以及被保险人对遭受承保责任内危险的货物采取抢救、防止或减少货损的措施而支付的合理费用，但以该批被救货物的保险金额为限。

2. 陆运一切险（Overland Transportation All Risks）

责任范围除包括上述陆运险的责任外，还负责被保险货物在运输途中由于外来原因所致的全部或部分损失。

（二）除外责任

陆上运输货物保险的责任起讫也采用"仓至仓"条款，但陆上运输货物保险基本险别对下列损失不负赔偿责任：

（1）被保险人的故意行为或过失所造成的损失；

（2）属于发货人责任所引起的损失；

（3）在保险责任开始前，被保险货物已存在的品质不良或数量短差所造成的损失；

（4）被保险货物的自然损耗、本质缺陷、特性以及市价跌落、运输延迟所引起的损失或费用；

（5）陆上运输货物战争险条款和货物运输罢工险条款规定的责任范围和除外责任。

四、邮政包裹运输保险

根据《邮包保险条款》的规定，该保险的基本险别分为邮包险和邮包一切险两种。此外，邮包战争险（Parcel Post War Risks）是可以在基本险基础上加保的一种附加险。

（一）邮包险及邮包一切险

1. 邮包险（Parcel Post Risks）

邮包险承保被保险邮包在运输途中由于恶劣气候、雷电、海啸、地震、洪水自然灾害或由于运输工具遭受搁浅、触礁、沉没、碰撞、倾覆、出轨、坠落、失踪，或由于失火、爆炸意外事故所造成的全部或部分损失，以及被保险人对遭受保险责任内危险的货物采取抢救，防止或减少货损的措施而支付的合理费用，但以该批货物的保险金额为限。

2. 邮包一切险（Parcel Post All Risks）

邮包一切险除包括上述邮包险的各项责任外，还负责被保险邮包在运输途中由于外来原因所致的全部或部分损失。

（二）除外责任

邮政包裹运输保险基本险别的保险责任自被保险邮包离开保险单所载起运地点寄件人的处所运往邮局时开始生效，至该项邮包运达保险单所载目的地邮局，自邮局签发到货通知书当日午夜起算满 15 天终止。在此期限内，邮包一经递交至收件人的处所时，保险责任即行终止。而且，对下列损失不负赔偿责任：

（1）被保险人的故意行为或过失所造成的损失；

（2）属于发货人责任所引起的损失；

（3）在保险责任开始前，被保险邮包已存在的品质不良或数量短差所造成的损失；

（4）被保险邮包的自然损耗、本质缺陷、特性以及市价跌落、运输延迟所引起的损失或费用；

（5）邮包战争险条款和货物运输罢工险条款规定的责任范围和除外责任。

（三）被保险人的义务

被保险人应按照以下规定的义务办理有关事项，如因未履行规定的义务而影响保险人利益时，保险人对有关损失有权拒绝赔偿。

（1）当被保险邮包运抵保险单所载明的目的地以后，被保险人应及时提取包裹，当发现被保险邮包遭受任何损失，应立即向保险单上所载明的检验、理赔代理人申请检验。如发现被保险邮包整件短少或有明显残损痕迹，应立即向邮局索取短少、残损证明，并应以书面方式向其提出索赔，必要时还须取得延长时效的认证。

（2）对遭受承保责任内危险的邮包，应迅速采取合理的抢救措施，防止或减少邮包的损失。被保险人采取此项措施，不应视为放弃委付；保险人采取此项措施，也不得视为接受委付。

（3）在向保险人索赔时，必须提供下列单证：保险单正本、邮包收据、发票、装箱单、磅码单、货损货差证明、检验报告及索赔清单。如涉及第三者责任，还须提供向责任方追偿的有关函电及其他必要单证或文件。

第三节　货运保险实务及贸易合同中的保险条款

一、货运保险实务

货物运输保险的基本内涵是投保人或被保险人在货物装运前估定一定的投保金额，再向承保人或保险人即保险公司投保运输险。其基本的操作方法是投保人按投保金额、投保险别及保险费率，向承保人支付保险费并取得保险单据，承保人负责对投保货物在运输过程中遭受的投保险别责任范围内的损失，按投保金额及损失程度赔偿保险单据的持有人。

（一）考虑投保条件

保险的基本原则之一是投保人必须拥有对保险标的物的保险利益。保险标的物是保险所要保障的对象。它可以是任何财产或与财产相关联的利益，或是因事故的发生而丧失的权利或产生的法律赔偿责任。保险利益又称可保权益，是投保人对保险标的物所拥有的某种合法的经济利益。在货运保险中，保险标的物是运输过程中的货物，保险利益主要是货物本身的价值，也包括与之相关联的运费、保险费、关税和预期利润等利益。

和其他保险一样，国际货运保险也要求投保人必须拥有对保险标的物的保险利益。但是，由于国际贸易的特点，国际货运保险不像一些保险那样要求投保人在订立保险合同时就实际拥有保险利益，而只要求在保险标的物发生损失要求赔偿时必须拥有保险利益，即保险人一般在投保人拥有预期保险利益的情况下给予承保。因此，在办理国际货运保险时，当事人应适当考虑投保条件。

(二) 投保险别的选择

投保险别不同，保险人的责任范围就不同，投保人可以获得的保证和需要承担的义务也不同。为了获得有效保障和在必要范围内承担义务，投保人在保险前必须选择适当的投保险别。一般而言，选择投保险别应考虑的主要因素包括：

1. 货物的性质特点及残损规律

这是非常重要的因素。一方面，根据货物的性质特点考虑需要重点保障的内容，如对特种货物投保特种险，对价值较低的货物投保平安险，对价值较高的货物投保一切险。另一方面，通过搜集货物过去的残损情况，在分析研究的基础上找出货物的残损规律，掌握货物最易发生的危险、损失，并针对这些危险和损失选择投保险别。

2. 货物运输的工具和路线

货物运输的工具不同，保险险别随之而异，正如海运有海运的险别、空运有空运的险别等。同时，运输路线不同，可能的风险及需要保障的内容也会不同，如经过赤道地区货物容易受热，而有的地区则容易发生偷盗等。

3. 国际政治与经济形势的变化

国际政治与经济形势的变化会直接影响货物运输的安全。因此，根据国际政治与经济形势选择保险险别也具有重要意义，如在形势紧张可能发生战争时，可考虑投保战争险。

(三) 确定保险金额

保险金额（Insured Amount）是保险人依据保险合同承担赔偿时支付的最高限额，也是计算保险费的基础。保险金额往往由投保人根据保险利益的大小自行决定后向保险人申报得以约定。按照国际惯例，保险金额是按 CIF 发票金额加上一定的百分比来计算的，这个百分比称为保险加成率。在 CIF 或 CIP 合同条件下，如果合同中没对保险金额加以规定，则以 CIF 或 CIP 总值加成 10% 作为保险金额。

(四) 填写投保单

投保单是投保人向保险人提出的书面申请，其主要内容包括被保险人名称，被保险货物的名称、数量、包装，保险金额，投保险别，运输工具名称，运输日期，起讫地点，投保日期及签章，等等。这些内容需要一一填写清楚。

(五) 交付保险费

保险费是承保人经营保险业务的基本收入，也是承保人保险基金（损失赔偿的基金）的主要来源。投保人向承保人支付保险费是保险合同生效的前提。保险费率是按不同商品、不同目的地、不同运输工具和不同险别制定的。目前，我国出口货物保险费率分为"一般货物费率"和"指明货物加费费率"，前者适用于所有货物，后者仅用于特别列明的货物在一般费率基础上另行加收的费率，如某些易损货物的加收费率。

(六) 取得保险单据

交付保险费后，投保人可以取得保险单据。保险单据是保险公司和投保人之间的保险合同，也是保险公司对投保人的承保证明，它是具体规定双方权利和义务的书面凭证。在发生保险责任范围内的损失时，保险单据又是保险索赔和理赔的主要依据。

（七）保险索赔

如果保险标的物在保险责任有效期内发生属于保险责任范围内的损失，被保险人可向保险公司提出赔偿要求，称保险索赔。在索赔工作中，被保险人应做好下列工作：

（1）损失通知。在发现或得知货物发生损失时，被保险人应立即通知保险公司，以便保险公司接到通知后采取取证、核查、施救等相应措施。

（2）向承运人等有关方面提出索赔。除向保险公司索赔外，被保险人还需向承运人、海关、港务局等有关方面索取有关证明资料，及时向责任方提出索赔。

（3）采取适当的施救、整理措施，以免扩大损失。施救、整理支付的合理费用，可由保险公司负责支付。

（4）备妥索赔单证，包括保险单或保险凭证正本、运输单据如运输提单、发票、装箱单、重量单、向承运人等第三者责任方请求赔偿的函电或其他凭证及文件、检验报告、海事报告摘录、货损货差证明、索赔清单等。

在保险实务中，为防止被保险人双重获益，保险人在履行赔偿后，在其赔付金额内可要求被保险人转让其对第三责任方要求赔偿的权利。保险人代被保险人向第三责任方要求赔偿的权利称代位追偿权或代位权。其基本做法是：保险人先向被保险人赔偿，这是取得代位权的前提。被保险人获得赔偿后签置一份权益转让书，这是保险人取得代位权的证明。保险人凭此证书向第三责任方追偿。

二、贸易合同中的保险条款

保险条款是国际贸易合同的重要组成部分之一，其内容必须明确、合理。为了确定有关事项，保险条款通常都要对投保责任、保险险别、保险费率和保险金额等做出规定。其中，关于投保责任的规定旨在说明由谁负责办理货运保险，这取决于合同采用的术语。例如，根据国际商会《2000 年国际贸易术语解释通则》，不同贸易术语下负责办理货运保险的主体可归纳为表 7−1。

表 7-1	不同贸易术语下负责办理货运保险的主体
E 组	
EXW——工厂交货——买方	
F 组	
FCA——货交承运人——买方	
FAS——装运港船边交货——买方	
FOB——装运港船上交货——买方	
C 组	
CFR——成本加运费价——买方	
CIF——成本加保险费、运费价——卖方	
CPT——运费付至……价——买方	
CIP——运费、保险费付至……价——卖方	
D 组	
DAF——边境交货——卖方	
DES——目的港船上交货——卖方	
DEQ——目的港码头交货——卖方	
DDU——未完税交货——卖方	
DDP——完税后交货——卖方	

此外，贸易合同的保险条款还需对保险公司及所依据的保险条款做出规定。因为保险公司不同，其资信不一。同时，因为所依据的保险条款不同，在险别、具体险种的承保责任范围等方面的规定也就不同。所有这些对有关当事人的责、权、利等都有重要影响。

在实务操作中，贸易合同保险条款的具体内容因采用的贸易术语而异。在由买方办理保险的贸易术语条件下，一般只需简单写明保险由买方负责即可，仅在买方委托卖方代办保险时，才需写明保险金额、投保险别、所依据的保险条款和保险费由买方负担及保险费的支付时间和方法。而在由卖方负责办理保险的术语条件下，则通常都需要明确规定保险金额的确定方法、投保险别、所依据的保险条款及由谁办理保险等内容。

第 4 篇　国际贸易结算

国际货物买卖是货物和货款的对流。商品的品质、数量、包装、交付及运输等主要从货物流动的角度反映国际贸易的基本交易条件和合同条款，而国际贸易结算则主要从货款流动的角度阐述国际贸易的结算原理和贸易合同的支付条款。根据国际结算的一般原理，国际贸易结算指国际贸易引起的债权债务的清偿，即在一定的时间、一定的地点、以某种支付方式和支付工具、通过相应的电文传输并依据一定的规则，结清有关当事人之间的债权债务。其中，支付工具涉及货币和票据。支付方式指债权债务双方办理结算时在有关单据和资金收付中所采用的信用基础和运作方式。因此，如何根据相关因素选择正确的支付方式，对贸易商来讲具有十分重要的意义。

第八章 国际贸易结算中的票据

第一节 票据概述

票据有广义和狭义之分。广义的票据泛指一切商业权利凭证；狭义的票据指以支付金钱为目的的信用工具，具体指由出票人签名其上、无条件约定由自己或另一人支付一定金额给持票人的、代替现金充当流通手段和信贷工具及结算工具的、可以流通和转让的债权凭证。在国际贸易结算业务中，票据是指狭义的票据，它具体包括汇票、本票和支票。

根据有关票据法的规定，票据具有设权性、要式性等具体特征。

1. 设权性

设权性指票据持有人的票据权利随票据的设立而产生。票据权利是指票据持有人的付款请求权、追索权及转让票据的权利。票据持有人的这些权利的产生必须以设立票据为前提，有关权利的转移要以交付票据为条件，权利的行使则以提示票据为依据。没有票据，票据持有人的票据权利就难以得到有效的证明。

2. 要式性

票据的要式性是指票据的形式、内容和处理票据的票据行为必须符合法律的规定才能产生法律效力。从形式来讲，票据法规定必须以书面形式表示票据行为人的意思。至于内容，各国票据法一般都规定了票据必须记载的必要项目。这些必要项目必须齐全且符合有关规定，票据才有效而且显得规范明了，从而把票据纠纷减少到最低。如果票据记载了法律明文禁止记载的事项，票据的有关内容甚至整个票据都将无效。其他可任意选择的事项可选择记载，但一经记载即产生票据效力。

票据行为有狭义和广义之分。狭义的票据行为包括出票、背书、承兑等。这些票据行为的行为人都以负担票据债务为其意思表示的内容，即他们的票据行为意味着要承担相应的票据债务。出票是主要的票据行为，其他行为都是以出票所设立的票据为基础的，称附属行为，没有出票就无票据，也就无所谓背书和承兑。广义票据行为还包括票据处理过程中的其他行为，如提示、付款、参加付款等。票据行为的票式性表现为具备一定的法律要件的票据行为才有法律效力，这些法律要件主要包括：票据行为人应具有必要的民事行为能力，行为人的意思表示要真实，行为人的行为不违反法律和不损害社会公共利益等。

3. 流通性转让性

票据的流通性转让性是指除非票据上写明"禁止转让"（Non Negotiable）字样，票据的持票人有权通过流通把该票据转让给他人。在实践中，票据的流通转让与股票或提单等书面凭证的转让有所不同。股票的转让是过户转让，提单的转让是交付转让，而票据的流通转让可以是经交付或背书后交付而将票据转让他人。这种转让不必通知原债务人，票据的受让人接受票据即获得了全部的票据权利。当票据被拒付或出现其他问题时，受让人有权以自己的名义提出诉讼，善意而且付过对价的票据受让人的这些票据权利不因为其前手票据权利的缺陷而受到影响。

4. 无因性

"因"指产生票据权利义务关系的原因，称票据原因。任何票据的产生都有一定的原因，但票据关系一经产生，就与其原因相分离成为独立的票据权利义务关系，票据权利的行使不会因为票据产生的原因受到影响。票据的持票人行使票据权利不必向票据债务人陈述或证明该票据产生或转让的原因。不管票据关系产生的原因是什么，只要票据是合格的，持票人就享有票据权利，票据债务人就必须对持票人支付票款。这就是票据的无因性。

5. 文义性

票据的文义性是指票据的权利与义务必须以票据上的文字记载为准，票据权利人不得向债务人要求或主张票据文字记载以外的权利，票据债务人也不得以票据文字记载以外的事项对抗债权人。

6. 提示性

票据的提示性是指票据的债权人行使权利时必须向债务人提示票据，方能请求付款；否则，付款人没有付款的义务。

第二节　汇票

一、汇票的含义及当事人

关于汇票的含义，不同国家的票据法在文字表述上略有不同。按照各国广泛引用的英国票据法的解释，汇票（Bill of Exchange）是由一个人向另一个人签发的，要求受票人见票时或于未来某一规定的或可以确定的时间，向某一特定的人或其指定的人或持票人支付一定金额的无条件的书面命令。

作为一种无条件的支付命令，汇票必定涉及付款人和收款人，以及签发付款命令及接受付款命令的人，即汇票有三个基本当事人：签发汇票的人叫出票人（Drawer）；接受汇票的人叫受票人（Drawee）；付款人是支付款项的人，通常就是受票人。此外还有收款人，即汇票的受益人或汇票所指款项的接受人。在国际贸易中，出票人通常为出口方，受票人一般是进口方或其往来银行，收款人可能是出口方本人或其开户银行。也就是说，国际贸易结算中的汇票往往是出口方向进口方签发的无条件的付款命令。

二、汇票的种类

根据不同的划分依据，汇票可以分为不同的类别：

（一）银行汇票和商业汇票

按照出票人不同，汇票可以分为银行汇票（Bank's Bill）和商业汇票（Commercial Bill）。银行汇票是一家银行向另一家银行签发的书面支付命令，其出票人和受票人都是银行；商业汇票是由商号或个人签发的，其出票人一定不是银行，其受票人可以是银行商号或个人。银行汇票的信用基础是银行信用，商业汇票的信用基础是商业信用。根据英国的商业习惯，如果汇票的出票人和付款人同属某一机构，则此汇票可以被看作本票。出票人和付款人为同一银行的汇票可以被视作银行本票。

（二）光票和跟单汇票

根据有无随附商业单据，汇票分为光票（Clean Bill）和跟单汇票（Doucmentary Bill）。光票是不附带商业单据的汇票，没有货权单据的担保，其流通全凭票面信用。银行汇票多半是光票。跟单汇票是附带有商业单据的汇票，跟单汇票的流通既与票面信用相关，又取决于所附的单据及其所代表的货物。商业汇票一般都是跟单汇票。

（三）即期汇票和远期汇票

按照付款时间不同，汇票分为即期汇票（Sight Draft）和远期汇票（Time Draft）。即期汇票是付款人在见票时立即付款的汇票；远期汇票是载明一定期限后或特定日期付款的汇票。

（四）商业承兑汇票和银行承兑汇票

按照承兑人的不同，汇票分为商业承兑汇票（Commercial Acceptance Bill）和银行承兑汇票（Bank's Acceptance Bill）。商业承兑汇票是由工商企业或个人承兑的远期汇票。它是建立在商业信用的基础之上的，其出票人也是工商企业或个人。银行承兑汇票是由银行承兑的远期商业汇票。银行承兑汇票通常由出口人签发，银行承兑汇票后即成为该汇票的主债务人，而出票人则成为从债务人，或称次债务人。所以银行承兑汇票是建立在银行信用基础之上的，便于在金融市场上流通。

此外，汇票还根据抬头不同分为来人汇票和记名汇票。来人汇票其抬头写明"来人"字样，记名汇票抬头写明收款人姓名。根据所用货币不同汇票分为本币汇票和外币汇票。前者以本国货币记载汇票金额，后者以外国货币记载汇票金额。根据份数不同汇票分为单张汇票和双联汇票。单张汇票有"单张汇票"标志。双联汇票通常为一套两张内容相同的跟单汇票，分别附有全套货运单据，并按连续两个航班飞机投寄，目的在于防止遗失。双联汇票的付款原则是"付一不付二"、"付二不付一"。

三、汇票的票据行为

汇票的使用通常要涉及出票、提示、承兑和付款等票据行为。如果汇票需要流通转让，还要经过背书。

（一）出票

出票（Issue）是指出票人签发票据并将其交给收款人的行为。关于受票人通常有三种写法：一是限制性抬头，例如"仅付 XX 公司"（Pay...Co. only）或"付 XX 公司，不能转让"（Pay to Co. Not Transferable），这种抬头汇票不能转让；二是指示性抬头，例如"付 XX 公司或其指定人"（Pay to the Order of...Co. or Pay...Co. or Order），这种抬头的汇票可以经过背书进行转让；三是空白抬头，即持票人或来人抬人，例如"付给来人"或"付给持票人"（Pay Bearer），这种抬头的汇票无需背书，即可转让。

（二）背书

背书（Indorsement/Endorsement）是背书人在汇票的背面签字加批，将汇票权利转让给受让人（即被背书人）的行为。该受让人可以是记名形式，也可以是不记名形式。经背书的汇票在到期前，受让人可以经过背书继续进行转让。对于受让人来说，在他以前的所有背书人和出票人都是他的"前手"；而对于出票人和出让人来说，在他交付或转让汇票以后的所有受让人都是他的"后手"。"前手"对"后手"负有保证汇票会被承兑或付款的责任，而"后手"对其"前手"则享有要求付款的权利。受让人在受让汇票时，要按照汇票的票面金额扣除从转让日起到汇票付款日止的利息后将票款付给出让人，这种行为又称为"贴现"（Discount）。

（三）提示

提示（Presentation）是指持票人将汇票提交付款人，要求其承兑或付款的行为。即期汇票的票据行为只包括一次提示，即付款提示（Presentation for Payment），而远期汇票则包括两次提示，即承兑提示（Presentation for Acceptance）和付款提示。

（四）承兑

承兑（Acceptance）是指付款人在汇票正面写上"承兑"（Acceptance）字样，同时注明承兑日期并签字交还持票人的行为。汇票一经承兑，即表示承兑人承担到期付款的责任。

（五）付款

付款（Payment）是债务人向持票人支付票款的行为。使用即期汇票时，付款人在持票人提示时即付；使用远期汇票时，付款人在办理承兑手续后，在汇票到期日付款。

在使用汇票的过程中，有时会涉及拒付与追索。拒付（Dishonor）是指汇票在提示付款或提示承兑时遭到拒绝的情况。在付款人或承兑人拒不见票、死亡、宣告破产或因违法被责令停业等情况下，由于付款事实上已经不可能兑现，也构成拒付。当汇票被拒付，持票人就拥有向承兑人或其"前手"（包括出票人）追回票款的权利，这种权利叫追索权。持票人向承兑人或其"前手"追回票款的行为叫追索。持票人行使追索权时，应将拒付事实书面通知"前手"，一般应请求拒付地的法定公证人或其他有权做拒付证书的机构做出拒付证书（Letter of Protest）。汇票的出票人或背书人为避免承担被追索的责任，可在背书时加注"不受追索"（Without Recourse）字样，但带有这种批注的汇票在市场上很难流通转让。

四、汇票的必要项目与制作要领

作为具有要式性特征的票据，汇票只有具备法定的必要项目才具有效力。根据《日内瓦统一法》的规定，汇票必须包含的内容有"汇票字样"、无条件支付命令、付款人名称和付款地点、付款期限、出票地点和日期、出票人名称和签字、一定金额的某种货币、收款人名称。根据我国票据法的规定，汇票的必要项目与此基本一致。实际上，各国的有关规定虽然有差异，但主要项目是一致的。因此，在制作汇票时，应清楚、明确地记载各主要项目，其填制要领如下：

（一）写明汇票字样与汇票编码

汇票上写明"汇票"（Bill of Exchange）的目的在于明确其票据性质特点，从而将其区别于别种票据。汇票号码是由出票人自行编制的，目的在于方便查考。在进出口业务中，汇票号码通常与相应的发票号码一致。

（二）出票日期和地点

出票地点涉及汇票的法律适用和汇票必要项目是否齐全、汇票是否成立和有效，一般按照议付地点明确填写。英国票据法认为不注明出票地点汇票也可以成立，此时就以出票人的地址为出票地点，或将汇票交付收款人，由收款人加注出票地点。汇票的出票日期决定着汇票的有效期、到期日和出票人的行为能力，如果出票时出票人已经丧失行为能力，则汇票无效。出票日期一般按议付日期填具，通常在提单日期之后，但不能迟于信用证规定的交单有效期。

（三）汇票金额

汇票必须注明确定的金额，以便任何人都可从汇票的文义记载中计算出一个以某种货币表示的确定的金额。否则，根据有关票据法的规定，汇票将不能成立。在填写时，汇票金额分别按大小写和要求的币种填写，并注意大小写金额要一致。如果大小写不一致，有些国家的票据法规定以大写（文字）金额（Amount in words）为准，而不以小写（数字）金额（Amount in figure）为准，但有的国家则认为这种情况下汇票无效。

（四）付款期限

付款期限（Tenor）即付款时间或付款到期日，是付款人履行付款义务的日期。在实际业务中，远期汇票的付款日期的记载方法主要有：规定某一特定日期，即定日付款；付款人见票后若干天付款（at...days after sight）；出票日后若干天付款（at...days after date of draft）；运输单据日后若干天付款（at...days after date of Transport Document）。其中，多数时候用"提单日期后若干天付款"（at...days after date of Bill of Lading）。

（五）无条件的书面支付命令

无条件的书面支付命令即以有效的书面方式表达的、不附带任何限制性条件的支付命令，常以"Pay to the Order of..."或"Pay to... or Order"表示。

（六）汇票的收款人名称

汇票的收款人名称叫做汇票的抬头，其具体表示方法有如前述，包括指示性抬头、来人抬头和记名抬头三种。汇票的抬头决定着汇票能否流通转让。就指示性抬头而言，由于它仅一般性指明汇票的收款人，如"支付给 ABC 公司或其指定的人"（Pay to ABC Co. or Order），因此这类汇票可以背书转让。而来人抬头只简单写明"支付给来人"（Pay to Bearer），因此这类汇票不需背书即可转让。至于记名抬头，也叫做限制性抬头，因其一般都会严格规定"只支付给"某个特定的收款人（Pay to D. L. only），因此这类汇票不能转让。

（七）付款人名称和付款地点

付款人（Drawee）名称必须完整准确地记载全称，必要时还需加上付款人的详细地址，在英文中常常以"To..."开头的文句表示。付款地点（Place of Payment）是持票人提示票据请求付款的地点，按照"行为地原则"，付款地点关系到付款行为的法律适用，因此通常需要明确记载。

（八）出票人名称及签章

出票人（Drawer）一般应在汇票右下角写明完整正确的全称。出票人还应该在汇票上签章或签字，如果是以个人名义代理或代表企业、银行、团体等单位作为出票人在汇票上签章时，应加注代理或代表字样（for/on behalf of…）以表明其代理关系。根据国际上公认的准则，汇票只有经出票人签字方能成立，出票人一经签字就意味着承担汇票的有关责任。

以上所述是缮制汇票的一般要领。实践中，在不同的条件下缮制汇票要注意的事项是不同的。从出口商的角度讲，在信用证方式下缮制汇票时除了要注意以上所述事项外，还应注意以下几个问题：

（1）汇票的出票人与信用证的受益人应为同一人。汇票的付款人应按信用证规定进行填写。如果信用证未作规定的，通常以开证人作为付款人。

（2）汇票的出票日期应在信用证的有效期内，最迟交单日前。

（3）如果信用证未对汇票收款人作规定，一般应将汇票的收款人作成"凭指示"抬头，有时也以议付行作为汇票的收款人，或将出口企业自己作为汇票收款人，在向银行交单议付时，再以记名背书方式将汇票转让给议付行。

（4）汇票的币种应与信用证规定一致。同时，除非信用证另有规定，汇票金额应与发票金额相等，且不能超过信用证金额。

（5）汇票的出票条款通常注明买卖双方的合约号或银行开出的信用证号，具体内容要按信用证的规定进行填写。如果信用证没有规定的，则要注明开证行名称与地址、开证日期及信用证号码等内容。

第三节　支票和本票

一、支票

在国际贸易结算中，虽然使用汇票的时候居多，但在有的情况下、特别是在小额贸易中，进口商为了节省费用，也常常使用支票。

（一）支票的含义和当事人

支票（Cheque or Check）是在银行有一定存款的客户根据协议向银行签发的，授权银行向某人或其指定的人或持票人即期支付一定金额的无条件的书面支付命令。因此，支票与汇票具有相同的本质——无条件的支付命令，可以说支票属于汇票的范畴。加之支票也是即期的且其付款人是银行，所以英国票据法将支票定义为以银行为付款人的即期汇票。同时，从支票的含义还可以看出，支票也涉及三个当事人：出票人即签发支票的单位或个人，也就是在银行开有存款账户的客户；受票人即付款人是该客户的开户银行；收款人，在国际贸易中是出口方。

从更深的层面分析，支票也有不同于汇票的特点：

（1）支票都是即期的，不需要承兑，而汇票有即期汇票和远期汇票之分，远期汇票是需要承兑的。

（2）支票的付款人仅限于银行，汇票的付款人可以是银行，也可以是企业或个人。

（3）在行文上支票比汇票更为简单，而且汇票有出票条款而支票却没有；商业汇票还可以做成一套两张，而支票只有一张。

（4）支票的出票人是主债务人，在国际贸易结算中，支票的出票人是进口方，而汇票的出票人则是债权人、出口方。

可见，尽管银行是支票的直接付款人，但支票的出票人是实际上的付款人。支票一经签发，出票人就无需承兑并无条件地承担着两个方面的责任。一是票据上的责任或保证付款的责任。二是法律上的责任——出票人在银行必须有不少于支票票面金额的存款，否则出票人开出的支票就是"空头支票"。对于这种支票，不仅银行会拒付，出票人还要承担法律责任。

因此，支票的出票人需具备一定的条件：其一，必须是在银行有存款的客户；其二，与存款银行签定有使用支票的协定，从而获得存款银行同意其使用支票的许可；其三，支票的出票人必须使用存款银行统一印制的支票。

（二）支票的必要项目和制作要领

作为三种主要票据之一，支票必须满足票据的基本法律规范。从其基本特性来讲，支票仍然是要式性票据，其形式必须是书面的，而其内容则必须包含各必要项目。根据我国有关法律的规定，支票的必要项目包括写明"支票"字样、无条件支付命令、确定的金额、付款人名称、出票日期、出票人签章。除此之外，收款人、付款地、出票地也是支票的重要内容。在《日内瓦统一法》的规定中，付款地是支票应该包括的条款。在制作支票时，出票人必须一一写明各个项目，特别是各必要项目缺一不可，否则支票将不具效力。至于一些非必要项目，如收款人名称，如果支票上没有记载，经出票人授权可以补记，而付款地和出票地未加记载时，则可分别以付款人的营业地和出票人的营业地代之。

（三）支票的种类

根据我国票据法的规定，支票分为普通支票、现金支票、转账支票。现金支票只能用于支取现金，转账支票只能用于转账，普通支票既可以用于支取现金，也可用于转账。在国际上，支票既可以用于支取现金，也可用于转账，这可由持票人自主选择，但划线支票（Crossed Cheque）则只能通过银行转账，而不能提取现金。划线支票就是在支票的票面划有两条平行的横向线条的支票，划线的目的是为了安全。因为它只能转账不能提现，就相当于转账支票，即使丢失被人冒领，也可以通过银行转账的线索追回票款。与划线支票相对而言的是既可转账又可提现的不划线支票或未划线支票（Uncrossed Cheque）。

此外，支票还有记名支票（Cheque Payable to Order）与不记名支票（Cheque Payable to Bearer）之分。记名支票是出票人在收款人栏中注明具体的收款人名称的支票，如注明"付给某人"、"付给某人或其指定人"。这种支票在取款时须由收款人在背面签字。不记名支票又称空白支票，其特点是出票人在收款人栏中不注明具体的收款人名称，而仅注明"付给来人"。这种支票不需要背书而仅凭交付即可转让，取款时也无须在背面签字。

支票可以由付款银行加签"保付"（Certified）字样，以表明付款银行将保证支票款项的兑付，这种支票称做保付支票（Certified Cheque）。使用保付支票的目的在于避免出票人签发空头支票。支票一经保付，付款责任就由保付银行承担，这有利于提高支票的身价，从而有利于其流通。

有时候，银行也签发支票。A 银行在 B 银行开立支票账户并向 B 银行签发要求其向某人或某人指定的人或持票人付款的书面命令，这种支票叫银行支票（Banker's Cheque）。由于支票原本与汇票有共同之处，而银行支票和银行汇票又都是银行向银行签发的，因此，在实际工作中，这二者常常被视为同类性质的票据。银行支票和银行汇票的区别主要在于：银行汇票是出票行命令其海外联行付款的票据，在这种情况下，两家银行之间是有通汇关系的；银行支票是一家银行在海外的另一家银行开有往来账户并命令其付款的票据，在这里，两家银行之间的关系是存款行（Depositor Bank）与账户行（Depository Bank）的关系。

二、本票

（一）本票的含义、当事人及内容

本票（Promissory Note）是一个人向另一个人签发的，保证即期或将来某个确定的时间，对某人或其指定的人或持票人无条件支付一定金额的无条件书面承诺。本票的含义表明，本票涉及两个基本当事人："一个人"即出票人，也就是付款人，"另一个人"即受票人，也就是收款人，至于这里的"某人或其指定的人或持票人"则主要体现了本票的抬头即收款人称谓的不同说法。因此，更确切地讲，本票是由出票人签发并由出票人自己约定在一定的日期和地点无条件支付一定金额给收款人或持票人的书面承诺，其出票人一经签发本票，他就成为本票的主债务人，无需承兑，出票人对收款人或持票人有绝对的清偿责任。这就是本票不同于汇票和支票的性质所在。从这个意义上讲，任何票据只要它的出票人和付款人为同一个人，都属于带有本票性质的票据。

由于本票属于三种主要票据之一，因此，它具有前面述及的票据的基本属性。这不仅包括除承兑外的票据行为，如出票、背书、付款行为等，也包括票据的基本特征如要式性等，这就要求本票必须具备某些项目。根据有关票据法的规定，本票必须载明的内容包括："本票"字样、无条件的付款承诺、确定的金额、收款人名称、出票日期、出票人签章，这些内容缺一不可，否则本票将不具效力。至于付款地、出票地等，本票也应该明确记载，但如果没有记载，本票的效力也不会受到影响。根据有关法律规定，本票未记载付款地和出票地时，可分别以付款人的营业地和出票人的营业地代之，这与法律对汇票的有关规定是一致的。

（二）本票与汇票的异同

本票与汇票既有共同之处，又有不同的地方。

一方面，本票与汇票同属票据，具有票据的共同特征如设权性、无因性、要式性等，同时也都可以起到票据的作用，它们的有关当事人及其票据行为都受到法律的管辖、保护和规范。前面述及的关于汇票的出票、背书、保证、到期日、付款、参加付款、追索权等原理也都适用于本票。它们都是以一定金额的货币表示的、以无条件的书面形式作成的，其付款期限也都可以是即期的或远期的，其收款人记载也均可以是记名的或不记名的。

另一方面，本票与汇票也有明显的区别：

首先，性质不同。本票与支票的实质性内涵是不同的。汇票是出票人签发的要求付款的无条件支付命令，是命令式或委托式票据；本票是出票人做出的无条件付款的书面承诺，是承诺式票据。

其次，涉及的基本当事人不同。本票有两个当事人——出票人和收款人，汇票一般有三个当事人——出票人、受票人、收款人。而且它们的出票人和受票人的立场是不同的，汇票的出票人通常是债权方——有权利命令受票人付款的人，受票人往往是债务方；而本票的出票人是债务方，受票人通常是债权方。在国际贸易结算中，汇票的出票人通常是出口人，本票的出票人通常是进口人，所以汇票用"Bill"，表示是债权凭证，本票用"Note"，表明付款承诺。

最后，出票人的责任及出票行为对付款人的约束力不同。汇票的出票人不是付款人，出票行为对付款人并无直接约束力，需要付款人认可，如远期汇票需要承兑。因此，在汇票的付款人认可承兑以前，汇票的出票人是主债务人，要保证受票人承兑和付款，承兑之后，承兑人就成为主债务人。本票是由付款人自己签发的，因此无需承兑，一经签发，付款人就受其约束，本票的出票人始终是绝对的主债务人。

此外，根据英国票据法规定，本票遭拒付时持票人不需要作成拒绝证书即可向前手追索，而汇票遭拒付时持票人一般要作成拒绝证书才能向前手追索。还有，与支票一样，本票只开一张，而不像汇票可以一套数张。

（三）本票的种类

根据不同的标准，本票可分为不同类型。

1. 即期本票和远期本票

根据付款期限不同，本票分为即期本票（Sight Note）和远期本票（Time Note）。即期本票是指见票或提示时立即付款的本票，远期本票是指出票或见票后的将来某个特定日期或一定期限内付款的本票。

2. 商业本票和银行本票

按照出票人不同，本票分为商业本票（Trader's Note）和银行本票（Banker's Note）。商业本票也叫一般本票，它是由工商企业或个人签发的本票；银行本票是由银行签发的本票。商业本票有即期和远期之分，银行本票则都是即期的。

3. 本币本票和外币本票

这是根据所使用的货币不同而划分的。本币本票（Domestic Money Note）的票面金额以出票人本国货币表示；外币本票（Foreign Money Note）的票面金额则以非出票人本国货币表示。

4. 国内本票和国际本票

这是按照本票的两个基本当事人所在地是否为同一国家划分的。国内本票（Domestic Note）是指出票人和收款人所在地为同一国家的本票；国际本票（International Note）是指出票人和收款人所在地不在同一国家的本票。

三、汇票、本票和支票比较

汇票、本票和支票三者之间既有相同点，又有区别。

（一）汇票、本票和支票的相同之处

1. 它们都具有票据的基本性质

从票据法的意义上讲，汇票、本票和支票都是票据，因此都具有票据的基本性质。这主要表现在：①它们都是设权有价证券，它们的持票人都需要凭票据上所记载的内容来证明自己的票据权利。②它们都是要式证券，其形式和记载事项都由法律作了严格的规定，不遵守有关规定票据的效力将受到的影响。③它们都是文义证券，当事人的票据权利、义务等都以票据上记载的文字为准，不受票据上文字以外事项的影响。④它们都是可以流通转让的证券，都可以经过背书或不作背书仅凭交付票据而自由转让与流通。⑤它们都是无因证券，权利人享有的票据权利只以持有票据为条件，权利人在行使权利时无须陈述取得票据的原因和票据权利发生的原因。

2. 它们都具有相同的票据功能

汇票、本票和支票的票据功能主要表现为汇兑功能、信用功能和支付功能。凭借票据的汇兑功能可以解决两地之间现金支付在空间上的障碍；信用功能可以解决现金支付在时间上的障碍；支付功能则主要表现为可以解决现金支付在手续上的麻烦。通过背书转让，汇票、本票和支票在市场上可以成为一种流通、支付工具，这样就可以减少现金的使用，加速资金周转，提高资金的使用效益。

（二）汇票、本票和支票的区别

1. 性质不同

汇票、本票和支票的区别主要表现为三者的实质性内涵有所不同。在这一点上，汇票与本票是完全相反的，而支票则既相似于汇票，又相似于本票。一方面，本票是无条件的付款承诺，而汇票是无条件的支付命令，可见汇票与本票的内涵实质是根本不同的；另一方面，支票是无条件的支付命令，这与汇票相同，但同时支票的出票人又是实际上的付款人，是债务方（进口方），这又与本票相似但却不同于汇票。因为本票的出票人是债务方，而汇票的出票人通常是债权方。

2. 涉及的当事人不同

本票有两个基本当事人，而支票和汇票一般都有三个基本当事人。

3. 支付期限有别

支票都是即期的，而汇票和本票却有即期和远期之分；远期汇票需要承兑，而本票和支票不需要承兑。

第九章　国际贸易结算中的商业单据

随着货物单据化及象征性交货广泛运用，单据起着越来越重要的作用。它不仅作为贸易过程中的证明文件体现着商品交易各方面的情况，是履约的证明，而且有的单据直接就是代表货物、凭其提取货物并能流通转让的物权凭证。此外，单据还是国际结算的前提、中心和工具。根据托收和信用证结算的有关规则规定，单据是卖方履行合同义务的书面凭证。卖方以提供合格的单据来证明他履行了合同规定的义务，银行只须凭审核合格的单据付款，而不凭货物付款。有的观点认为，就贸易而论，国际贸易是货物的买卖，但就结算而言，它却是单据的买卖。

第一节　单据概述

在国际贸易结算中，单据（Documents）有其特定的含义。根据国际商会第522号出版物《托收统一规则》的解释，单据包括两种性质的文件：一是金融票据，如汇票、本票、支票等；二是商业单据，实际工作中称货运单据，也就是这里所要研究的单据。

在国际贸易中，不同的单据所起的作用是不同的。有的是出口方必须提供的，称为主要单据或基本单据；有的是出口方根据进口方和进口方所在国有关方面的要求提交的，这些单据是否需要提交往往取决于进口方所在国家和地区的管理措施及规定，由于它们不是每单交易所必需的单据，因此被称为附属单据。这样，国际贸易结算中的单据便可分为两大类和若干具体的类别，如表9-1所示：

表9-1　　　　　　国际贸易结算单据分类

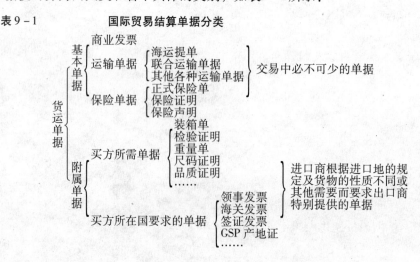

第二节 发票

一、商业发票

(一) 商业发票的含义及作用

商业发票（Commercial Invoice）常称发票（Invoice），它是卖方向买方开立的用于描述货物名称、数量、单价、总值等情况的发货清单。

在国际贸易中，商业发票起着非常重要的作用。

1. 交易的证明文件

商业发票是卖方向买方发运货物或说明履约情况的书面凭证，是出口商必须提供的基本单据之一。由于发票对所装运货物的情况作了详细、全面的描述，因此买方可以从商业发票上了解卖方所发运的货物是否符合合同要求及信用证条款的规定。

2. 记账凭证

世界各国的工商企业都以商业发票作为记账凭证，所以发票中通常都列有所装运货物价款的详细计算过程。

3. 报关纳税依据

商业发票中关于货物的描述、货价、产地等各项记载，是世界上绝大部分国家海关确定税额、税率的依据。

4. 代替汇票作为支付货款的凭证

在即期信用证或即期托收业务不要求提供汇票的交易中，发票还可以代替汇票作为收款凭证。如在征收印花税的国家，使用汇票往往要计征印花税，所以这些国家的进口商在信用证条款中订明不要求卖方提供汇票，而以发票代替汇票。

5. 索赔依据

由于商业发票列明了装运货物的项目详情，一旦货物发生损失，受损方就可以以发票作为依据之一，向有关方面提出索赔。

(二) 商业发票的内容及制作

发票没有统一的格式，但其内容大致相同，主要包括出票人名称和地址，发票字样，抬头人名称，发票号码，合同号码，信用证号码，开票日期，装运地点，目的港，唛头，货物的名称、规格、数量、包装方式、单价、总值等。在制作商业发票时要特别注意有关项目的正确填写。

1. 商业发票的出票人

商业发票的出票人通常是出口人，即信用证的受益人。在制作商业发票时，出口人一般把自己的名称与地址打印在商业发票的正上方中央。

2. 商业发票的名称、编号与日期

在制作商业发票时，发票上必须清楚完整地注明"商业发票"（Commercial Invoice）字样，或至少注明"发票"（Invoice）字样，以便与其他单据相区别。商业发票的编号是由出票人自行编制的，可事先打印。商业发票的日期是指签发日期，该日期应该是全套单据中最早的出单日期，发票的开立日期不得迟于信用证的有效期。

3. 抬头人

商业发票抬头人就是收货人，该项目应按信用证的规定进行填写。如果信用证中没有具体规定的，应以信用证的开证申请人为抬头人。在信用证未对抬头人做出规定的情况下，可按惯例填写信用证上载明的开证申请人的名称。

4. 合同号码及信用证号码与开证行名称

合同号码（S/C No.）、信用证号码与开证行名称（L/C NO... Issued By...）的正确填写非常重要。合同号码填写买卖合同的编号；信用证号码与开证行名称根据来证填写；开证行名称要填写开证行全称。

5. 唛头与起讫地点

唛头（Mark）按照合同与信用证的有关规定和实际货物包装上刷印的唛头填写，在货物需要经由某一中转港转船的情况下，此项目中应该注明中转港的名称。对于无唛头的散装货与裸装货，可在该栏目内填写"No Mark"或"N/M"字样。起讫地点（From... To...）填写信用证规定的货物起运地及目的地的名称。

6. 品质、数量、包装等

商业发票中对商品名称、品质、数量、包装、有关港口的规定必须与信用证中的规定一致，如果要求列出载货船舶名称的，应与提单上的记载相一致。商品名称应填写商品的全称，商品的数量填写成交数量，包括具体数额与计量单位。如果采用的计量单位是重量单位，则应说明计量方法。如果合同及信用证中规定有数量溢短装条款，此项目也应填写相应内容，包装的描述包括包装材料、包装方式等内容。

7. 单价与总额

单价与总额（Unit Price & Total Amount）栏目说明货物的成交价格及整批货物的总金额。在填写单价时要注意完整地表述计价数量单位、单位价格金额、计价货币与贸易术语，并应与信用证中的规定一致。"总值"要以大小写方式填写，并注明与单价相同的货币单位，总值金额不能超过信用证规定的最高金额。

8. 其他

通常情况下，商业发票上的"其他"（Other Conditions）栏目填写信用证规定的一些特殊内容。有些来证中要求出口方在发票上附加一些特别的说明性的文句，如"证明所列内容真实无误"或"货款已收讫"等。只要符合国家政策法规的有关规定，出口企业可以照办。

9. 商业发票的份数

商业发票的份数应与合同或信用证规定的数目为准。如果信用证要求制作正本发票，应在所制作的发票上加盖"正本"印章。此外，还需要准备副本多份，除供出口企业本身留底备查，以及在出口地报关时使用外，进口商或中间商也常要求增加提供份数，以满足其记账、存查等所需。

二、其他发票

在国际贸易中，除了商业发票外，海关发票、领事发票、厂商发票等也经常使用。这些单据是出口商根据进口商所在国或地区的要求而提供的附属单据。

（一）海关发票

海关发票（Custom Invoice）也叫做估价和原产地联合证明书，它是一些进口国家如美国、加拿大、新西兰等规定出口商需要提交的、进口国海关制作、出口商填写和进口商凭以报关的一种固定格式的发票。海关发票为进口国海关提供统计依据及作为货物估价完税的依据。海关发票上的原产地栏目反映了进口商品的产地来源，便于进口国根据货物的不同产地，征收不同税率的关税，对进口商品实行差别税率政策。海关发票反映了货物在出口国市场的销售价格，从而为进口国方面确定进口货物是否有低价倾销现象，对是否应该征收反倾销税提供了依据。此外，有的信用证在要求提供海关发票时就不再要求提供商业发票，这时海关发票就兼有商业发票与海关发票的双重作用。

由于各国家的海关发票有其特定的要求和规定，因此在制作海关发票时首先要注意只能填交进口商所在国海关规定的海关发票，而不能以其他国家的海关发票来代替。其次，海关发票与商业发票相同的栏目，如商品的名称、品质、数量、总值等的内容应该与商业发票的相关内容完全相同，并与信用证规定一致。

（二）领事发票

按照一些国家如菲律宾和拉美国家的规定，凡输往这些国家的商品必须取得其驻出口国领事签证的发票，这种发票称为领事发票（Consular Invoice）。领事发票的作用和海关发票基本相似，主要在于为进口国提供课税及反倾销的依据。实践中，有的领事发票是由进口国领事馆制定并提供的，出口人填写完毕之后，交到领事馆由领事签章证实。在这种情况下制作领事发票时要注意保持领事发票与商业发票相同栏目的内容一致性。当然也有些国家不制定专门的领事发票，而是由领事直接在商业发票上签证。但无论是哪一种情况，领事发票的签证日期都不得迟于提单与汇票日期。

（三）厂商发票

厂商发票（Manufacturer's Invoice）是指由出口货物的生产制造商出具的，以本国货币标明货物出厂价格的发票。其主要作用是为进口国估价、课税及反倾销提供依据。制作厂商发票时，凡与商业发票相同的栏目，应与商业发票有关内容保持一致。

（四）证实发票

证实发票（Certified Invoice）也叫签证发票，是添注了证明文句或宣誓文句的商业发票。文句内容包括声明发票内容确属真实、货物产地属实、货物符合某项合同或形式发票要求。此项文句若为宣誓性的，则属于宣誓发票，由出口商填写；若为证实性的，则属于证实发票，由第三者如进口国驻出口国的领事填写或出口地的商会、出口国的对外贸易管理机构等填写。此外，经进口国驻出口地的领事馆或指定的有关单位签证的证实发票也用来取代领事发票，某些中东国家所开出的信用证往往要求受益人提供这种发票。

（五）形式发票

形式发票（Proforma Invoice）是在交易达成前卖方应买方的要求，将货物的名称、规格、单价、价格条件、装运期及支付方式等一一列明的一种非正式发票。其主要作用是供买方向本国的进出口管理机构或外汇管理部门申请进口许可证或用汇额度。形式发票不能用作结算，所报价格等仅仅作为参考，对买卖双方均无约束力，正式成交时，卖方需要另行开具商业发票。所以形式发票相当于卖方向买方发盘，它一般用于寄信、投标等贸易形式中。

第三节　货物运输单据

货物运输单据是由承运人签发的、证明货物已经装船或发运或已由承运人接受监管的单据。在象征性交货方式下，货物运输单据是卖方已履行交货责任的证明，也是买方支付货款的主要依据，有时还是物权凭证，因此它是国际贸易结算中重要的基本单据。根据运输方式的不同，货物运输单据分为海运提单、铁路运单、航空运单、邮包收据及多式联运单据等。

一、海运提单

（一）海运提单的含义和作用

海运提单（Bill of Lading，B/L）简称提单，它是由船方或其代理人收到货物后签发给托运人的、证明已接管货物并允许将货物运至指定目的地交付给收货人的书面凭证。其主要作用在于：

1. 货物收据

提单是承运人或其代理人签发的货物收据，它证明船方已按提单所列内容收到货物。

2. 物权凭证

提单是一种货物所有权凭证或物权凭证，提单的合法持有人凭提单可以在目的港向轮船公司提取货物，也可以通过转让提单而转移货物所有权，或用提单向银行办理抵押货款。

3. 契约证明

提单是托运人和船舶公司之间订立的运输契约的书面证明，双方的权利义务都列明在提单之内，因而在通常情况下，它是处理承运人与托运人在运输中的权利义务关系的依据。

可见提单是国际贸易及贸易结算中非常重要的运输单据，托运人在收到提单时必须仔细检查提单的有关内容，在检查过程中要注意以下几点：

（1）提单的种类是否符合信用证的规定，其中主要是审核收货人栏、装货港和最终目的港、货物栏有无批注等。

（2）被通知人的名称和地址是否详细、准确。

（3）提单的运费项目是否已按照信用证规定预付或到付。

（4）提单上应注明正本提单的份数，并在议付时向银行提供相应的正本提单。

（二）海运提单的种类

据不同的标准，海运提单可分为不同的种类：

1. 已装船提单和备运提单

根据货物是否已经装船，海运提单分为已装船提单（On Board B/L or Shipped B/L）和备运提单（Received for Shipment B/L）。已装船提单是指货物装上指定船只后承运人向托运人签发的注明货物"已装某某船只"和装运时间的提单。这种提单在国际贸易中使用最为广泛。备运提单是指承运人在收到货物等待装运期间向托运人签发的提单。这种提单一般不注明载货船只的名称和装船日期，在货物装船后，托运人可持备运提单向承运人换取已装船提单，或由承运人在备运提单上加注"已装船"（Shipped on Board）字样并注明载货船名和装船日期，并由承运人或其代表签字盖章，使之转变为已装船提单。

2. 清洁提单和不清洁提单

根据提单上有无不良批注，海运提单分为清洁提单（Clean B/L）和不清洁提单（Unclean B/L or Foul B/L）。清洁提单是指承运人或其代表在签发提单时，对货物的表面状况没加批注从而表明货物表面状况良好——没有数量、包装残损的提单。在国际贸易结算中，银行一般要求出口商提供清洁提单。不清洁提单是指提单签发人在提单上对货物的表面状况加有不良批注的提单，如"货物表面破损"、"包装不牢"等。不清洁提单不易转让，一般也不为银行所接受。

3. 记名提单、不记名提单和指示提单

根据提单的抬头不同，海运提单分为记名提单（Straight B/L）、不记名提单（Bearer B/L）和指示提单（Order B/L）。记名提单又称收货人抬头提单，是指在提单上的"收货人"栏目内填写有特定的收货人名称的提单。采用记名提单时，只有提单指定的收货人才能提货，因此这种提单不能流通和转让。不记名提单又称来人提单，是指提单的"收货人"栏目没有填写特定的收货人名称，而只注明"货交持有人"（To Bearer）字样的提单。采用不记名提单时，承运人可将货物交给持有提单的任何人。因此，不记名提单仅凭交付而勿需背书就可以流通转让。指示提单指在提单的收货人栏目内填有"凭某人指示"（To Order of...）或"凭指示"（To Order）等字样的提单。前者称为记名指示提单，包括"凭托运人指示"（To Order of the Shipper）、"凭收货人指示"（To Order of the Consignee）、"凭特定银行指示"（To Order of...Bank）等情况，后者称为不记名指示提单，俗称空白抬头提单。指示提单可以通过空白背书或记名背书的方式转让。空白背书指背书人在提单背面签字但不注明被背书人名称的背书方式；记名背书指背书人在提单背面签字并注明被背书人姓名的背书方式。

4. 直达提单、转船提单和联运提单

根据运输方式不同，海运提单分为直达提单（Direct B/L）、转船提单（Transshipment B/L）和联运提单（Through B/L）。直达提单又称直运提单，指承运人签发的、承诺将货物直接从装运港运达目的港而不在中途转船的提单。这种提单不可有"转船"或"在某处转船"之类的批注。由于货物直运有利于降低费用、减少风险及节省运输时间，因此进口商一般要求直运货物并出具直达提单。转船提单是在货物从装运港到目的港要经过一次或一次以上转船的情况下由承运人签发的注有"转船"类字样的提单。转船提单一般在装运港与目的港之间无直达船只的情况下使用。联运提单是在采用联合运输的情况下由第一程承运人签发的包括全程运输的能在目的港凭以提货的提单。联合运输是两种或两种以上运输方式的联合，如海陆联运，海陆空联运等。

5. 全式提单和简式提单

根据内容繁简不同，海运提单分为全式提单（Long Form B/L）和简式提单（Short Form B/L）。全式提单又称繁式提单，是指除了提单正面内容外，还在背面列有承运人与托运人的权利、义务条款的提单，它是一种正规的运输单据。简式提单又称略式提单，是指只含提单正面内容而略去了提单背面条款的提单，这种提单与全式提单具有同等效力。

6. 班轮提单和租船提单

根据货物是以班轮运输还是以租船运输，海运提单分为班轮提单（Liner B/L）和租船提单（Charter Party B/L）。班轮提单指货物是以班轮运输的情况下由班轮运输公司或其代理人向托运人签发的提单，这类提单通常是正反两面都列有详细条款的全式提单。租船提单是货物是以租船运输的情况下由船方根据租船合同签发的提单。这类提单通常为略式提单，在凭租船提单议付时，银行一般要求随付租船合同副本。

7. 预借提单、倒签提单和过期提单

预借提单（Advanced B/L）和倒签提单（Anti-dated Bill of Lading）是在货物未装船的情况下，为了在信用证有效期内交单议付，或者货物实际装船期迟于信用证规定的装运期，为了使单证相符，托运人出具保函，向承运人预借提单或要求承运人倒签提单的做法。这实际上是一种弄虚作假的行为，一旦被发现，货主可能会拒收货物，银行一般也会拒绝办理有关结算业务。过期提单（Stale B/L）指晚于规定时间提交给银行要求凭单议付的提单。对于此类提单，如果信用证没有特殊规定，银行将按惯例拒绝接受。此外，过期提单还指晚于货物到达目的港的提单，这类提单在近洋运输中经常出现。因此，在近洋运输情况下的贸易合同中通常订有"可以接受过期提单"的条款，这样，过期提单就可以作为正常提单使用。

二、其他运输单据

（一）铁路运单

铁路运单（Rail Transport Documents）是国际铁路运输的主要运输单据，它是由铁路承运人签发的、证明托运人、收货人与铁路承运人之间合约关系的凭证。其基本

运作程序是做成一式两份、记名抬头，正本随货物到达目的地交收货人作为提货通知，货物到达目的地后由记名收货人出示身份证明后提取货物，副本交托运人作为收据向银行办理结算。因此铁路运单也是货物收据，但不是物权凭证，不得转让。

（二）航空运单

航空运输多用于运送鲜活、易变质的货物。航空运单（Air Transport Documents）是由承运人或机长或其代理人签发的单据，它的正面载有航线、日期、货物名称、数量、包装、价值、收货人名称与地址、运杂费等项目，背面则印有关于托运人和承运人之间权责关系的规定等内容。航空运单一律做成记名抬头，全套为三份正本多份副本，三份正本中的第一份交航空承运人，第二份随货同行，货到目的地后，由航空部门交收货人，第三份交给托运人作为向银行结算之用。航空运单是空运承运人与托运人订立的民用航空货运凭证或运输契约，也是货物收据，但不是物权凭证，不得转让。此外，航空运单还可用作报关单据、运费账单、保险证书，海关只有在审查航空运单无误后，才会允许货物通关出口。对托运人来讲，它是已支付或将支付一定运费的凭证，对承运人而言，它是记账凭证。只要在航空运单上加列保险条款，该运单就可作为保险证书使用。

（三）邮包收据

邮寄不需要办理复杂的手续，非常方便，但邮资较高，且受邮袋容量的限制，因此只适用于少量小件物品的运输。邮包收据（Post Parcel Receipt，PPR）是邮寄货物的运输单据，它由寄件人填写寄件人和收件人的名称及地址、寄件物品名称、价格等内容，经邮局核实重量并收取费用后予以签发，邮包收据做成记名抬头，一式两份，一份随同所寄物品一并发往目的地，然后由目的地邮局向收件人发出取件通知书，并凭身份证明取件，另一份则交寄件人用以向银行办理议付。邮包收据是运输契约——邮政局和寄件人间的运输合同证明，也是货物收据，表明邮局收到邮包收据所记载的货物，但不是物权凭证，不得转让。

第四节　运输保险单据及其他单据

一、运输保险单据

（一）运输保险单据的含义和作用

运输保险单据（Insurance Documents）是证明货物运输保险情况的商业单据，是保险人向被保险人签发的对运输中货物承保的证明，也是双方签订的保险契约，一旦发生损失，运输保险单据将是被保险人凭以索赔的依据。

首先，保险单据是保险人与被保险人之间签订的保险合同的证明。根据惯例，只要保险人在被保险人填写的保险单据上签字，保险合同就随之成立，保险人和被保险人的权利和义务也相应确立。

其次，保险单据是赔偿证明。保险合同是一种赔偿性合同，这是它不同于一般贸易合同的特点。被保险人支付保险费后，保险人就对货物在保险有效期内遭受合同责任范围内的损失负有赔偿责任。因此，保险单据也是被保险人拥有索赔权的证明文件。作为一种权利凭证，货物运输保险单据可以背书转让。但是，由于损失和赔偿不是必然而只是偶然发生的，因此保险单据只是一种潜在的利益凭证。而且，当损失发生时，被保险人必须具备一定的条件才能获得赔偿。这里的条件包括损失必须是在保险有效期内发生的责任范围内的损失，同时还要求保险单持有人必须具有保险利益而且是善意持有人。

最后，保险单据是国际贸易结算中的基本单据。为了顺利结算，出口商在审核保险单据时应注意以下几点：第一，被保险人应是信用证的受益人；第二，在保险人一栏内应填写承保的保险公司的名称，而不能填写保险代理人或保险经纪人；第三，保险险别应与信用证的规定相符，保险金额应按照信用证规定的最低保险金额填写，若信用证未规定最低保额，一般以 CIF 或 CIP 价格的 110% 为最低保险金额；第四，保险单签发日期应早于或同于提单日期，除非保险单注明承担自货物装船日起的风险，否则开证行可拒绝接受；第五，保险单的装运日期前可以加"大约"（On or About）字样，装运港、目的港应与提单记载相同，如果运输中需要转船，则在保险单上也应作相应注明。此外，保险单上的货物名、运输标志、包装及数量等内容应与提单相一致。

（二）运输保险单据的种类

根据不同的标准，运输保险单据可以分为不同的类别（见表 9 – 2）。

表 9 – 2　　　　　　　　运输保险单分类

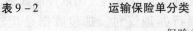

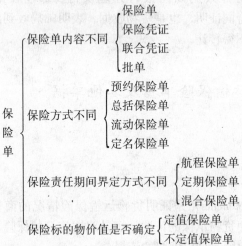

1. 按照内容不同划分

根据内容不同，运输保险单据分为保险单（Insurance Policy）、保险凭证（Insurance Certificate）、联合凭证（Combined Insurance Certificate）、批单等。保险单也叫大

保单，它是正规的保险合同，其基本特点是内容完整全面，除正面内容外，还有完整的有背面条款。保险凭证也称小保单，它是简化的保险合同，和大保单相比，小保单仅仅略去了背面条款。联合凭证也是一种承保证明，但它的内容比小保单更简略，它不是专门制作的保险单，而是由保险人在商业发票上加注承保险别、保险金额、保险编号等内容并签章后，由商业发票记载的内容与保险人在商业发票上加注的内容联合构成保险证据的保险凭证。批单是在保险单出立后投保人需要补充或变更其内容时，按保险公司的规定向保险公司申请获得的一种凭证，作用在于注明补充或更改的内容。批单一经出立，有关当事人就必须按其内容承担责任。

2. 按保险方式不同划分

根据保险方式不同，运输保险单据分为预约保险单（Open Policy）、总括保险单（Blanket Policy）、流动保险单（Floating Policy）和定名保险单（Named Policy）。预约保险单是保险人与被保险人就一定业务范围预约签订的长期性保险合同，凡属预约保险范围内的货物，一经装船就自动获得预约保险单所列条款的保险，但一般而言，货物一经发运，被保险人应立即向保险人申报该批货物的具体情况，这个申报文件称为保险声明——在预约保险情况下，被保险人在预约保险范围内的某批货物发运后向被保险人就该批货物的具体情况做出申明的书面文件。总括保险单是承保一定时期内多批货物运输的保险单据。流动保险单是在承保一批连续分批装运的货物的情况下签发的。单独保险单是在一批货物一次装运的情况下签发的。

3. 按保险责任期间界定方式不同划分

按保险责任期间界定方式不同，保险单分为航程保险单（Voyage Policy）、期限保险单（Time Policy）和混合保险单（Mixed Policy）。航程保险单是以航程为界，对保险标的物的保险责任只限于一次航程始末，从货物起运地点至卸货地点这一段路程，此间的损失由保险人负责赔偿；期限保险单是以一定时间期限为界，即一定期限内保险人负责承担投保险别责任范围内的损失赔偿；混合保险单是前二者的结合使用，基本做法是既保航程又保期限，即规定保险责任以一定时期和一定航程内的货物损失为限。

4. 按保险标的物价值的确定方式不同划分

根据保险标的物价值的确定方式不同，保险单分为定值保险单（Valued Policy）和不定值保险单（Unvalued Policy）。定值保险单是明确记载事先约定的投保标的物价值并以此作为赔偿依据而不需按损失当时的具体情况确定赔偿依据的保险单。不定值保险单则是没有事先确定保险标的物价值，而是在损失发生时按损失当时的市价来确定保险价值，并以此作为赔偿依据的保险单。

二、其他单据

在国际贸易结算中，常用的单据除上述各种外，主要还有装箱单、商检单证、原产地证明等。

（一）原产地证明书和普惠制产地证

原产地证明书（Certificate of Origin）是证明货物原产地或制造地的证件，是进口国海关对出口国实行优惠关税或进行进口管制的依据。没有海关发票和领事发票的国家，往往要求外国出口商提供商品的原产地证明。原产地证明一般由出口地的公证机构或工商团体签发。在我国的出口业务中，原产地证明通常由中国进出口商品检验局或中国贸促会签发。

普惠制或GSP（Generalized System of Preferences）是发达国家对来自发展中国家的商品特别是工业制成品、半制成品给予的具有普遍性、非互惠性和非歧视性的关税优惠待遇。我国也从许多发达国家取得了关税优惠待遇，对这些国家出口商品时，要提供相应的普惠制产地证即GSP产地证，作为取得优惠关税的依据。

在我国，普惠制产地证一般按联合国贸发会议规定的统一格式，即普惠制格式A（GSP Form A）填制，它适用于一般性商品，由国家商检局及各地商检局签发。

（二）商检单证

商检单证（Inspection Documents）是由商检局或其指定机构根据报验人的报验申请书内容进行检验后出具的证明文件。商检证书的种类很多，分别被用来证明商品的品质、数量、重量、卫生条件等方面的状况。买方往往在信用证中要求出口企业提供有关的商检证书，以维护自身利益。我国的商检证书一般由国家出入境检验检疫局出具。商检单证出证日期不得迟于提单日期。

（三）装箱单与重量单

装箱单（Packing List）又叫包装单，是说明货物包装详细情况的单据。其内容主要包括出口商名称、收货人或进口商名称、载货船名或车次、目的地、出单日期、合同和发票及装箱单编号、商品名称、唛头、包装总件数、重量或数量、每件包装的规格、数量等。装箱单的内容应与信用证、发票、提单等单据保持一致。

重量单（Weight List）重点说明货物重量方面的详细情况，它在内容上与装箱单相似，都是商业发票的补充。

第十章 国际贸易结算的方式

通过金融票据的运作实现资金转移的债权债务清偿方式，就是现代国际贸易结算方式，分顺汇和逆汇两大类。顺汇是结算工具的传递方向和资金的流向相同的结算方式，由于它具有债务方主动支付款项的特点，因此又称汇付法。逆汇是结算工具的传递方向与资金流向相反的结算方式，由于它是由债权方出具票据索取款项，故又称出票法。

在国际贸易结算的实践中，较传统的结算方式主要有汇付、托收、信用证付款三种。其中，汇付属于典型的顺汇方式，而托收和信用证付款则属于典型的逆汇方式。

第一节 汇付

一、汇付概述

（一）汇付的含义及当事人

汇付又称汇款（Remittance）结算方式，它是付款人主动通过银行将款项汇交收款人的一种支付方式。在业务操作中，汇付有四个基本当事人，即付款人、收款人、汇出行和汇入行。付款人也就是债务人，是将款项交给银行、委托银行向外付款的人，因为他需要汇出款项，所以又称汇款人。在国际贸易结算中，付款人或汇款人通常是进口商。收款人是债权人，也就是接受汇款的人，因此又称受款人。在国际贸易结算中，收款人通常是出口商。汇出行是受汇款人委托向外汇出款项的银行，一般是付款人所在地银行。汇入行是受汇出行委托解付汇款给收款人的银行，因此又称解付行，一般是收款人所在地银行。

从汇款人与收款人之间的关系来看，在非贸易汇款中，由于资金单方面转移，因此汇款人与收款人之间的关系就表现为资金的提供与接受关系。在贸易汇款中，由于存在商品买卖关系，这样汇款人与收款人之间的关系就表现为买卖业务中的债权债务关系。再从汇款人与汇出行之间的关系来看，二者间是委托与被委托的关系，汇款人委托汇出行办理汇款时需出具汇款申请书，这是当事人双方委托与接受委托的契约凭证，它明确了双方在该项业务中的权责。此外，汇出行与汇入行之间也是代理委托关系，一般是代理关系在前，即两行间先签有业务代理合约或有账户往来关系，在代理合约规定的业务范围内，两行各尽其责。就一些具体的汇款业务而言，汇出行通过汇款凭证，传递委托信息，汇入行接受委托解付汇款。至于汇入行与收款人之间的关系，通常则表现为账户往来关系，即收款人在汇入行开有存款账户，汇入行有责任解付汇款。

（二）汇付的基本程序及种类

汇付方式的基本程序如图 10-1 所示：

图 10-1　汇付程序

从图中可以看出，在汇付方式下，资金和支付工具的流向是相同的，因此汇付属于顺汇方式。根据使用的结算工具或汇付指示的传递方式不同所划分的汇付的电汇、信汇和票汇三种方式，也都是顺汇。

二、电汇

电汇（Telegraphic Transfer, T/T）是汇出行应汇款人的申请，以拍发加押电报或电传的方式指示汇入行解付一定金额给收款人的汇款方式，其业务程序如图 10-2 所示：

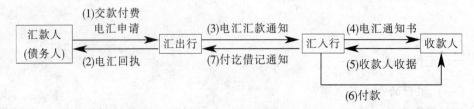

图 10-2　电汇程序

（1）汇款人填写汇款申请书，向汇出行交款（汇款）付费（费用）。

（2）汇出行向汇款人签发电汇回执。

（3）汇出行根据汇款申请书内容（汇款金额、收款人和汇款人姓名地址、货币名称和金额、头寸拨付方法、汇出行密押、发电日期及汇款编号、汇款人附言）以电报等方式通知汇入行，委托其解付款项。

（4）汇入行收到电汇通知后，核对密押无误，缮制电汇通知书并通知收款人凭收据和适当的证明文件取款。

（5）收款人在收据上盖章并将其交给汇入行。

（6）汇入行凭收款人收据向收款人解付款项，若收款人在汇入行开有存款账户，汇入行则凭汇款电文将款项转入收款人账户，然后向收款人发出收账通知。

（7）汇入行向汇出行寄交付讫借记通知。

从电汇的业务程序可见，电汇符合顺汇的条件，属于顺汇。另外，从实践情况来看，电汇还有收款迅速、安全可靠的优点，但其费用相对较高。

三、信汇

信汇（Mail Transfer, M/T）是汇出行应汇款人的申请，用航空信函指示汇入行解

国际贸易实务与融资

付汇款给收款人的汇款方式，其运作程序如图10-3所示：

图10-3 信汇程序

从图中可见，信汇与电汇的运作程序基本相同，不同之处仅仅在于其委托或支付通知书不是以电报、电传等电讯方式传递，而是用航空信件传递。同时，汇入行收到汇出行邮寄的信汇委托书后不再像电汇方式那样需要核对密押，而是凭汇出行的印签样本核对汇出行的签字或印鉴的真伪，证实无误后发出汇款通知书通知收款人领取款项。因此，信汇和电汇一样，也属于顺汇。同时，信汇还具有费用较低的优点，但其速度较慢。

四、票汇

票汇（Remittance by Banker's Demand Daft，D/D）是以银行即期汇票作为支付工具的一种付款方式，其业务程序如图10-4所示：

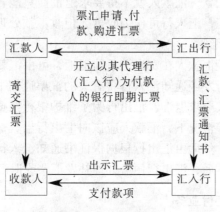

图10-4 票汇程序

很显然，票汇仍然符合顺汇的特点，属于顺汇。此外，与电汇和信汇相比较，票汇还具有以下特点：

（1）取款灵活。信汇和电汇需要凭证件向汇入行取款，而票汇的持票人可以向汇出行的任何一家代理行取款，只要代理行有汇出行的印鉴册，能核对汇票真伪即可。

（2）票汇的汇票可以背书转让。信汇、电汇的委托通知不可以转让。

（3）票汇是汇款人自行将汇票寄交或带给收款人，其票据传递不通过银行，因此票汇不需要银行通知收款人取款。汇信、电汇的结算工具需要通过银行传递，因而汇信、电汇需要银行通知收款人取款。

五、汇款的偿付及退汇

（一）汇款的偿付

汇出行将汇款金额拨交汇入行，这就叫汇款的偿付，通常称拨头寸。偿付的方式直接关系到汇入行是否要垫付资金从而关系到其风险的大小，所以每一笔汇款都必须注明偿付的具体方式。实践中常用的有两种：

1. 先拨后付

这是最主要的偿付方式，其业务程序是汇出行先将头寸拨给汇入行，汇入行收到头寸后再向收款人解付款项。在这种方式下，汇入行不需要垫付资金，风险较小。

2. 先付后偿

在这种方式下，汇出行受理汇款业务后先将汇款通知寄送给汇入行，汇入行根据通知书内容先垫付资金给收款人，然后再向汇出行提出付款要求，因此汇入行有一定的风险。

（二）退汇

汇款人或收款人的某一方在汇款解付前要求撤销该笔汇款，叫做退汇。退汇的具体操作因提出退汇要求的人和汇付的具体方式而异。

在信汇、电汇方式下，如果汇款人提出退汇，汇出行应通知汇入行停止解付，撤销汇款。如收款人有异议则只能与汇款人交涉，银行仅按委托办事。当汇款人在要求退汇前汇入行已经解付汇款，汇款人就不得要求退汇而只能直接与收款人交涉退回款项。如果收款人提出退汇，汇入行可作为收款人拒收汇款处理，并通知汇出行，由汇款人到汇出行办理退汇手续。

在票汇方式下，票汇汇款人在寄出汇票前退汇，可由汇款人持原汇票到汇出行申请办理退汇手续，汇出行发函通知汇入行将有关的汇票通知书等注销。但是，在汇票已经寄出的情况下汇款人要求退汇，汇出行为了维护银行票据的信誉，一般是不会接受退汇的。在汇票遗失等情况下，汇款人应该向汇出行出具保证书，保证万一发生重付时由汇款人负责赔偿，然后由汇出行根据保证书通知汇入行挂失止付，在收到汇入行的书面通知确认未付款后，汇出行便可办理补发汇票或退汇手续。

六、国际贸易中的汇付业务

（一）汇付在国际贸易中的运用

汇付可用于贸易结算，也可用于非贸易结算，虽然它有简便、灵活、快捷的特点，但它建立在商业信用基础上，当事人的风险较大。在国际贸易中，汇付多用于贸易中的从属费用如运费、保险费、佣金等的结算，有时也用于货款的结算，此时根据货款汇付和货物运送时间顺序的不同，分为预付货款和货到付款两种。

预付货款（Payment in Advance）指买方（进口商）先将货款的全部或一部分通过银行汇交卖方（出口商），卖方收到货款后，再根据买卖双方事先签订的合同，在一定时间内或立即将货物运交进口商的结算方式。这种方式对进口商而言是预付货款，对出口商而言则是预收货款，对汇出行而言，预付货款属于汇出款项，对汇入行而言，预收货款属于汇入款项。此时，汇入行向出口商结汇后，出口商才将货物运出，所以又称"先结后出"。很显然，预付货款对出口商有利，对进口商不利。

货到付款（Payment after Arrival of the Goods）指出口商先发货，进口商后付款的结算方式，也称"先出后结"，一般有售定和寄售两种情况。售定指买卖双方已谈妥成交条件并且已经签订了成交合同，因价格等已经确定，故称售定，一般是货到即付款或货到后若干天付款。寄售是由出口商先将货物运到国外，委托外国商人在当地市场代为销售，货物售出后，被委托人将货款扣除佣金后通过银行汇交出口商。此时双方当事人先签订寄售协议，货物单据可通过银行传递也可直接由出口商寄给被委托人。很显然，货到付款对买方有利，对卖方不利。

（二）进出口中的汇付业务

在预付货款和货到付款的方式下，汇付业务的具体流程会有所区别，但从根本上讲，汇付业务的基本原理不会因为货款结算的具体方式不同而改变。

在进出口中，信汇与电汇的一般业务流程如图 10 - 5 所示：

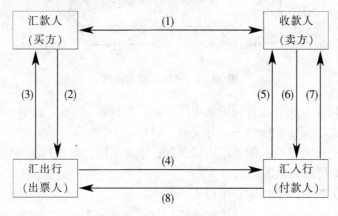

图 10 - 5 信汇与电汇流程

（1）买卖双方在贸易合同中规定以信汇或电汇方式付款。

（2）买方填写电/信汇申请书，并向汇出行交款、付费。汇款申请书是汇款人给银行的书面委托，也是汇款人（进口商）与汇出行间的合同性文件，常为一式三联。汇款人应详细、明确书写，最好用英文，注明汇款日期、方式、货币金额及货币符号、收付款人姓名、地址、汇款人附言、汇款人签章。

（3）汇出行审查汇款业务，包括对汇款申请书、汇款对象、汇款附属证明文件（合同、佣金协议等）的审核，审查无误，签发电汇或信汇回执。

（4）汇出行做好编号、登记、付款等准备，向汇入行寄出电汇或信汇委托书。

（5）汇入行审核汇出行的有关指令，缮制汇款通知书，让收款人凭收据和适当的证明取款。汇入行审核的内容包括：电汇时，审核电文指令的密押和内容，特别是金额和币别、起息日期、受益人名称、汇款人名称等；信汇时，核对汇出行的签字或印鉴真伪、汇款指令内容。

（6）卖方（收款人）凭收据和适当证明取款。

（7）汇入行付款。这里涉及头寸偿付方式不同对汇入行付款时的资金情况的影响。

（8）汇入行向汇出行发出付讫借记通知。

就以上程序而言，从买方和汇出行的角度看，是进口的汇款业务——汇出汇款业务，从卖方和汇入行的角度看，是出口的汇款业务——汇入汇款业务。

下面是进出口中的票汇流程图（图10－6）：

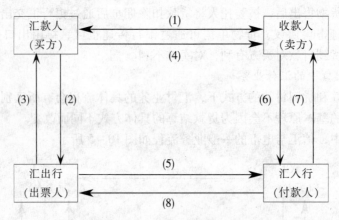

图10－6 进出口票汇流程

（1）进出口双方在贸易合同中规定用票汇方式付款。

（2）进口人填写票汇申请书，并交款、付费。

（3）汇出行审查进口人的票汇申请书等，审查无误，向进口人签发以其代理行或其他往来银行为付款人的即期汇票。

（4）进口人自行将汇票寄交出口人。

（5）汇出行将汇票通知书或票根寄给付款行（汇入行），以便在出口商持票向付款行取款时作核对之用。

（6）出口人提示汇票，要求付款。

（7）付款行审查票据的真伪、内容、是否挂失、出票行的名称及签字、票据表面有无涂改、出票日期、汇票抬头及背书，审核无误后，向出口商付款。

（8）付款行向汇出行发出付讫借记通知。

七、汇付的性质和特点

综合汇付的一般含义及其三种具体类别在国际贸易结算中的运作原理，汇付具有以下性质特点：

（1）汇付是商业信用。汇付是以银行为中介的结算方式，但在汇付方式下，银行只是以被委托人的身份办理款项的收付业务，而不是以银行信用为担保。银行不仅不承担保证付款的责任，甚至连单据的转移也不代办，而是由付款人与收款人双方自行处理，例如在进出口中由出口人自行将单据转交给进口人。

（2）汇付是顺汇，其资金流向和支付工具的传递方向是相同的。

（3）汇付在总体上具有简便、灵活、快捷、费用低廉的优点，但汇付方式下当事人的资金负担是不平衡的，预付货款时买方的资金负担较重而货到付款条件下卖方的资金负担较重。

一、托收的含义及当事人

托收（Collection）又称银行托收，是债权人开立汇票委托银行向债务人代为收取款项的结算方式。在托收业务中，有几个基本的当事人：委托人，也就是开立汇票委托银行向债务人代为收取款项的债权人，通常也是出票人；付款人，即汇票中指定的付款人，也就是银行向其提示汇票和单据的债务人；托收行（Remitting Bank），即接受委托并通过国外联行或代理行完成托收业务的银行，一般是债权人所在地的银行；代收行（Collecting Bank），即受托收行委托代为向付款人收款的银行，通常是债务人所在地银行。此外还可能涉及提示行和需要时代理。提示行（Presenting Bank）是受代收行委托向付款人提示汇票和单据的银行，通常是与付款人有往来账户的银行，一般是代收行的分支机构；需要时代理是在发生拒付时代理委托人处理货物的存仓、转售或运回等事宜的进口地代理人，其权限应在托收委托书中写明。

在托收业务的当事人中，委托人与托收行及托收行与代收行间的关系是委托与被委托的关系，委托人与付款人间的关系是债权债务关系，付款人与代收行间不存在直接的约束关系或契约关系，付款人是否对代收行付款取决于付款人与委托人的关系。

二、托收的业务程序与特点

托收的业务程序（如图 10−7 所示）是比较简单明了的。从其基本的业务流程可以看出，托收业务中的结算工具是从委托人传递到付款人的，而资金则是从付款人传递到委托人的，二者的传递方向完全相反，因此托收是典型的逆汇方式。此外，从托收的业务程序及托收的当事人之间的关系来看，委托人与托收行及托收行与代收行间的关系仅仅是委托与被委托的关系，无论是托收行还是代收行对货物及收汇的安全性都只负道义上的责任，银行不需要承担保证付款的责任。因此，托收是建立在商业信用基础上的结算方式。

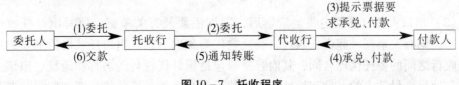

图 10−7　托收程序

三、托收的种类

根据所用汇票是否随附商业单据，托收分为光票托收（Clean Collection）和跟单托收（Documentary Bill for Collection）。

光票托收是指使用不随附商业单据的汇票进行货款收付的托收业务，它多用于贸易从属费用的结算，有时也用于一些小额货款如样品费、货款尾数等的结算。

跟单托收是指随附有商业单据的托收业务，它是售定贸易项下常用的结算方式之一。按交单条件不同，跟单托收又分为付款交单、承兑交单和付款交单凭信托收据借单。付款交单（Delivery of Documents against Payment，D/P）是指代收行必须在付款人付清货款后才能交付单据的跟单托收方式。根据付款期限不同，付款交单又分为即期付款交单和远期付款交单。即期付款交单指使用即期汇票或不使用汇票的情况下，付款人在单据提示时如果审单无误就须立即付款赎单的 D/P 托收方式。远期付款交单是指使用远期汇票的情况下，付款人在单据提示时如果审单无误须立即承兑汇票并于汇票到期日付款赎单的 D/P 托收方式。承兑交单（Delivery of Documents against Acceptance，D/A）指使用远期汇票的情况下，付款人在单据提示时审单无误须立即承兑汇票，提示行在收回已承兑汇票后就交付商业单据、待汇票到期日再向付款人提示汇票收取票款的跟单托收方式。

托收的具体分类见表 10-1 所示：

表 10-1　　　　托收分类表

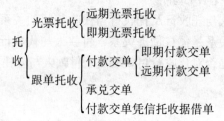

四、国际贸易中的托收业务

根据托收的一般原理，在商品进出口中，办理托收业务涉及出口人、进口人、托收行和代收行四个当事人，出口人是委托办理托收业务的委托人，进口人是托收业务中的付款人。在这四个当事人之间，进出口托收业务的基本流程如图 10-8 所示：

（1）进出口双方在合同中规定采用托收方式，并说明托收的具体类别及交单条件。

（2）出口人按合同规定装运货物后，制作汇票及有关单据，填写出口托收申请书，并连同有关票据一起交托收行，委托它代为收取货款。出口托收申请书是出口商与托收行之间的委托代理合同，其内容一般包括国外代理行的名称和地址、申请人的名称和地址、付款人的名称和地址、托收的币种和金额、汇票的日期和期限、商务合

国际贸易实务与融资

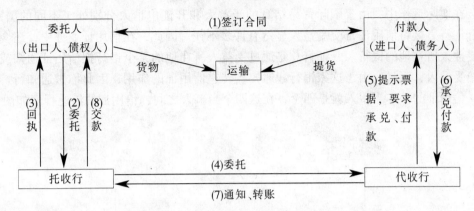

图 10 - 8　进出口托收业务基本流程

同号码、单据的种类和份数、有关查收条款的指示、委托人的印鉴等。对托收委托书的各项内容，出口人必须将其完整、明确地记载于托收委托书上，否则可能会因为托收委托书内容不完整、明确造成损失。

(3) 托收行审核有关托收文件无误，签发回执。

(4) 托收行根据托收申请书缮制托收委托书，连同汇票、货运单据等寄交代收行，委托代收行向进口商收取货款。在这里，托收行对文件的审核主要是核查托收申请书及汇票、货运单据等的各有关内容是否清楚、正确。

(5) 代收行审核有关单据，审核无误后，提示票据要求进口人承兑或付款。

(6) 进口人审核有关单据，审核无误，承兑或付款。

(7) 代收行收款后通知托收行货款已收妥并转账。

(8) 托收行向委托人交付货款。

第三节　信用证付款

一、信用证的含义及基本当事人

信用证（Letter of Credit，L/C）是银行开立的有条件的付款承诺，即银行应申请人的要求按其指示向第三者开具的载有一定金额、在一定期限内凭符合规定的单据付款的书面保证文件。这个开立信用证的银行通常称为开证行（Issuing Bank），而这里的"条件"是指符合信用证条款，特别是指符合信用证规定的单据要求，只有在这个条件下银行才会付款。至于"付款承诺"，是指开证行做出的保证在符合条件的前提下向信用证项下的收款人或受益人付款的有条件的承诺。开证行和受益人是信用证的两个基本当事人。此外，从其含义中还可看出另一当事人，即申请开立信用证的人，通常叫做开证申请人（Applicant）。

在实际运作中，由于国际贸易结算的受益人和开证申请人分别处于不同的国家，由开证行直接将信用证寄交受益人显然有许多不便。因此，在信用证业务中，还会涉及受益人所在地的银行。开证行总是通过受益人所在地的某个银行把信用证通知或转递给受益人，而且，由于这家银行起通知、转递信用证的作用，因此称做通知行。这样，信用证的基本当事人就是四个，在这四个当事人之间，信用证的传递程序如图10-9所示：

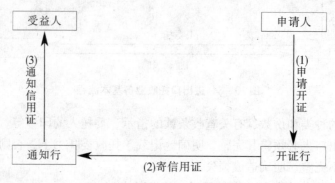

图 10-9 信用证的传递程序

二、信用证的基本类别

信用证有许多不同的类别，现择其主要的介绍如下（见表10-2）：

表10-2　　　　　　　　信用证分类

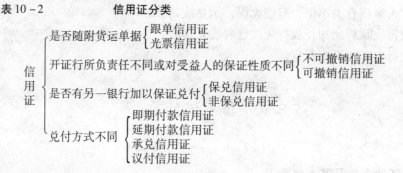

（一）光票信用证和跟单信用证

根据信用证项下付款是否要求随附货运单据，信用证分为光票信用证与跟单信用证。光票信用证（Clean L/C）是仅凭汇票付款而不要求随附货运单据的信用证；跟单信用证（Documentary L/C）是银行须凭受益人提供的跟单汇票或不带汇票的货运单据付款的信用证，它专用于货款结算，是当前国际贸易结算中使用最多的信用证。

（二）可撤销信用证和不可撤销信用证

根据开证行的保证责任不同，信用证分为可撤销信用证和不可撤销信用证。可撤销信用证（Revocable L/C）是开证行在开出信用证以后，不必征求有关当事人同意即可随时单方面撤销或修改的信用证；不可撤销信用证（Irrevocable L/C）是开证行开出信用证之后，在信用证有效期内，未经信用证基本当事人的一致同意不能单方面撤销或修改的信用证。

对出口商而言，可撤销信用证有收汇比托收快的优点，对进口商来讲则有开证费用比不可撤销信用证的费用低的好处，同时，一旦进口商在中途得知出口商装运的货物质量不好或不符合要求，进口商便可随时要求开证行撤销信用证。但是，由于在可撤销信用证项下出口商的收汇保障容易受到影响，出口商一般不愿接受可撤销信用证，所以在实务中这种信用证很少使用。相反，不可撤销信用证却构成了开证行对受益人的确定的付款承诺，只要受益人能按照信用证的要求提交符合信用证规定的单据，开证行就必须履行付款义务，这样不可撤销信用证便以确定的银行付款承诺对出口商的收汇安全提供了保障。因此在国际贸易结算中使用的信用证一般都是不可撤销信用证。

（三）保兑信用证和非保兑信用证

根据是否有开证行之外的另一家银行担保付款，信用证分为保兑信用证和非保兑信用证。保兑信用证（Confirmed L/C）是由开证行以外的另一家银行（称保兑行）应开证行请求和授权而以其自身信誉加具保兑的不可撤销信用证。保兑行一旦对信用证加以保兑，就承担着跟开证行同等的付款责任。对受益人和其他被指定的代理银行而言，保兑信用证提供了双重的付款保障。非保兑信用证（Unconfirmed L/C）是指只有开证行的付款承诺，而没有开证行以外的其他银行加以保兑的信用证。由于可撤销信用证项下银行的付款承诺不够确定，而保兑信用证也只是在特殊情况下才会使用，因此国际贸易结算中使用最多的是没有保兑的不可撤销信用证。

（四）即期付款信用证、延期付款信用证、承兑信用证和议付信用证

根据兑付方式不同，信用证分为即期付款信用证、延期付款信用证、承兑信用证和议付信用证。

即期付款信用（Sight Payment L/C）是以即期付款方式为兑付方式的信用证。在该信用证项下，付款行在收到受益人提交的符合信用证条款的跟单汇票或不带汇票的单据后，就立即向受益人履行付款义务。

延期付款信用证（Deferred Payment L/C）是以不要汇票的远期付款方式为兑付方式的信用证。在延期付款信用证项下，付款行在收到符合信用证条款的不带汇票的单据后，于约定的付款到期日向受益人履行付款义务。

承兑信用证（Acceptance L/C）是以使用汇票的远期或假远期付款方式为兑付方式的信用证。其基本的运作程序是付款行在收到符合信用证条款的跟单汇票后，先办理汇票承兑手续，然后于约定的付款到期日向持票人履行汇票付款义务。实务中，承兑信用证一般用于远期付款交易，且具体分为卖方远期和买方远期两种不同性质的信用证。

卖方远期信用证（Seller's Usance L/C）是真正以远期付款方式为兑付方式的承兑信用证。受益人在向付款行交单取得经过承兑的远期汇票后，可以持有或将承兑汇票转让他人以融通资金，申请人则凭质押书和单据或信托收据向开证行取得单据，并

按期向开证行付款，信用证付款行作为汇票承兑人在付款到期日再向汇票持票人履行其付款义务。

买方远期信用证（Buyer's Usance L/C）是以假远期付款方式为兑付方式的承兑信用证。这种承兑信用证一般加列有"买方远期条款"（Buyer's Usance Clause），规定买方出具以开证行为付款人的远期汇票。买方凭其与开证行之间的承兑信用额度协议在自己承担汇票承兑费、贴现息等费用的条件下取得承兑汇票并即刻在贴现市场上贴现用作即期付款，然后买方再凭质押书和单据或信托收据向开证行取得单据并按期向开证行付款，开证行作为汇票承兑人在付款到期日向持票人履行其付款义务。

承兑信用证项下的远期汇票常以银行为付款人，即常用银行承兑信用证（Banker's Acceptance Credit）。但实务中有时也有商业承兑信用证（Trade Acceptance Credit），这种情况下的远期汇票是以开证申请人为付款人的，开证行承担保证申请人按期承兑和付款的责任。商业承兑信用证的业务处理与银行承兑信用证基本相同，但商业承兑汇票较难贴现，即使能够贴现，其贴现息也较高。显然，这种商业承兑信用证是不符合开证行应该负第一性付款责任的信用证原则的。

议付信用证（Negotiation L/C）是以即期议付方式为兑付方式的信用证。在议付信用证项下，议付行在收到符合信用证条款的跟单汇票或不带汇票的单据后，应当立即向受益人履行议付义务。议付信用证一般需要汇票，这里的汇票可以是即期汇票，也可以是远期汇票。根据是否限定议付银行，议付信用证分为自由议付信用证和限制议付信用证。自由议付信用证（Freely Negotiable L/C）也叫公开议付信用证（Open Negotiable L/C），它是出口地任何一家银行皆可议付的议付信用证，其交单地点和交单到期日均在出口地。限制议付信用证（Restricted Negotiable L/C）是限定在出口地某一家银行议付的议付信用证，其交单地点和交单到期日均是指定议付行所在地，通常情况下开证行开立这种信用证是为了把业务控制在自己的海外分行或代理行范围内。

三、几种特殊的信用证

除了上述几种基本的类别，信用证还有一些特殊的类别，这些较特殊的信用证主要包括：

（一）可转让信用证

可转让信用证（Transferable L/C）是指开证行在信用证上明确注明"可转让"（Transferable）字样、授权其受益人（第一受益人）可以要求该证的指定兑现银行作为转证行（Transferring Bank），或当信用证是自由议付时，可以要求该证的特别授权的转证行将该证全部或部分转让给一个或数个受益人（第二受益人）使用的不可撤销信用证。贸易实务中，使用可转让信用证的原因往往在于进口商委托中间商采购商品而中间商既不想泄露其贸易关系和所得利润、又想减轻另开信用证所需的押金及费用负担，或者是因为进口商向国外一家大公司订购大宗商品，而该公司需要由其分散在各口岸的分号或联号来分头交货。在可转让信用证项下，进口商因只与中间商打交道而并不了解实际供货商的情况，只要中间商能够提交符合信用证规定的单据，开证行就不能拒付。因此，对于进口商来说，信用证可转让比不可转让的风险要大，在通常情况下进口商应当慎开可转让信用证。

（二）对背信用证

对背信用证（Back to Back L/C）是银行应信用证受益人的申请，以原有的信用证为保证而为之另行再开立一张以其为申请人、实际供货商为受益人的信用证，新开立的信用证就是原信用证的对背信用证。对背信用证的使用是以原证为不可撤销信用证为条件的，只有在原证为不可撤销信用证时银行才会同意它作为担保开立对背信用证，而且这种担保只是对背信用证开证行跟其申请人之间的约定，而与原证以及对背信用证的所有其他当事人均无关系。因此，就其实质而言，对背信用证是一个独立于原证的新的信用证。此外，在使用对背信用证时，为了减少风险，对背信用证的开证行一般要求其申请人以原证作为对背信用证的开证抵押，有时还会要求提供其他抵押品或担保品。

在实务中，对背信用证的开证行往往为原证的通知行，承担对信用证的第一性的付款责任。同时，对背信用证一般以原证的语种和币种开出，且总金额不宜超过原证金额，差额为中间商利润。对背信用证的装运期、有效期及交单期通常则较原证提前，以便充分考虑议付行寄单及原受益人的换单时间。而且，为了衔接各方面的关系，原证应尽量允许分批装运和转运，否则，对背信用证也不应允许分批和转运。此外，在对背信用证项下，由于运输单据是由供货人提供的，无法由第一受益人替换单据，因此，为保证原证的收汇安全，对背信用证中对运输单据的规定应与原证的有关规定严格相符。为使对背信用证的投保金额与原证一致，对背信用证通常应该扩大投保比例。

在贸易中，使用对背信用证一般是由于中间商为了完全隔绝进口商与实际供货商以便保守商业秘密，有时也可能是由于进口商不同意开立可转让信用证。由于对背信用证和原证的衔接业务十分复杂而且要求严格，如果中间商在业务处理上出现失误，就可能遭到原证开证行的拒付，因此，在对背信用证项下，中间商的风险较大。当中间商遭遇风险力图串通对背信用证开证行拒付单据时，对背信用证的受益人就会面临中间商转嫁损失的风险。

（三）对开信用证

对开信用证（Reciprocal L/C）常用于易货贸易、补偿贸易、来料加工、来件装配业务。其基本特点是交易双方签订两份贸易合同，一份为原料或零配件贸易合同，一份为加工制成品贸易合同。在两份贸易合同的基础上，双方在互为开证申请人和受益人的情况下开立两份金额相等或大体相等的信用证，第一份信用证的开证申请人为第二份信用证的受益人，第二份信用证的开证申请人为第一份信用证的受益人，第一张信用证的通知行通常是第二张信用证的开证行。

按照其所依附的贸易方式不同，对开信用证分为补偿贸易结算的对开信用证和加工装配贸易结算的对开信用证。其中，前者是在补偿贸易中先由设备引进方向设备出口方开立凭以购买设备的远期付款跟单信用证，再由设备出口方在收到来证后，立即向设备引进方开立用来购买补偿产品的即期付款跟单信用证。后者是在加工装配贸易中先由受托方向委托开立凭以购买来料、来件的远期付款跟单信用证，再由委托方在收到来证后，立即向承接方开立凭以购买成品的即期付款跟单信用证。这样，在进口原料和配件时争取用远期信用证，出口制成品时争取用即期信用证，进口原料和配件以远期汇票支付，出口制成品时见票即付。在信用证有效期内，工厂将原料、配件制造或装配成成品出口收取外汇，再用收取的外汇偿付进口环节远期汇票的到期应付款项，从而有利于做到收支平衡，这对外汇管制严格的国家、地区非常重要。

（四）分期装运—支取信用证

分期装运—支取信用证（Shipment and Drawing by Installment L/C）是一种严格规定了货物依次分批装运的数量和期限，并可分期支取货款的信用证。在这种信用证项下，受益人只要中间有一批货物未做到按约装运，该信用证都会自动失效，而且其后的各批货物也不能再装运。在贸易实务中，使用分期装运—支取信用证是为了要求受益人严格按照信用证规定的批次、数量和期限依次装运和支取货款，而不允许受益人将不同批次的货物合并在一起装运，也不允许在中间漏装任何一个批次的货物。因此，在分期装运—支取信用证中，有关批次、期限等的规定必须准确严谨。

（五）循环信用证

循环信用证（Revolving L/C）是一种规定信用证的金额被全部或部分使用后仍可恢复到原来的金额再度使用，周而复始直至该证规定的次数或累计总金额用完为止的信用证。它一般适用于买卖双方签订了一个总金额很大，需要在长时期内定期分批均衡供应、分批结汇的长期合同。在这种情况下，进口商可以节省开证的手续和费用及押金，有利于资金周转，出口商则可以减少逐批催证和审证的手续。循环信用证一般需要明确规定信用证可以循环使用的次数及累计总金额。根据循环方式不同，循环信用证可分为按时间循环和按金额循环两种。

按时间循环信用证（Revolve in Relation to Time）是规定可以按一定的时间周期多次使用信用证上约定的金额，直至达到信用证约定的期限或总金额为止的循环信用证，具体又分为非积累循环信用证和可积累循环信用证。非积累循环信用证（Non - cumulative Revolve in Relation to Time）指不能将上一个循环周期内未用完的信用证金额在下一个循环周期内累积使用的按时间循环信用证；可积累循环信用证（Cumula- tive Revolve in Relation to Time）指可以将上一个循环周期内未用完的信用证金额在下一个循环周期内积累使用的按时间循环信用证。

按金额循环信用证（Revolve in Relation to Amount）是指信用证每被使用一次之后可以恢复到原金额被再度循环使用多次、直至达到信用证约定的总金额为止的循环信用证。它又分为自动循环信用证、半自动循环信用证和被动循环信用证三种。自动循环信用证指每使用一次之后指定的兑现银行可以立即自动将其恢复到原金额再度循环使用的按金额循环信用证；半自动循环信用证指每使用一次之后只要指定的兑现银行没有在约定期限内收到开证行发出撤销循环的指示即可自动将其恢复到原金额再度循环使用的按金额循环信用证；被动循环信用证指每使用一次之后指定的兑现银行必须在收到开证行发出允许循环的指示后才能将其恢复到原金额再度循环使用的按金额循环信用证。

（六）可预支信用证

可预支信用证（Anticipatory L/C）是允许出口商在收到信用证后装运交单前先开立光票支取全部或部分货款的信用证。由于最初授权预支信用证都被打成红色，所以又称之为红条款信用证（Red Clause L/C）。这种信用证一般用于出口商资金紧张而要求进口商为其提供融资便利的情况。由于可预支信用证是凭受益人的光票和按时发货交单的保证付款的，属光票信用证，在性质上等于一般的预付货款，因此只有当受益人资信可靠时开证行才会开立可预支付用证，有时开证行也要求受益人提交货物仓单作为抵押。

四、信用证的内容

由于各国银行的习惯等不同，实践中信用证的具体内容是不相同的。但是，就信用证必备的内容来说基本上是相似的，通常一张信用证主要应包括以下项目：

（1）信用证的必要条款。包括信用证性质是可撤销信用证还是不可撤销信用证、是否可以转让的说明，对信用证号码、开证日期和地址、受益人与开证申请人的名称与地址、信用证金额、信用证有效期和到期地点的说明，以及开证行的名称、签字和付款保证条款。

（2）汇票与跟单条款。主要说明信用证对汇票和单据的要求，包括单据的名称、内容、份数，如果信用证规定出口商应该提示汇票，就应包括汇票的出票人、付款人、汇票金额、付款期限及出票条款。

（3）商品条款及装运条款。包括对货物的具体要求、对装运港或接货地、目的港或卸货地、装运期、运输方式、是否可以转运等内容的说明。

（4）兑现方式。这是信用证的非常重要的一个条款，旨在说明信用证属于即期、远期、承兑还是议付信用证。

（5）其他条款，包括开证行对通知行、议付行或付款行的指示。

在信用证的必备内容中，涉及几个时间概念。其中装运期、议付期和有效期是三个非常重要的时间概念，特别是对受益人而言，对这几个概念稍有疏忽，就很容易逾期，造成单证不符，给安全收汇增加风险。因此正确理解和把握这几个时间概念是十分重要的。

在实务中，有效期（Expiry Date）俗称效期，它是信用证受益人能够利用信用证的最后期限，即信用证具有效力的最后期限，在此期限前受益人可凭信用证到议付行交单议付。可见，效期实际上是指截至这个最后期限的一个时段，如果没有特别说明，信用证的有效期限就可以被看作从开证日期起到最迟有效日止的整个时段。

装运期（Time of Shipment）也叫装期，指信用证中明确规定的受益人应将所列货物在指定的装运地交给承运人的期限，即出口货物必须在该日期前装运，目的在于保证进口方能及时收到货物。装运期的规定方式一般有两种：一是规定一个最后日期，此时受益人可从开证日期到此最迟装运日期前的任何时间发运货物；二是规定一段时期，如"×年×月×日至×年×月×日"装运，此时受益人可在此期间内的任何时间装运。

议付期（Negotiation Date）也就是交单期，指受益人将全套议付单据交给议付银行办理结汇的最迟期限。信用证的议付期通常规定为装运日期后的 15 天以内。如果信用证的议付期规定得较短，开证人应征得出口商认可，出口商要考虑清楚交单议付有无困难。如果信用证不规定议付期，按惯例受益人应在装运日期后的 21 天内（含 21 天）内交单议付。此外，在规定议付期时还应该同时规定一个到期地点，因为到期地点不同其实际意义是完全不同的，特别是作为出口商尤其需要注意这点。在我国实践中，一般要求客户规定信用证在中国议付、在中国到期而且最好不要指定某一个银行作为议付行，这样，出口商就可以争取到更多的交单时间，减少麻烦和被动。

在实践中，以上三个期限被俗称为"装效期"，这三者之间存在着紧密的联系。议付期通常受限于装期，而效期是对整个信用证项下的各项条款而言的，它起着总揽全局的作用，受益人只有在效期内履行信用证各项条款的规定开证行才会履行其付款承诺。从这个意义上讲，效期制约着装期和议付期，不论何时装运、何时议付，都必须在效期内。同时，效期只是一个必要条件而非充分条件，并非只要受益人遵守了这个期限就符合信用证的时间要求，受益人对信用证各条款的履行是否有效，除了要符合效期的要求外，还必须符合各条款本身的时间要求。所以，装期和议付期有时又制约着效期的有效性，即有效的装运不仅要在效期内，而且必须符合装期的要求。同样，议付需要在效期内，同时也需要符合议付期的要求。

五、国际贸易中的信用证结算业务

在国际贸易中，由于买卖双方相距甚远，彼此间的了解和信任非常有限，而在汇付、托收这两种以商业信用为基础的结算方式下，卖方能否安全收回货款以及买方能否及时收到符合合同要求的货物都依赖于对方的信用，这样就难免产生买卖双方互不信任的问题。一方面，出口商惟恐货物出运后不能及时安全地收回货款，另一方面，进口商又担心出口商不能根据合同要求按时保质交货。为了解决买卖双方互不信任的矛盾，就需要一个彼此都信任的第三方作为中间人和担保人，为他们顺利转递货款和货运单据。这个中间人和担保人的角色就落到了双方都能接受和信赖的银行身上，信用证结算方式也就应运而生了。在信用证结算方式下，银行以其信用居中担保，这不仅有利于缓解买卖双方互不信任的矛盾，而且有利于进出口商的资金融通和周转，从而有利于国际贸易的发展。对于银行而言，它所贷出的仅仅是信用而不需要占用资金，同时还可以收取押金和担保品，即使买方不付款赎单，银行也可以拥有货物。当然，在信用证结算方式下，货款的收付与资金流转还可能会涉及其他受开证行委托或邀请承担付款或议付业务的银行，包括议付行、付款行、偿付行，但是这些银行有开证行做后盾，其风险可以得到适当控制。因此，信用证结算方式还有利于银行业务的发展。

在国际贸易结算实务中，信用证结算方式的基本运作程序如图 10 – 10 所示：

（1）签订贸易合同规定付款方式。买卖双方订立贸易合同，并在合同中规定采用信用证付款方式结算货款。

（2）申请开证。进口人在买卖合同规定的期限内向所在地银行申请开立信用证。

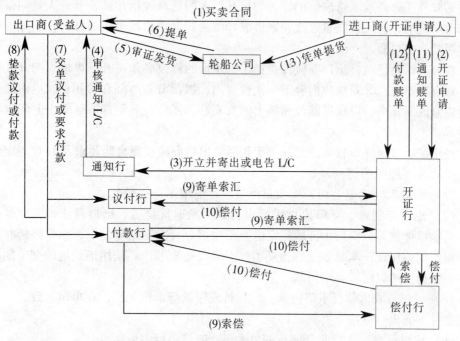

图 10 - 10 信用证结算基本运作程序

其基本步骤是：①填写开证申请书，申请书主要有两方面的内容：一是要求开证行在信用证上列明的条款，即要求受益人提交的符合合同要求的单据的名称、份数、传递方法等，这不能与合同规定相矛盾；二是开证人向开证行的保证与声明，即保证在其付清货款前开证行对单据及其所代表的货物有所有权，必要时开证行可酌情处理，开证行有权接受表面上合格的单据，开证申请人保证如期付款赎单等。申请书填写要明确、完整、简洁，不能模棱两可。②向开证行交付一定比率的保证金或其他担保品，保证金的多少视开证申请人的资信、市场行情等因素而定。

（3）开证行开立并寄出信用证。开证行审查开证申请书与合同条款是否相符，注意所填内容是否完备、清楚、相互协调一致、不相矛盾，审核无误后严格按申请书规定的内容向指定的受益人（出口商）开立信用证，并将信用证寄交或电告通知行。

（4）审核并通知信用证。通知行收到信用证后，首先应该审核信用证，审核的内容主要包括：①证内有无政治上的歧视或出口商不能接受的条款；②开证行的资信是否可靠，信用证的电开密押或信开印鉴是否正确；③对安全、迅速收汇是否有影响；④对签有贸易及支付协定的国家的银行开来的信用证，审核其内容是否与协定要求相符合；⑤证内要求与合同要求是否一致。

审核无误之后，通知行应及时转递信用证。如果信用证是以通知行为收件人的，通知行应该以自己的通知书格式照录信用证全文并通知受益人。

（5）出口商审证、改证、发货。出口商收到信用证后，应立即对信用证进行认真地审核，以核对信用证主要条款是否与贸易合同中所列的条款相符合，如有不符合就及时通知开证人，请求修改信用证，如果开证人同意修改信用证，开证人就向银行提交修改申请书，开证行同意修改，则做成修改通知书函寄或电告通知行，通知行审核无误后转告出口商。

在修改信用证时，出口商应注意：①信用证的修改必须由开证申请人向开证行申请办理有关事宜；②对修改内容要一次性提出，以便节省时间和费用；③应由原通知行传递修改通知书，以保证修改通知书的真实性；④应在收到修改通知书并经审核无误后发货。

经审证、改证并审核修改通知书无误后，出口商应按照合同要求及 L/C 规定的装期向承运人（船舶公司）发货。

（6）承运人（轮船公司）向出口商签发运输单据（提单）。

（7）出口商制单、交单议付或要求付款。发运货物后，出口商正确、完整、及时、简洁地缮制并取得信用证所规定的全部单据，开立汇票与发票，然后将所有单据与票据连同信用证正本（如经修改还需加上修改通知书）在信用证规定的交单期和效期内向银行交单议付或要求付款。

（8）议付行或付款行审单付款。议付行或付款行审单无误，在单单一致、单证一致的条件下向出口商垫支货款或付款。

（9）议付行或付款行向开证行寄单索汇或向偿付行索偿。

（10）开证行或偿付行偿付。在开证行没有指定偿付行时，议付行或付款行直接向开证行寄单索汇，开证行和进口人审单无误后，把款项付给议付行或付款行。若有偿付行，议付行或付款行则直接把货运单据寄交开证行审核，同时又根据开证行告知的索偿办法向偿付行索偿，议行或付款行此时为索偿行，偿付行按开证行的偿付指示向议付行或付款行偿付。对偿付行而言，其偿付行为无所谓追索，因为它只是按开证行的委托或授权、凭付款行或议付行的索偿电报等代开证行偿付而已，它并不接受和审核货运单据。也正因为如此，偿付行的偿付不是开证行的终局性付款，如果开证行发现单据有不符点，便可直接寄单向议付行或付款行追回已付款项。

（11）开证行通知进口商赎单。

（12）进口商付款赎单。

（13）进口商凭单提货。

六、信用证及信用证付款的性质和特点

综上所述，信用证及信用证付款有以下性质特点：

（1）信用证付款是银行信用，开证行负有第一性的付款责任，信用证是银行开立的有条件的付款承诺。

（2）信用证是一项独立自足的文件，虽然信用证是依据贸易合同开立的，但信用证各当事人办理信用证项下的业务，是不受贸易合同约束的。

（3）信用证付款处理的是单据，它严格遵守"单单一致，单证一致"的付款条件。

（4）信用证结算方式属于逆汇。

第十一章　结算方式的综合运用及环球银行金融电讯协会简介

第一节　结算方式的选择与运用

结算方式的选择关系到交易双方的利益、风险与责任，从而关系到交易的成败。根据有关因素合理选择结算方式，并在必要时将不同结算方式结合运用，这不仅有利于加速资金周转、确保收汇安全，而且有利于促成和扩大交易。

一、国际贸易结算中的风险

由于国际贸易中的交易双方相距甚远，各自所在国或地区的政治、经济、社会条件不同，相关的规则、习惯也有差异，加之有关当事人资信状况以及市场行情的多端变化，国际贸易结算中存在不少风险，如国家风险、经济性风险等。

（一）国家风险

国家风险主要表现为因贸易商所在国的主权措施而导致的风险，包括战争、国内动乱等政治因素所致的风险，国际贸易政策或制度如外汇管制所导致的兑换风险和其他主权风险。

国家风险的大小取决于一国的政治稳定程度、经济发展态势，以及与对外支付能力密切相关的国际收支情况、外汇管制的宽严和外汇储备的多少。一些发展中国家由于种种原因出口锐减，债台高筑，对外支付能力较差。即使是一些经济发展水平较高的国家，在遇到经济动荡特别是在遭遇金融风暴冲击时，其对外支付的能力也会受到影响。

（二）经济性风险

国际贸易中的经济性风险是指经济事故导致的风险。经济事故是由经济因素如汇率变动、价格变动等造成的。由于国际贸易结算是在以可兑换货币为计价货币的条件下来清算贸易商之间的债权债务关系的，因此，汇率变动对贸易商的影响是非常直接的，有时会给贸易商造成经济损失，有时也会给贸易商带来收益。其中，汇率变动给贸易商造成的经济损失就是通常所说的外汇风险。一般说来，自交易双方签订贸易合同到结清货款总需要一定的时间，在这段时间中，浮动汇率制下的汇率波动往往在所难免。当贸易商对汇率的变化估计不恰当时，进口商和出口商之间就会发生利益得失的变化。通常情况下，当结算货币汇率下跌时，出口商将承担外汇风险而进口商则可获得利益；当结算货币汇率上升时，出口商则可获得利益而进口商将承担外汇风险。

（三）信用风险

信用风险可以分为银行信用风险和商业信用风险。银行信用风险主要来自于银行的资信问题，商业信用风险则主要来自于贸易商的信誉状况。例如，从出口商的角度来看，在贸易合同签订后，不诚信的进口商可能会在市场价格下降、预期利润受损时想方设法拒受货物或迫使出口商降低价格，或者在财务状况恶化等情况下不按期付款甚至拒不付款，这样出口商就会面临交货受阻或收入减少或收汇困难乃至只能诉诸法律的情况。

（四）欺诈风险

欺诈风险指贸易主体的欺诈行为导致的贸易结算风险。在国际贸易中，欺诈行为可以发生在贸易合同、货物运输、结算等各个不同环节。从贸易结算的角度来看，欺诈行为往往表现为伪造和涂改票据、伪造单据等。在实践中，与贸易结算及贸易融资相关的欺诈案件为数不少，其手段之恶劣、金额之巨大令人咋舌，这不仅给贸易商及其他相关当事人造成巨大损失，而且扰乱了国际贸易及国际金融的正常秩序，不利于国际经济与贸易的发展。

（五）技术性风险

技术性风险是由于贸易主体及其他相关当事人的非欺诈行为造成的失误或客观条件限制所导致的风险，如银行结算部门的工作失误造成的结算迟延等。国际贸易结算是一项涉及面广、环节多、手续复杂的工作，其中任何一个部门、环节出现工作失误、差错或由于某些客观原因，都可能影响国际贸易结算的顺利运作，并给有关当事人造成损失。

二、不同结算方式的风险与利弊

国际贸易结算的风险与结算方式是紧密相关的，结算方式不同，所涉及的具体风险及风险的大小就不同。就汇付、托收和信用证付款而言，其风险的差异主要源于信用基础的不同。

（一）汇付与托收的风险及利弊

汇付与托收是以商业信用为基础的结算方式。在这类结算方式下，结算能否安全顺利地进行，完全依赖于贸易商的商业信誉，因此结算中的信用风险较大。以汇付方式来讲，在预付货款的情况下，进口商的资金负担较重、风险较大，甚至有钱货两空的危险；相反，在货到付款的情况下，出口商的资金负担又较重、信用风险和国家风险较大，有时也有可能钱货两空。正因为如此，汇付方式在贸易结算中的使用受到了较大的限制。但是，另一方面，汇付又具有简便、灵活、快速、费用低廉的优点，在贸易中适当采用汇付方式对促成交易、提高效率是有积极意义的。在国际竞争日益加剧和其他一些因素的影响下，当今贸易结算中汇付方式的使用空间有扩大的趋势，尤其是在素有往来、资信可靠的贸易伙伴之间及跨国公司内部，使用汇付方式更具优越性。

同样，托收方式的使用也是利弊皆有。总体而言，在托收方式下，出口商的风险较大，因为出口商能否收回货款完全取决于进口商的商业信用。从托收的运作程序来看，出口商是在按期装运货物后才制作汇票等单据并向托收行办理托收业务的，而汇票只有经过受票人承兑，才对受票人产生责任约束。因此，如果受票人拒不承兑或因故无力承兑，出口商就会延期收回货款，甚至根本收不回货款。而且，即使受票人已经承兑，但若受票人拒付货款，出口商也会遭受较大损失。特别是在承兑交单的情况下，如果受票人拒付货款，由于单据已经交付，进口人可以凭单据取走货物。虽然出口人可依法向承兑人索偿，但实践表明，此时的进口人多半无力偿付，或者早已人去楼空，甚至有的进口商要求承兑交单本身就是一种有预谋的骗局，这样出口商往往会钱货两空。从进口商的角度来讲，在托收方式下进口商有可能遭遇单货不符等风险，但由于可以免去开立信用证的手续，也不用向银行预付押金，这有利于减少费用，有利于资金融通和周转，特别在采用承兑交单时，进口商可以获得更多的便利。

综合托收对出口商和进口商的影响可以看出，托收对进口商是极为有利的，所以托收有利于调动进口商的积极性，提高出口商品的竞争力，从而有利于出口商促成交易、扩大销售。从这个意义讲，托收对进口贸易和出口贸易都是有利的。在国际贸易中，托收常被出口商视作一种有效的非价格竞争手段。

（二）信用证付款的风险与利弊

信用证付款是以银行信用为基础的结算方式。在这种结算方式下，开证行承担第一性付款责任，而其付款是有条件的，这既为出口商在出运货物后提交符合信用证条款的单据的条件下顺利收汇提供了保证，同时又为进口商在规定期限内获得代表货物的单据以及信用证规定的各种检验证明提供了保证。可以说，信用证付款在很大程度上减少了买卖双方的风险并有利于保障各自利益。同时，由于信用证付款方式具有不少融资功能，因此，在国际贸易结算中，它一直是主要的结算方式。

但是，由于信用证付款方式费用大、手续复杂，加之它只是一种相对完善的结算方式，许多结算风险仍然不同程度的存在，因此，随着国际经济与贸易的情况变化，出口商为了促成交易，考虑采用其他结算方式的情况有增无减。

具体分析，在信用证付款方式下，出口商面临的风险首先是银行信用风险。这主要包括来自于开证行的资力、信用和效率等方面的风险，它关系到出口商能否安全及时地收回货款。如果开证行倒闭无力支付，或者有的小银行不顾自己的资力滥开信用证，都会导致出口商不能安全收到货款。

出口商还有可能遭遇"软条款信用证"及伪造信用证等欺诈风险及单据不符等风险。对于进口商来讲，信用证付款方式下的风险包括单货不符、伪造单据等。由于信用证项下所进行的是单据买卖，而非货物买卖，信用证一经开出即成为独立于基础合约以外的自足性文件，合约履行与否与银行毫无关系，只要单证相符银行就需付款。对进口商来说，单证相符并无实际意义，如果单证相符而实际货物与销售合同的规定不符，在这种情况下进口商面临的风险是可想而知的。也正是由于信用证项下的凭单付款特点，这就为不法之徒伪造单据、以欺诈手段谋利开了方便之门。

三、结算方式的选择

对贸易商而言，汇付、托收和信用证付款各有利弊，因此根据具体情况选择适当的结算方式，不仅有利于规避风险、节省成本、提高效益，而且有利于促成交易。一般情况下，选择结算方式主要应该考虑的因素包括客户的资信状况、货物状况、贸易术语等。

（一）客户资信与结算方式的选择

在选择结算方式时，贸易商必须调查和了解客户的资信状况，控制好成交金额与交货进度。在不十分了解对方的资信情况或对方资信不佳的情况下，应当尽量选择以银行信用为基础的结算方式，或选择其他风险较小的结算方式；在对方资信可靠或彼此了解的情况下，则可以选择手续简便、费用较低的以商业信用为基础的结算方式，以利于节约成本，提高竞争力和促成交易。

（二）货物状况及经营意图与结算方式的选择

货物的竞争力、供求状况及贸易商的经营意图是影响贸易商选择结算方式的重要因素。在选择结算方式时，贸易商必须调查和了解货物的市场信息，掌握货物的有关情况。如果货物竞争力强、销路好，出口商力求规避风险，或进口商急于用货，出口商就可以要求采用对自己有利的结算方式，而进口商则只能在结算方式的选择上做些让步；相反，如果货物滞销、市场竞争激烈，出口商试图扩大交易，进口商就可以要求采用对自己有利的结算方式，而出口商则只能在结算方式的选择上做些让步。

（三）贸易术语与结算方式的选择

由于贸易术语限制了交货的方式，从而限制了单据在贸易结算中的应用，因此，贸易术语在一定程度上也限制了贸易商对结算方式的选择。一般说来，在任何贸易术语条件下都可以采用汇付方式来结算货款，尤其是在实行实际交货的术语条件下，货款结算只能采用汇付方式，托收和信用证付款则只能在实行象征性交货方式的贸易术语条件下使用。所有实行象征性交货方式的术语条件下的货款结算都可以采用信用证付款方式，但在出口商不办理保险的术语条件下，采用汇付方式或托收方式对出口商意味着较大的风险，甚至可能钱货两空。因此，在使用托收方式时，如果选择了由进口商办理保险的贸易术语，出口商应注意敦促进口商及时办理保险，也可以由出口商另行加保"卖方利益险"，并在买方付清货款前时时关心货物的安全状况。

（四）运输单据与结算方式的选择

运输单据是否是物权凭证决定着货款结算是否可以通过单据的应用来完成，而运输方式往往又决定着单据的性质，因此，运输方式和运输单据对结算方式的选择具有十分重要的影响。在代表物权的单据如非记名抬头的海运提单条件下，只要控制单据就等于控制了货物，这就为单据交易创造了条件，从而为信用证付款方式和托收方式的使用提供了依据。在不代表物权的单据如记名抬头的海运提单及航空运单、邮包收据等单据条件下，由于这些运输单据不是物权凭证，因而不利于采用信用证付款和托收方式结算货款。

（五）国家风险与结算方式选择

结算方式不同，贸易商承担的国家风险就不同。在信用证付款方式下，由于开证行开证时会要求进口商提供进口和用汇方面的许可文件，因此信用证一经开立，通常就意味着出口商不会遭遇进口国禁止进口或限制用汇所致的国家风险。在托收和货到付款方式下，出口商便没有相应的保障，因此会承担较大的国家风险。为了规避国家风险，在选择结算方式时，贸易商必须了解与掌握进口方所在国的有关管理措施。货物出口到贸易和外汇管制较严的国家时，出口商应该力争以信用证付款方式结算货款，如果需要使用托收方式时要特别谨慎。对于需要进口许可证的商品，在成交时应规定进口商将领得的进口许可证或已获准进口用汇的证明在发运有关货物前寄达，以防货物发出了对方却没有进口许可证或进口用汇指标而遭受损失。

可见，只要根据有关条件正确选择结算方式，就能较有效地控制国际贸易结算中的风险。当然，由于各种结算方式自有的特点，要更好地规避国际贸易结算中的风险，贸易商还应针对不同的结算方式注意相应的问题。例如，在出口贸易中，如果选择了托收方式，出口商就要特别注意四个问题：第一，正确选择交单条件，一般只采用付款交单，除非确有把握，原则上不宜采用承兑交单。第二，对远期付款交单方式要慎重使用，因为有些国家的银行在收到银行寄来的远期付款交单方式的托收指示时，往往在付款人承兑汇票后即将单据交付给付款人，即把 D/P 改作 D/A 处理，这种做法容易产生纠纷与争议。国际商会第 522 号出版物第七条指出"托收不应含有凭付款交付商业单据的远期汇票"，其用意就是劝阻出口商慎用远期付款交单方式结算货款。第三，慎重选择代收行。国外代收行一般不能由进口商指定，以防进口商指定的代理行不可靠。如果确有必要，应及时征得托收行同意，以免造成托收行拒绝托收申请的被动局面。第四，正确制作运输单据，填写运输单据时一定要做空白抬头，不宜制成买方抬头。如果做成买方抬头，在买方拒付时卖方又不能提货，这样会造成许多不便和损失。再如，如果在出口贸易中选择了信用证付款方式，出口商就必须特别注意防范单证风险，加强对信用证的审核工作，并做到严格按照"单证一致，单单一致"的原则制作和提交单据。至于通过计价、结算货币的选择和加强汇率趋势预测等以加强对外汇风险的防范，则是各种结算方式下都需要注意的问题。

为了充分发挥不同结算方式的优点、克服其不足，并使交易双方承担的风险、资金负担等更加合理，在一笔交易中也可以把多种结算方式结合运用。如将跟单信用证与光票托收结合使用，主要货款以跟单信用证方式结算，余款以光票托收方式结算，出口商就信用证项下金额和托收项下金额分别出具以开证行为付款人和以进口商为付款人的汇票，并按规定的方式索偿，这样就可以减轻进口商开立信用证的负担。除此之外，将不同结算方式结合使用的具体模式还有许多，如跟单信用证与光票信用证结合使用、汇款与信用证结合使用、托收与备用信用证结合使用、跟单托收与光票托收结合使用等，在实际操作中可以根据不同情况灵活掌握。

四、贸易合同中的支付条款

前述分析表明，任何结算方式都不是完全没有风险的，只是在不同结算方式下有关当事人的风险和责任不同而已。因此，为了明确当事人的责任，并为当事人履约提供依据和减少风险，贸易合同中应当就货款结算的有关条件做出明确规定，这个规定货款结算内容的合同条款通常被称为支付条款。

（一）汇付条款

为了明确责任和防范风险，并有利于及时发运货物，加速资金周转，在使用汇付方式结算货款时，贸易合同中应具体规定汇付的时间、方法、金额等，如规定买方应不迟于某年某月某日将全部货款以电汇或信汇或票汇方式预付给卖方，或规定买方收到合同所要求单据后的一定时间内电汇货款等。

（二）托收条款

贸易合同的托收条款主要包括托收的具体方式、交单条件、付款及承兑责任、付款时间等。其中，由于跟单托收方式下的交单条件对买卖双方的权利、风险和责任有重大影响，因此，托收条款对交单条件的明确规定特别重要。一般情况下，托收条款需要先列明货物装运后卖方将以买方为付款人的汇票连同合同项下的单据，通过卖方银行寄交买方银行转交买方并托收货款，然后再根据买卖双方约定的交单条件和付款期限，就交单方式、付款时间、买方的承兑及付款责任等做进一步的规定。例如，在即期付款交单方式下，通常规定买方应凭卖方开立的即期跟单汇票于见票时立即付款，并同时规定付款后交单；在远期付款交单方式下通常规定买方对卖方开立的见票后若干天付款的跟单汇票于提示时即予承兑，于汇票到期日即予付款，并同时规定付款后交单；在承兑交单方式下一般则规定买方对卖方开立的见票后若干天付款的跟单汇票于提示时即予承兑，于汇票到期日即予付款，并同时规定承兑后交单等等。

（三）信用证支付条款

在跟单信用证结算方式下，信用证支付条款一般包括三方面内容：一是对开证时间的规定，这有利于敦促买方按时开立信用证，从而有利于卖方及时备货、装运、制单。如果信用证没有规定开证时间，买方应该在"合理时间"内开立信用证。但是，何为"合理时间"，这是一个意思不够确定且各国法律也没有具体规定的概念，为了防止理解不一致而引起争议，贸易合同中最好对开证时间做出明确规定。二是对开证银行的规定，其中包括对开证行资信地位的规定，如规定开证行为卖方可以接受的银行。三是对装运期及信用证的受益人、种类、金额、到期日等内容的具体规定。

第二节　环球银行金融电讯协会简介

一、环球银行金融电讯协会概述

SWIFT 是环球银行金融电讯协会（Society for Worldwide Interbank Financial Tele-communication，SWIFT）是一个国际银行同业间的非营利性的合作组织，于 1973 年 5 月由西欧和北美的 15 个国家 239 家银行发起成立，总部设在布鲁塞尔，董事会为最高权力机构。SWIFT 的筹建是伴随着欧洲经济与政治一体化的进程进行的，它本身并不包括清算和结算。作为一个由各会员银行共同组成的具有合作性质的组织，SWIFT 向其会员银行提供专门的通信服务，而各会员银行则承担交纳会费、提供通信设备装置等义务。从组织成员资格来讲，SWIFT 有三种组织成员：

（一）会员银行（Member Bank）

在每个 SWIFT 会员国，获有外汇银行业务经营许可权银行的总行，均可申请成为 SWIFT 组织的会员行，如中国银行总行。会员银行有董事选举权，当股份达到一定份额后，还有董事被选举权。目前，SWIFT 在全世界拥有众多的会员银行。中国银行是我国国内率先加入 SWIFT 组织的银行，该行于 1983 年 2 月成为 SWIFT 的第 1034 家会员银行。继中国银行之后，中国农业银行、中国工商银行、中国建设银行等也都加入了 SWIFT 组织，成为其会员银行。

（二）附属会员银行（Sub-member Bank）

会员银行在境外的全资附属银行或持股份额达 90% 以上的银行，可以申请成为 SWIFT 组织的附属子会员银行，如中国银行的海外分行等。

（三）参与者（Participant）

参与者主要是世界主要的证券公司、旅行支票公司、电脑公司、国际结算中心等非金融机构，这些机构根据其业务需要，经申请成为 SWIFT 组织的参与者，并可以使用一部份 SWIFT 电迅格式。

二、SWIFT 电讯传输的特点

SWIFT 是一个传递银行间金融交易（Financial Transaction）的电迅系统，电讯传输具有费用低廉、方便迅速、准确安全、标准化和自动化程度高的特点。

（一）费用低廉

电讯传输成本低廉是 SWIFT 通信方式的一大特点。与电报、电传相比较，一份字符数相同、发送地相同的电文，利用 SWIFT 电讯传输的费用要低许多，因为电报、电传是按字数收费，而 SWIFT 是以电传时间收费。

（二）方便迅速

SWIFT 为会员提供迅速、直接、方便的通信服务。一方面，SWIFT 对结算中银行规定的模式做了简化，从而使结算信息的传递变得直接、方便、迅速，只要电脑及其终端设备运行正常，任何会员银行都可以在任何时候收发电讯，且可以在电讯发出后很短时间内得到收电行的反应。

（三）准确安全

SWIFT 对所发电讯建立了一套严格的电文输入、复核、证实等工作制度，并规定在往来电讯中使用国际标准的货币符号。SWIFT 有独立于电传密押（Test Key）之外的、在代理行之间相交换的、仅供双方在收发 SWIFT 电讯时使用的密押，双方在各自的 SWIFT 交流密押文件中传入约定的押值，并互发测实电报予以证实后，双方的收发电将由 SWIFT 系统的密押文件自动审核。SWIFT 密押对全部电文，包括所有字母、数字和符号进行加押。与电传的密押相比，SWIFT 的密押具有可靠性强、保密性强、自动化程度高的特点，这就有利于保证传输电讯的安全性和准确性。同时，由于 SWIFT 电讯传输收费低廉、收费方法不以字数计算，这有利于电文表述的相对详尽，从而可增强电文内容的准确性。

（四）标准化、自动化程度高

SWIFT 具有标准统一、制度严格的特点。SWIFT 对收发电讯规定了一整套标准化的统一格式，而电报等却各国都有自己的格式，且相互间在文字或翻译上时常产生误解甚至发生差错。同时，每个申请加入 SWIFT 组织的银行都必须事先按照 SWIFT 的统一原则制定出本行的 SWIFT 地址代码，并经 SWIFT 组织批准后生效。同时，SWIFT 还有严密合理的机构设置，并采用现代化的电脑设备和网络，提供多样化、大众化的服务。

三、SWIFT 的报文格式

SWIFT 的报文格式（Message Tape，简称 MT）是由 SWIFT 标准格式部门与银行共同开发并经董事会批准通过的，具体分为若干大类，每一类包含若干组，每组包含若干格式，每个报文格式由 MT 加上相应的三位数字表示，报文内容由相应的项目（Field）组成，每一个项目又严格规定了由多少字母、多少数字或多少字符组成，这些关于项目规定的表示方法及含义如下：

n：只表示数字

a：只表示字母

θ：表示数字或字母

x：表示 SWIFT 电讯中允许出现的字符（包括 10 个数字、26 个字母、有关标点符号、空键、回车键和跳行键）

＊：表示行数

在一份 SWIFT 报文中，有些项目是必不可少的，称为必须项目（Mandatory Field），用 M 表示；有些项目可以根据业务需要选择使用，称为可选项目（Optional Field），用 O 表示。项目代号（Tag）由两位数字或两位数字加一个小写字母后缀组成，该小写字母后缀在某一份报文中必须由一个规定的大写字母替换。如项目"52a"

在某一份报文中可能替换为52A，而在另一份报文中就可能替换为52B，带上不同的大写字母后缀，其含义不同。具体而言，表示关系人的项目代号中的小写字母后缀"a"的替换方式一般有四种：

　　a = A：表示银行 SWIFT 名址码

　　a = B：表示发报行或收报行的分行

　　a = C：表示账号或开户行

　　a = D：表示关系人全名或地址

从报文结构来看，一份 SWIFT 电报通常由基本报头、应用报头、用户报头、电报正文和报尾五个部分组成，各部分首尾常以大括号标注，即：

　　{1：BASIC HEADER BLOCK}

　　{2：APPLICATION HEADER BLOCK}

　　{3：USER HEADER BLOCK}

　　{4：TEXT BLOCK}

　　{5：TRAILER BLOCK}

对 SWIFT 报文格式的上述规定，现以贸易结算中常用的 MT700、MT701、MT707、MT100、MT400 为例加以说明。

MT700 和 MT701 是由开证行发送给通知行，用来列明开证行（发报行）开立的跟单信用证条款的报文格式。其中，MT701 用于对 MT700 进行补充。即当信用证内容超过 MT700 报文格式的容量时，就用一个或几个（最多三个）MT701 报文格式补充传递有关跟单信用证条款的内容。当已开立的信用证需要修改时，则用 MT707 来传递有关信用证条款的修改内容，该修改内容构成跟单信用证的一部分。MT400 是由代收行发给托收行，或由代收行的分行发给托收行或托收行的分行，或由代收行发给另一家代收行，用来通知托收项下的付款或部分付款以及该托收款项的结算。MT100 是由汇款行或受汇款行委托的银行直接或通过代收行发送给解付行，用来发送付款指示的报文格式。以上各报文格式见以下各表。

表 11 - 1　　　　　　　　MT 700 ISSUE OF A DOCUMENTARY CREDIT

M/O	Tag	Field Name	Content/Options
M	27	Sequence of Total	1n/1n
M	40A	Form of Documentary Credit	24x
M	20	Documentary Credit Number	16x
O	23	Reference to Pre-advice	16x
O	31C	Date of Issue	6n
M	31D	Date and Place of Expiry	6n29x
O	51a	Applicant Bank	A or D

表 11 -1 （续）

M/O	Tag	Field Name	Content/Options
M	50	Applicant	4 * 35x
M	59	Beneficiary	[/34x] 4 * 35x
M	32B	Currency Code ， Amount	3a15nmber
O	39A	Percentage Credit Amount Tolerance	2n/2n
O	39B	Maximum Credit Amount	13x
O	39C	Additional Amounts Covered	4 * 35x
M	41a	Available With⋯By⋯	A or D
O	42C	Drafts at ⋯	3 * 35x
O	42a	Drawee	A or D
O	42M	Mixed Payment Details	4 * 35x
O	42P	Deferred Payment Details	4 * 35x
O	43P	Partial Shipments	1 * 35x
O	43T	Transshipment	1 * 35x
O	44A	Loading on Board/Dispatch/Taking in Charge at /Form	1 * 65x
O	44B	For Transportation to ⋯	1 * 65x
O	44C	Latest Date of Shipment	6n
O	44D	Shipment Period	6 * 65x
O	45A	Description of Goods and/or Services	50 * 65x
O	46A	Documents Required	50 * 65x
O	47A	Additional Conditions	50 * 65x
O	71B	Charges	6 * 35x
O	48	Period for Presentation	4 * 35x
M	49	Confirmation Instructions	7x
O	53a	Reimbursement Bank	A or D
O	78	Instruction to the Paying/Accepting/Negotiating Bank	12 * 65x
O	57A	"Advise Through" Bank	A, B or D
O	72	Sender to Receiver Information	6 * 35x

国际贸易实务与融资

M/O	Tag	Field Name	Content/Options
M	27	Sequence of Total	1n/1n
M	20	Documentary Credit Number	16x
O	45B	Description of Goods and/or Services	50 * 65x
O	46B	Documents Required	50 * 65x
O	47B	Additions Conditional	50 * 65x

表 11 - 3   MT 707 AMENDMENT TO A DOCUMENTARY CREDIT

M/O	Tag	Field Name	Content/Options
M	20	Sender's Reference	16x
M	21	Receiver's Reference	16x
O	23	Issuing Bank's Reference	16x
O	52a	Issuing Bank	A or D
O	31C	Date of Issue	6n
O	30	Date and Amendment	6n
O	26E	Number of Amendment	2n
M	59	Beneficiary (before this amendment)	[/34x] 4 * 35x
O	31E	New Date of Expiry	6n
O	32B	Increase of Documentary Credit Amount	3a15nmber
O	33B	Decrease of Documentary Credit Amount	3a15nmber
O	34B	New Documentary Credit Amount After Amendment	3a15nmber
O	39A	Percentage Credit Amount Tolerance	2n/2n
O	39B	Maximum Credit Amount	13x
O	39C	Additional Amounts Covered	4 * 35x
O	44A	Loading on Board/Dispatch/Taking in Charge at /Form	1 * 65x
O	44B	For Transportation to …	1 * 65x
O	44C	Latest Date of Shipment	6n
O	44D	Shipment Period	6 * 65x
O	79	Narrative	35 * 50x
O	72	Sender to Receiver Information	6 * 35x

表 11 - 4　　　　　　　　MT100 CUSTOMER TRANSFER

M/O	Tag	Field Name	Content/Options
M	20	Transaction Reference Number	16x
M	32A	Value Date，Currency Code，Amount	6n3a15numder
M	50	Ordering Customer	4*35x
O	52a	Ordering Institution	A or D
O	53a	Sender's Correspondent	A, B or D
O	54a	Receiver's Correspondent	A, B or D
O	56a	Intermediary	A
O	57a	Account With Institution	A, B or D
M	59	Beneficiary Customer	[/34x] 4*35x
O	70	Details of Payment	4*35x
O	71A	Details of Charges	3a
O	72	Sender to Receiver Information	6*35x

表 11 - 5　　　　　　　　MT 400 ADVICE OF PAYMENT

M/O	Tag	Field Name	Content/Options
M	20	Sending Bank's TRN	16x
M	21	Related Reference	16x
M	32a	Amount Collected	4*35x
M	33A	Proceeds Remitted	6n3a15numder
O	52a	Ordering Bank	A or D
O	53a	Sender's Correspondent	A, B or D
O	54a	Receiver's Correspondent	A, B or D
O	57a	Account With Bank	A or D
O	58a	Beneficiary Bank	A, B or D
O	71B	Details of Charges（Deductions）	6*35x
O	72	Sender to Receiver Information	6*35x
O	73	Details of Amounts Added	6*35x

第 ⑤ 篇　国际贸易融资

国际贸易融资是指对进口商和出口商的信贷支持。在国际贸易逐渐由卖方市场转向买方市场的当今世界，贸易商的融资需求日益增加，特别是在贸易额较大时，贸易商更需要通过适当的融资途径来解决资金困难的问题。可以认为，研究、掌握和有效利用各种融资手段，早已成为贸易商满足资金需求、顺利开展贸易活动的重要途径。

在最初的国际贸易融资中，主要的融资方式是国际贸易的一方向另一方提供的商业信用，如赊销。但是，由于贸易商的资金实力有限，他们彼此提供的商业信用通常金额较小、期限较短，其融资作用也十分有限。为了满足国际贸易发展的需要，银行和其他金融机构开始对贸易商提供融资，从而产生了真正意义上的国际贸易融资。

随着国际贸易融资业务不断发展，目前，不仅传统结算方式下的各种贸易融资在国际贸易中起着重要作用，国际保理、包买票据及出口信贷及出口信用保险、结构贸易融资等也备受青睐。

第十二章 传统结算方式下的
国际贸易融资

在不少情况下，国际贸易融资是银行对进口商或出口商提供的与国际贸易结算业务紧密相关的资金融通。就汇付、托收和信用证付款三种较传统的结算方式而言，汇付方式下的融资较多的表现为预付货款条件下进口商给予出口商的融资，以及货到付款条件下出口商对进口商的融资。至于由银行提供的、基于交易的融资手段则相对较少，通常只有一些银行提供少量的融资业务，如出口 T/T 汇款融资，即银行对采用 T/T 汇款方式进行出口贸易结算的出口商在货物交付装运后，凭其提供的发票和其他有效凭证，给予一定比例的短期资金融通，出口商以其收回的货款偿还银行款项的融资方式。在托收和信用证支付方式下，常见的融资手段包括打包放款、押汇、贴现、信托收据、提货担保等诸多种类。对于这些融资手段，可以按一定的方式进行归类。一般而言，按照结算方式不同可以将它们分为托收项下的融资渠道和信用证项下的融资渠道，按照融资涉及的对象不同又可以将它们分为对进口商的融资和对出口商的融资以及对中间商的融资。如果将前面两种方法结合起来，则可以将它们分为托收项下对进口商的融资和对出口商的融资，以及信用证项下对进口商的融资和对出口商的融资。在这里，重点从融资涉及对象不同的角度分析对出口商的融资和对进口商的融资，即出口贸易融资和进口贸易融资。

第一节 出口贸易融资

在托收和信用证结算方式下，出口贸易融资通常是指银行为出口商提供的资金融通，它主要包括出口押汇、议付、票据贴现、打包放款、预支信用证、承兑信用额度等。

一、出口押汇、议付及票据贴现

（一）出口押汇

出口押汇是出口地银行为解决出口商的资金周转困难而应出口商请求，以出口商提交的包括货运单据在内的全套出口单据作抵押向出口商预支部分或全部货款的融资活动。在出口押汇项下，出口商可以在货物交付装运后及时取得资金融通，缓解资金困难，加速资金周转。

根据结算方式不同，出口押汇分为出口信用证押汇和出口托收押汇。

出口信用证押汇是在信用证项下，由出口地银行以全套货运单据及汇票（若有汇票）为质押品向出口商提供资金融通的贸易融资方式。在这种方式下，出口商凭买方银行开来的信用证将货物发运后，按照信用证要求制作单据且以出口单据作抵押，在提供信用证正本、出口销售合同及银行要求的其他资料的条件下，向银行提出资金融通需求，在与银行签订出口押汇合同后，出口商就可以在货物尚未运出国境前就提前收到货款，从而可以加速出口商的资金周转，提高其经营效益。当然，由于是信用证项下的资金融通，因此要求出口商在做出口信用证押汇时提交的单据必须符合"单证一致、单单一致"的原则。

出口托收押汇是在采用托收结算方式的条件下，出口商在提交单据、委托银行代为向进口商收取款项的同时，要求托收行先行预支部分或全部货款，待托收款项收妥后归还银行垫款的贸易融资方式。根据托收行预付的金额不同，出口托收押汇分为"净额押汇"和"部分押汇"，前者是托收行以净额——按汇票或发票金额扣除利息及有关费用后的余额向出口商提供融资的出口托收押汇，后者是托收行按部分金额（汇票或发票余额的50%~80%）向出口商提供融资的出口托收押汇。

根据交单条件不同，出口托收押汇还可以分为 D/P 融资和 D/A 融资两类。D/P 融资是指在出口托收付款交单方式下，出口商在委托银行代为向进口商收取货款的同时，以提交的汇票及随附单据作为质押品，由银行按一定比例向出口商提供的应收货款短期资金融资。在这种方式下，出口商在货物发运后就可以获得资金融通。D/A 融资是指在出口托收承兑交单方式下，出口商委托银行寄出远期汇票和随附单据向进口商托收，在收到进口商已承兑的远期汇票或代收行发来的承兑电函后，由银行按一定比例向出口商提供的应收货款短期资金融通。这样，出口商在收到进口商已承兑的远期汇票或代收行发来的承兑电函后就可以取得资金融通。

比较而言，出口托收押汇与出口信用证押汇的根本区别在于，出口信用证押汇有开证行的付款保证作后盾，属于银行信用，风险较小，而出口托收押汇则没有银行信用作保证，进口商付款与否完全取决于其信用状况，属于商业信用，风险较大。因此，尽管出口押汇在实践中被广泛应用，但用得最多的、最具代表性的还是出口信用证押汇。如果银行要做出口托收押汇需要十分谨慎，一般应限于 D/P 交单条件，并且尽量不做"净额押汇"，而宜采取"部分押汇"，同时还应了解出口商和进口商的资信情况和经营状况等是否良好。就我国的情况而言，往往把出口押汇看作结汇方式的一种，在过去相当长一段时间内主要使用"收妥结汇"和"定期结汇"方式，目前是出口押汇、收妥结汇和定期结汇三者并存。

（二）议付

国际商会第 500 号出版物第 10 条 b Ⅱ 款规定：议付是指由被授权议付的银行对汇票及/或单据付出对价的行为。只审核单据而不付出对价不构成议付。《UCP 600》也明确规定，议付是指定银行购买汇票及/或单据的行为。可见，议付是议付银行购进受益人的汇票及/或所附单据的行为。根据有关规则，议付行办理议付后便成为汇票的善意持有人，从而享有以议付行的名义向开证行或保兑行索汇的权利，在遭到拒付时，议付行享有向其前手追索已支付款项的权利，议付行也可以因买入单据而享有对货物的所有权，并自行处置信用证项下的货物。

从法律的角度讲，议付与出口押汇是两个完全不同的概念，在议付与出口押汇方式下，银行享有的权利、银行在信用证关系中的地位以及信用证遭到拒付后银行可以采取的手段等都有区别。但是，由于从贸易结算的观点来看，银行对议付和信用证项下出口押汇的业务处理往往是相同的，因此，许多银行人员和国际结算专家都认为议付就是出口押汇。在我国，一些商业银行的内部规范性文件对出口押汇的含义表述存在明显差异。例如，有的银行在国际结算业务基本规定中写明："出口押汇业务是银行凭出口商提供的信用证项下的完备正确的货运单据作抵押，在收到开证行支付的货款之后，向出口商融通资金的业务活动。"有的银行在出口业务操作规程中规定："出口押汇业务是指出口商将信用证项下全套票据提交其往来银行或信用证指示银行，由该银行买入票据并按票面金额扣除从议付日到估计收汇日的利息及有关手续费，将其净额预先付给出口商的一种出口融资方式。"有的银行将出口押汇定义为："出口押汇业务是指信用证受益人向被授权议付银行提交出口信用证项下的汇票及全套票据，并将其中的提单质押给银行，经银行审核通过后，向受益人提供短期融资并保留对受益人追索权的业务。"

从上述描述可以看出，有的银行认为出口押汇是以信用证项下的票据作为质押的融资行为，有的银行却认为出口押汇是银行买入信用证项下的票据的议付行为。很显然，如果不分清出口押汇与议付，就很容易混淆质押权和所有权，从而容易给实际工作造成困惑，关于这一点，以下案例可以充分说明。

A 公司与 B 银行签订了《出口押汇合同》，规定公司将单据质押给银行，由银行议付，如果信用证项下的货款遭到拒付，银行有权向公司追索。据此规定，公司将全套单据提交银行，银行扣除有关的利息及手续费后，将余额付给了公司。后来信用证被拒付，信用证项下的货物也退回公司所在地。此时，公司因涉及其他诉讼，法院依法查封该批货物。银行向法院提出异议，认为货物的所有权应属于银行，法院无权查封案外人的财产。法院则根据合同认定：信用证项下的货物只是质押给了银行，银行对货物并不享有所有权，法院仍有权查封该批货物，但在处置货物后，银行享有优先受偿权。

（三）票据贴现

票据贴现是收款人或持票人将未到期的承兑汇票向银行申请资金融通，银行按票面金额扣除一定的利息后将余额支付给收款人的一项融资业务。票据一经贴现便归贴现银行所有，贴现银行到期可凭票据直接向承兑银行收取票款。所以，票据贴现实际上是银行购买未到期的已承兑汇票的票据买卖。和其他的融资业务一样，票据贴现业务也能为出口商快速变现手中未到期的票据，加速其资金周转，提高其资金利用效率，而且手续简便，融资成本较低。

汇票贴现与汇票涉及的信用状况紧密相关，汇票信用状况越好，汇票就越容易贴现且贴现率就越低。为了使汇票具有更好的信用状况，汇票的原有债务人常通过保证手段和融通手段，利用他人资信为汇票贴现创造条件。保证手段指汇票的原有债务人邀请资信高的非债务人在汇票上签字或签章为自己作偿付保证的行为。融通手段指汇票的出票人邀请资信高的非债务人在未取得对价的条件下以承兑人身份在汇票上签字或签章的行为。

很显然，票据贴现和议付是两个容易混淆的概念，但事实上这两者是有区别的。一方面，两者对票据的要求是不同的，票据贴现要求必须有汇票，而议付不一定要有汇票，没有汇票而有货运单据也可以作议付，同时，票据贴现的汇票必须是远期汇票，而议付的汇票可以是即期汇票，也可以是远期汇票，并且，票据贴现的汇票必须是已承兑汇票，而议付的汇票并不要求是已承兑汇票。另一方面，汇票贴现后，贴现者可以持有汇票，也可以在当地票据市场再贴现，但议付并无二级市场，银行也不把汇票存在本行，而是送到国外去收取货款。此外，在票据贴现方式下，汇票的到期日在贴现时是可以计算出来的，而议付时收款日只能大体估算出来。

二、打包放款与预支信用证

（一）打包放款

打包放款是出口商以信用证作抵押向银行申请融资贷款的行为。由于信用证是银行的付款担保文件和依据，只要卖方交付符合信用证规定的单据，开证银行就承担第一性的付款责任，因此，如果开证行资信较好，出口商就可以用信用证作抵押，向当地银行申请预支低于信用证金额（通常不超过信用证金额的80%～90%）的贷款，用于购买、组织货物，待货物装运后议付货款时，再扣除所借贷款的本息。可见，打包放款不是为了解决出口商打包装运货物所需要的资金，而是为了解决出口备料、加工、备货，从而使出口得以顺利进行所需要的资金。因此，打包放款必须专款专用于购买信用证项下的货物。在申请打包放款时，出口商通常还需提供贸易合同、出口批文或许可证及银行要求的其他资料。

打包放款和出口押汇一样，都是出口地银行对出口商的一种资金融通方式，但两者有明显的区别：

1. 垫款依据不同

在出口押汇条件下，银行是以出口商提交的包括货运单据在内的全套出口单据作为垫款的依据，而在打包放款方式下，银行则是凭出口商提交的信用证作为要求预付款项的凭证。

2. 行为时间不同

出口押汇的行为发生在货物装运以后，即在出口商交货后通过押汇提前取得资金，而打包放款则发生在货物装运之前，即出口商为了备货、备料、加工的需要而要求银行融通资金。

3. 融资金额不同

在押汇业务中，银行可以付足全部金额，而在打包放款业务中，银行通常仅付信用证金额的一部分。

4. 手续繁简不同

出口押汇的手续比较复杂，办理出口押汇业务时，出口商需要填写总质权书和出口押汇申请书，有时还需要另外寻找担保人填具担保书；打包放款的手续比较简单，在办理打包放款业务时，出口商往往只需提交信用证和订立一份合同。

（二）预支信用证

前已述及，这种信用证的特点是进口商付款在先，出口商交单在后，即在信用证中有授权付款行在出口商交单前预先垫付信用证的全部或部分金额的条款，这个条款通常被称为预支条款。预支条款是根据申请人的特别要求添加的，其措辞也视申请人的要求而定。预支信用证的基本运作方法是由进口商申请开立预支信用证，授权指定银行在无担保或一定担保条件下向出口商提前付款，以便出口商组织货源，待出口商发运货物并提交与信用证相符的单据后，进口商再偿还银行的预付款。如果出口商不能发运货物并提交与信用证相符的单据，以致不能偿还预付款，付款行就有权要求开证行偿还预付款本息，同时开证行将会保留对申请人的追索权。因此，在预付信用证项下，申请人将承担最终付款的责任。

根据预支金额不同，预支信用证分为全额预支信用证和部分金额预付信用证。全额预支信用证又称预付货款，其基本的运作方法是由出口商按全部货款开出光票或收据并随附保证书，承诺在信用证有效期内按时发货并提交全套合格单据，付款行在扣减利息后将款项垫付给出口商并收存出口商提交的正本信用证，以备将来议付单据之用，预支垫款从以后收取的货款中扣还。这种方式下，预付货款的风险是由进口商或开证行承担的，如果出口商将款项挪作他用或未交付合同约定的货物，进口商或开证行仍然需要向垫款行偿还垫款本息。

部分金额预付信用证依其预付条件的不同分为红条款信用证和绿条款信用证。红条款信用证（Red Clause Credit）是允许受益人在货物出运前先凭光票向指定银行预支一部分货款作为备货资金的信用证。为醒目起见，信用证中的预支条款习惯上以红墨笔书写，因此叫红条款信用证。在红条款信用证下，进口商的风险较大，除在补偿贸易中有时采用外，目前已很少使用。绿条款信用证（Green Clause Credit）与红条款信用证的性质大体相同，只是其预支条件比红条款信用证更为严格，它要求出口商将预支资金所采购的货物于装运前以银行的名义存放仓库并将仓单交银行持有，以保证该项预支金额依据信用证规定使用，从而减少资金被挪用的风险。

在实务中，预支信用证的垫款人可以是进口商、开证行或指定的代付银行，一般谁垫款就由谁收取利息。但是，由于预支款项而遭遇的损失如出口商没有提交合格单据、相关的利息及费用负担等是要由进口商来承担的，因此，在预支信用证项下，实际上是由进口商向出口商提供了融资。这种付款方式对出口商很有吸引力，它通常适用于短缺商品与紧俏商品的进口，当出口商因资金周转困难提出以预支信用证支付款项时，进口商可以提供融资为由要求压低货价。

很显然，由于预支信用证和打包放款一样，都可以使出口商在收到信用证以后装运发货以前就获得资金融通，且在议付时这两者也都要求出口商在提供贷款的银行交单，并从议付额中扣除贷款，因此预支信用证与打包放款有时容易被混为一谈。但是，从根本上讲，这两者实是有区别的。一方面，打包放款是一种融资方式，而预支信用证是一种具有融资功能的信用证；另一方面，在打包放款方式下，出口商必须在固定的日期内向银行付清款项并承担有关费用，出口商承担向贷款银行偿付贷款的责任，而预支信用证则使进口商承担了最终向银行偿付预付款的责任和有关费用。此外，打包放款广泛地运用于各种贸易，而预支信用证仅用于某些短缺商品与紧俏商品的贸易。

三、为出口商承兑信用额度

为出口商承兑信用额度是出口商事先与托收银行订立承兑信用额度协议，从而在托收货款时利用融资汇票进行资金融通的一种方式。融资汇票是指出口商在托收货款时，用在途货物提单及商业汇票作抵押，专为融资而开立的一张以托收行为付款人、金额低于托收金额、期限略长于托收汇票期限的远期汇票。融资汇票是为融资而开立的信贷工具，而不是贸易结算的支付工具，此汇票经托收行承兑后就可以向贴现市场贴现以获得资金融通，托收行作为融资汇票的承兑人，将来以收到的托收款项来偿还融资汇票的票款，并在汇票到期时付款给持票人并收回融资汇票。

第二节　进口贸易融资

在托收和信用证结算方式下，进口贸易融资通常是银行向进口商提供的资金融通，它主要包括凭信托收据借单提货、提货担保、进口押汇等。

一、凭信托收据借单提货

信托收据（Trust Receipt，T/R）是进口商在付款之前向银行借取商业单据时开立的、以代收行为信托人（Truster）、以自己为受托人（Trustee）的一种具有保证性质的书面收据，它是表明进口商以银行受托人身份代为提货、报关、存仓、保险、出售，货物所有权及所得销售款均归银行所有，并保证到期付款的书面保证文件。

凭信托收据借单提货是进口商获得资金融通的重要方法。在托收远期付款交单、信用证远期付款的交易方式中，有时会遇到货物先到而赎单日期未到或进口商无法按时赎单的情况，此时为防止货物滞留港口码头造成损失或罚款，或者为了缓解进口商的暂时困难，开证行或代收行允许进口商凭信托收据借单先行提货，然后再偿还款项正式赎单。在信用证项下凭信托收据借单提货，因为进口商申请开证时已交付了押金或提供了担保，因此风险较小，但其中的风险要完全由开证行承担。在远期付款交单凭信托收据借单的情况下，尽管信托人因为某项信托业务遭受损失时可以向受托人索赔，即使在受托人倒闭清理时信托人对该信托项下的货物及货款也有优先债权，但是信托人仍然要承担较大的风险，只有当进口商资信较好或能提供担保，或者出口商在托收指示中明确表示因凭信托收据借单引起的所有风险由出口商承担时银行才愿意以此方式融资，否则银行一般是不愿意以此方式融资的。可见，在不同的信托收据业务中信托人的风险是不同的。

在托收方式下，信托收据业务分为委托方授权代收行向进口商提供凭信托收据借单业务和代收行自行向进口商提供凭信托收据借单业务两种情况。前者指远期 D/P 托收方式下，委托方在托收委托书中明确记载有"远期D/P，可凭信托收据借单"字样情况下的信托收据业务，这是出口商（委托人）为解决货物可能先于远期 D/P 的付款到期日运达的矛盾，而主动向进口商提供的凭信托收据借单提货的便利，是出口商对进口商的资金融通，其中的风险由出口商承担，与银行无关。后者指远期 D/P 托收或即期 D/P 托收方式下，委托方没有明确授权可凭信托收据借单，而是由代收行自行与进口商商定一个延期付款的期限，必要时由代收行先行垫付货款，进口商凭信托收据借单提货，待延期付款到期日再付清货款赎回信托收据的信托收据业务。这属于代收行对进口商的资金融通，其中的风险由代收行承担，与委托方无关。

二、提货担保

提货担保是当货物已运抵目的地而提单尚未寄到时，进口商为了能及时提货，在向开证行提交提货担保申请书、发票、提单副本、船舶公司到货通知及银行要求的其他资料的条件下，请求开证行签发提货担保书（Letter of Indemnity），并凭以向船舶公司换发小提单先行提货的融资行为。在提货担保书中，进口商应清楚记载装货船名、信用证号、提单号、起运港、卸货港、装船日期、到岸日期、码头、货物名称、数量、价值等，并声明正本提单到达后即向船舶公司提示，且当船舶公司因担保提货而蒙受损失时，由进口商及开证行连带负责赔偿。此外，为了避免银行卷入纠纷，进口商还应在提货担保申请书中注明，即使所附货运单据不符合信用证规定，银行也能根据该信用证签发的汇票付款。因此，一旦办理了担保提货，进口商原则上就不能挑剔文件而拒付或延迟付款，如果进口商借口单据瑕疵而拒付或延迟付款，出口商或银行可要求退单并向船舶公司索赔，而船舶公司则会凭开证行出具的提货担保书向开证行索赔，这样开证行难免陷入麻烦。

在实务中，提货担保的基本程序是：进口商先向船舶公司索取空白提货担保书，在填写提货担保申请书后连同发票和进口许可证等一并交付开证行或代收行。银行收到进口商的提货担保申请书后，在核实进口商的货物及其申报价值无误，并要求进口商提供全部货款作为保证金，或在其有足够的信用额度的情况下加具银行担保，会签提货担保书或直接向船舶公司出具提单保函，以保证船舶公司凭此担保书交货后，如果发生任何索赔货款之事皆由银行负责，进口商凭提货担保书办理提货手续。当银行收到正本提单后，可凭交存的保证金办理赎单，并在提单背面注明"仅供赎回提货担保书"字样，经背书后交进口商凭以向船舶公司换回提货担保书，并交还银行注销。

提货担保对进口商的意义在于，它可以减少货物滞留码头的仓储费，避免因为市场行情变化或货物品质变化遭遇损失。但是，提货担保也需要一定的成本，进口商往往需先到码头查看到货情况，在确实需要时才办理提货担保。此外，提货担保一般多用于信用证项下的货物，如果在跟单托收项下进口商需要办理提货担保，则必须提交有关的交易单据，以便银行审查货物的归属和真实价值。通常情况下，银行仅对资信良好的贸易商提供跟单托收项下的提货担保。因此，进口商在申请提货担保时需要充分考虑相应的融资条件。在我国的实践中，有的银行明确规定提货担保限于在该行开立的信用证项下的商品进口，并且要求逐笔审批、逐笔使用，优良客户在提货担保额度内办理提货担保可以减免保证金，非优良客户不得办理提货担保，与银行业务往来频繁且信誉较好的客户可在交纳适当的保证金后办理提货担保。

三、信用证开证额度及为进口商承兑信用额度

开证行在开立信用证时一般都要求开证申请人缴纳一定押金作为开立信用证的担保，但是，如果银行与开证申请人之间已经建立一定的业务关系，或者银行为了吸引资信较好的客户，银行往往根据客户的有关情况核定一个相应的开证额度，客户在额度内开证可以减收或免收保证金。这实际上也是银行对进口商提供的一种资金融通，它不仅有利于进口商减少资金占用、加速资金周转，而且可以为进口商增加贸易机会。在我国，凡是具有外贸业务经营资格、在银行有一定外贸结算业务、业务情况及收付汇情况良好、资信可靠、具备一定经济实力、能够提供银行愿意接受的可靠担保、抵押、质押的进口商，均可以向银行申请并由银行核定进口开证额度。

在实务中，开证额度通常分为普通开证额度和一次性开证额度。普通开证额度是可以循环使用的，额度确定后，客户可以在额度内无限次委托银行开立信用证，即在开证额度内开立的信用证使用完毕，或在信用证注销、撤销或者减额后，可相应自动恢复额度。一次性开证额度是由银行核准后一次有效、不能循环使用的开证额度，它通常是对于未取得银行普通开证额度的客户、非银行信贷客户办理单笔开证业务，或对于已在银行取得普通开证额度的客户、银行信贷客户办理某一特殊或大额开证业务而设立的开证额度。

为进口商承兑信用额度是进口商事先与银行订立承兑信用额度协议，从而在托收赎单时利用融资汇票来做资金融通的一种方式。这里的融资汇票是指进口商在托收提示时，用货物作抵押，专为融资而开立的一张以协议银行为付款人的远期汇票。融资汇票经协议银行承兑后即可向贴现市场贴现以便付款赎单。进口商待融资汇票到期时再把票款偿付给承兑银行，并由承兑银行付款给持票人以收回该融资汇票。

四、进口押汇

进口押汇是进口地银行接受包括货运单据在内的全套进口单据作为抵押为进口商垫付货款的融资行为。根据结算方式不同，进口押汇分为进口信用证押汇和进口托收押汇。

进口信用证押汇是信用证项下的进口押汇，其基本运作程序是在开证行收到单据并经审核无误后，由于开证申请人因资金周转困难而无法及时付款赎单，此时便以该信用证项下代表货权的单据为质押，并同时提供必要的抵押或其他担保，由银行先行代为付款，随后再由开证申请人归还银行垫款。

进口托收押汇是在付款交单的方式下，银行接受包括物权单据在内的托收单据为抵押向进口商提供的一种融资垫款。其基本运作程序是当进口方银行收到托收单据后，根据进口商的押汇申请先行垫付货款，同时按照押汇协议将单据交予进口商，让

其先行提货，随后再归还银行垫款。此时银行通常要根据进口商的资信情况和抵押品情况核定一个押汇额度供其周转使用。

总体上讲，进口押汇具有专款专用和逐笔申请、逐笔使用的特点，同时，进口押汇属于短期贸易融资。但不管怎样，进口押汇是有利于进口商的，它可以使进口商在推迟对外付款的条件下先行取得货运单据，从而有利于加速其资金周转，提高经营效益。

五、假远期信用证融资

在国际货物买卖中，出口商总是希望即期得到货款，而进口商则总想远期支付货款，很显然，无论是即期信用证还是远期信用证都不可能同时满足进出口双方的愿望，而假远期信用证却可以弥补两者的不足。

假远期信用证又称远期汇票即期付款信用证，其基本特点是明确规定受益人可即期收汇，汇票贴现息和费用由申请人承担。在这种信用证项下，开证行根据申请人要求开出远期信用证，同时承诺即期付款。这样受益人提交远期汇票，开证行即期付款，或被指定银行凭相符单据即期向受益人支付汇票金额并凭以向开证行寄单索汇，开证行凭远期汇票即期向被指定银行付款，而开证申请人则到期偿付开证行并承担利息和费用。

可见，对受益人和被指定银行来说，假远期信用证除含有"远期信用证即期付款"的语句外，与即期信用证没有什么区别，他们对假远期信用证的执行、得到开证行偿付的时间以及在信用证项下的权利、义务和风险等都和即期信用证项下的有关情况完全相同。但是，对申请人而言，假远期信用证又与一般远期信用证类似，如果受益人提交的单证不符，他有权拒付，而在单证相符的情况下，申请人可先行取单提货，到期偿付开证行。而对于开证行来讲，该类信用证却既是即期又是远期。一方面，开证行对受益人出具的远期汇票无需承兑，也无需寄回，在对受益人即期付款后，开证行不会到市场上贴现流通以自己为付款人的汇票。另一方面，开证行即期付款时所用的是自有资金，在远期汇票到期时开证行才向申请人收回该笔资金及相应利息。因此，通过开立假远期信用证，开证行（或其他指定银行）实际上向进口商提供了一种灵活的资金融通方式，通过这种方式，开证行增加了中间业务收入，受益人即期得到了出口款项，而申请人则可以远期支付进口款项。

六、仓库提单抵押融资

在许多国家，公司出具的仓库提单也被看作产权凭证，具有法律效力，可凭以抵押融资。仓库提单分为可转让的和不可转让的两类，用作抵押的通常是不可转让的。不可转让的仓库提单是以贷款方的名义开立的，提单上详细记载有货物情况。当进口商准备出售货物时，银行会通知仓库出货，并将收到确认书一份。有时银行也授权仓库出货，并要求进口商归还一定比例的贷款或用销售收入替换抵押品。

在仓库提单抵押融资的过程中，银行面临的风险是不可否认的。因此，在叙做该融资业务时，银行应谨慎运作，并注意了解货物及市场的有关情况，关注进口商的资信及能力。

第十三章　国际保理和包买票据

国际保理和包买票据是新型的、具有结算与融资功能的国际贸易结算与融资业务。在国际贸易结算的方式逐渐朝着多元化方向发展的形势下，这两者起着越来越重要的作用。

第一节　国际保理业务

一、国际保理的含义和业务范围

国际保理（International Factiring）的全称是国际保付代理业务，简称保理。根据美国《商业律师》一书的解释：国际保理是在保理商与以赊销方式销售货物或提供服务的供货商之间存在的持续有效的安排。根据此安排，保理商对通过销售货物或提供服务所产生的应收账款给予如下服务：现金收购所有应收账款；保留销售分户账并提供有关应收账款的其他账务服务；收取应收账款；承担因债务人清偿能力不足而产生的坏账损失。在我国，国际保理也叫承购应收账款业务，它是指保理商从其客户（出口商）手中购进通常以发票表示的对债务人的应收账款，并负责信用销售控制、销售分户账管理和债权回收业务。也有观点认为保付代理是一项特殊的国际结算—融资业务，在该业务中，保理商经过资信调查，为短期赊销出口供货商提供信用管理、账务管理、坏账担保以及应收账款融资——在一定的信用额度内，用预付款方式向出口供货商购买经过核准的合格应收账款。

不论具体的文字表述怎样不同，各种解释却都包含了国际保理的业务范围及其对出口商的重要作用。

（一）销售分户账管理

销售分户账管理（Maintenance of the Sales Ledger）的具体做法是：保理商收到出口商提交的销售发票后，在电脑中设立分户账，输入必要的信息及参考数据，如债务人、金额、支付方式、付款期限等，然后由电脑进行自动处理，保理商可根据客户的要求，随时或定期提供各种数字和资料。由于保理商拥有完善的账户管理制度，先进的管理技术和丰富的管理经验，能够提供高效的社会化服务，因此，保理商对出口商销售分户账的管理是确保出口商正常经营和有利于出口商减少经营开支、提高经营效益的必要手段。

（二）债款回收

债款回收（Collection from Debtors）是一种技术性、法律性较强的工作，出口商往往因缺乏回收债款的技术而导致应收账款不能及时收回和资金周转不灵。而保理商则拥有专门的收债技术和知识，在保理业务项下，由保理商按照双方当事人事先商议的回收债款的方式、程序等代为回收债款，这有利于债款的及时收回，即使遇到了纷争，保理商也可以通过其专门的法律部门提供有效的服务。

（三）信用销售控制

对出口商而言，信用销售控制（Credit Control）是重要而困难的工作，而保理商则可以利用其独特的优势，如利用保理商联合会广泛的代理网络和官方或民间的咨询机构，通过现代化手段获取最新的动态资料，依据所掌握的客户资信情况的变化，对进口商的资信进行调查和评估，从而为出口商提供其客户的信用销售额度，进而将应收账款的风险降低到最低限度。

（四）坏账担保

出口赊销中难免遇到进口商拒付货款或无力付款的情况，因此对出口商而言，保理商提供的坏账担保（Full Protection Against Bad Debts）具有重要意义。不过，保理商并非无条件地提供100%的坏账担保，而是对已核准的应收账款提供100%的坏账担保。这就是说，只要出口商将销售控制在保理商核定的信用销售额度之内，就能有效地消除因买方信用而非产品的质量、服务水平、交货期等引起的贸易纠纷造成的坏账风险。

（五）贸易融资（Trade Financing）

保理商可以向出口商提供无追索权的贸易融资，而且手续方便，简单易行。出口商在发货或提供技术服务后，将发票通知保理商，即可获得一定额度的融资，这样就可以基本解决信用销售的资金占用问题。此外，保理商还可以向出口商提供保留追索权的短期贸易融资。

可见，由于保理商的有关服务，出口商不仅可以规避收汇风险、减少营业开支、降低经营成本、增加利润收入，而且拥有对客户提供赊销等优惠付款的条件，这有利于出口商增强竞争能力和扩大出口规模。就其基本特点来讲，国际保理是在赊销（O/A）或承兑交单（D/A）条件下常用的，集结算、管理、担保和融资为一体的综合性业务，同时它也是一种债权转让——应收账款转让。

另一方面，从进口商的角度讲，国际保理的积极作用也是十分突出的。在国际保理方式下，由于进口商能以赊账等方式与出口商达成交易，从而可以免交开证押金和有关的银行费用，并可以在收到货物甚至将货物出售后一定时间再行支付货款，这有利于进口商简化购货手续、规避风险、降低进口成本、加速资金周转和扩大经营规模。

不过，从保理商的角度讲，承办国际保理业务的风险是较大的，如果遇到进口商拒付或因破产无力偿付，保理商又无法对出口商行使追索权，这样保理商就难免遭受损失。也正因为如此，所以国际保理商的业务收费标准一般较高。

二、国际保理的当事人和种类

在国际保理业务中，基本的当事人有：出口商，即保理业务的委托人、被保理账款的债权人；进口商，即被保理账款的债务人；保理商，也就是保理业的被委托人，是直接或间接地为出口商（委托人）提供保理服务的银行或其他金融机构，分为出口保理商和进口保理商。出口保理商是在出口国直接为出口商提供保理服务的保理商，进口保理商是在进口国直接为出口商提供保理服务或作为出口保理商在进口国的代理商间接为出口商提供保理服务的保理商。

根据当事人不同和其他因素，可以将国际保理分为不同的种类。

（一）单保理和双保理

根据是否涉及进出口两地的保理商，国际保理分为单保理和双保理。单保理也被称为单保理机制（Single Factor System），是指仅仅涉及一个进口保理商或一个出口保理商的国际保理。双保理也叫双保理机制（Two-Factors System），是指涉及出口保理商和进口保理商，由出口保理商通过进口保理商共同为出口商提供保理服务的国际保理。

（二）公开保理和隐蔽保理

根据销售货款是否直接付给保理商，国际保理分为公开保理和隐蔽保理。公开保理（Disclosed Factoring）是指出口商必须以书面形式将保理商的参与通知给进口商，并指示进口商将货款直接付给保理商的保理方式。隐蔽保理（Undisclosed Factoring）是指不将保理商的参与通知给进口商，货款仍由进口商直接付给出口商的保理方式，在这种方式下，融资与有关费用的清算是在保理商和出口商之间进行的。目前，大多数的国际保理业务都属于公开保理。

（三）到期保理和预支保理

根据是否向出口商提供融资，国际保理分为到期保理和预支保理。到期保理（Maturity Factoring）是不提供融资的国际保理，它具体指保理商在票据到期后向出口商无追索权地支付货款的比较原始的保理方式。预支保理（Financed Factoring）也叫融资保理，是指保理商扣除融资利息和费用后立即以预付款方式无追索权地付给出口商80%左右的发票金额，其余20%于货款收妥后清算的比较典型的保理方式。

三、国际保理的业务程序

在不同的保理方式下，由于涉及的具体当事人和其他因素不同，国际保理的运作程序也不相同。这里仅以国际单保理和国际双保理为例，简要介绍国际保理的运作程序。

（一）国际单保理的业务程序

国际单保理的基本做法是：出口商与进口保理商签订保理协议，然后向进口保理商申请资信调查，并向其提交需要确定信用额度的进口商名单。在此基础上，进口保理商根据保付代理协议的要求对进口商进行资信调查，确定并向出口商通知信用额度；出口商与进口商签订贸易合同并在信用额度内发货，然后将有关发票和货运单据直接寄交进口商，将发票副本提交进口保理商或同时提出融资需求。进口保理商负责应收账款的管理和催收，并提供100%的买方信用风险担保。如果出口商有融资需求，进口保理商在收到发票副本后便以预付款方式提供一定额度的短期贸易融资，余款待收到进口商付款并扣除融资额及有关费用后转入出口商的银行账户。如果出口商没有融资需求，进口保理商则在进口商于应收账款到期日付款后将全部款项扣除费用后的余额转入出口商银行账户。

根据国际单保理的基本做法，可以将其业务程序以框图（图 13 – 1）表示如下：

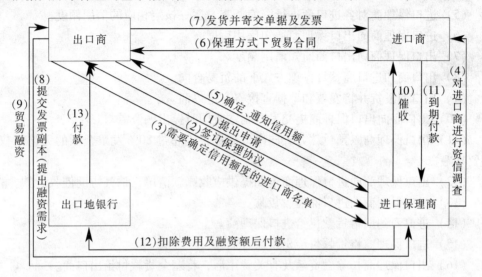

图 13 – 1　国际单保理的业务程序

（二）国际双保理的业务程序

国际双保理的业务程序如图 13 – 2 所示：

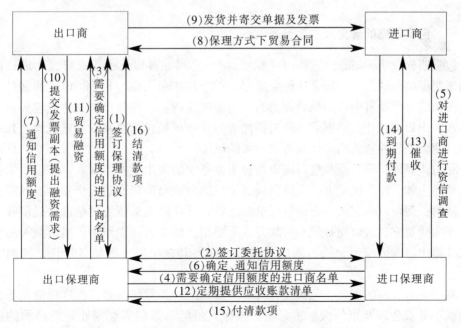

图 13 – 2　国际双保理的业务程序

（1）出口商与出口保理商签订保理协议。

（2）出口保理商与进口保理商签订委托协议。

（3）出口商将需要确定信用额度的进口商名单交给出口保理商。

（4）出口保理商将需要确定信用额度的进口商名单传送给进口保理商。

（5）进口保理商对各进口商进行资信调查，逐一核定相应的信用额度。

（6）进口保理商向出口保理商通知信用额度。

（7）出口保理商向出口商通知信用额度。

（8）出口商和进口商签订保理方式下的贸易合同。

（9）出口商发货并将发票和单据直接寄交进口商。

（10）出口商向出口保理商提交发票副本或同时提出融资需求。

（11）出口保理商以预付款方式向出口商提供不超过80%发票金额的无追索权短期贸易融资。

（12）出口保理商向进口保理商定期提供应收账款清单，请其协助催收货款。

（13）进口保理商向进口商催收货款。

（14）进口商到期将货款付给进口保理商。

（15）进口保理商将货款付给出口保理商。

（16）出口保理商扣除融资额及有关费用后，将剩余货款付给出口商。

第二节　包买票据业务

一、包买票据的含义及主要当事人

包买票据（Forfaiting）章译为"福费廷"，它是一种以无追索权形式为出口商贴现远期票据的金融服务。提供这种金融服务的主体叫包买商（Forfaiter），通常是出口商所在国的银行及有中长期信贷能力的其他金融机构。当其与出口商达成包买业务协议并购入出口商转让的票据后，包买商便成为该项延期付款交易的信贷机构，并承担向进口商分期收回货款的责任及与之相关的风险。

除包买商外，出口商和进口商也是包买业务中的两个主要当事人，是包买票据项下的贸易主体。作为供货方，出口商以延期付款方式与进口商达成交易，当其需要资金支持时，便可以向包买商申请包买票据融资，并在向包买商支付贴息后提前收回货款。作为购货方，进口商是延期付款方式下票据的债务人，当作为正当持票人的包买商向其提出付款要求时，进口商应无条件地履行其在票据上的债务责任，按期归还货款。

基于规避风险的需要，包买商有时只愿购入经过担保的票据，在这种情况下，包买票据业务就会涉及担保人。很显然，担保人虽然不是包买票据业务所必须的当事人，但担保人的担保作用对包买业务的顺利开展有重要意义。当进口商不能按期偿还货款时，担保人负有代其偿还货款的责任，在代进口商偿还货款后，担保人有权向进口商追索。

二、包买票据的业务程序

从一般的业务流程来讲，包买票据主要包括以下环节：

（一）询价

为了确保既能按时获得融资又不承担延期付款的利率损失，出口商必须在与进口商签订贸易合同之前就向包买商询价，以便在得到包买商的报价后将延期付款利率计入成本，提高出口报价。在向银行询价时，出口商需要提供的资料包括：合同金额、期限、币种；出口商简介、注册资本、资信材料、签字印鉴等；进口商详细情况；货款支付方式及结算票据的有关情况；开证行或担保行名称及其资信状况等；出口商品名称、数量及发运情况；有关进口国家的进口许可和支付许可。

（二）报价

包买商接到出口商的询价后，首先要分析进口商所在国的政治风险、商业风险和外汇风险，核定信用额度，然后审核担保人的资信情况、偿付能力、贸易的真实可靠性以及合同金额和期限是否能够接受。在各方面条件可以接受的情况下，包买商将根据国际包买票据市场的情况计算有关费用后作出报价。

（三）签订包买票据协议

出口商接受包买商的报价后，还需要与包买商正式签订包买票据协议，协议的内容主要包括：项目概况及债务凭证；贴现金额、货币、期限；贴现率及承担费率；有关当事人的责任与义务；违约事件及其处理等。

（四）签订贸易合同并发运货物

出口商在确定包买票据业务及成本后，便可以和进口商签订贸易合同，并在合同中约定以包买票据项下的延期付款方式结算货款。签订贸易合同后，出口商按照合同规定向进口商发运货物，取得经过承兑或担保的远期票据。

（五）交单

出口商背书已承兑或担保的远期票据并注明"无追索权"字样，然后将其连同其他单据一起在承诺期内提交给包买商。一般情况下，出口商需要提交的单据包括远期票据或其他应收账款债权凭证、提单副本、发票副本、合同副本、信用证或保函副本、出口商对其签字及文件真实性的证明、出口商债权转让函等。

（六）审单付款及到期索偿

包买商审核出口商提交的单据，经审核单据无误后向出口商付款。包买商在贴现付款时，应该将贴现款项汇到出口商指定的银行账户上，并向出口商提供一份贴现清单，列明贴现票据面值、贴现率、期限、承担费以及贴现后的净额，同时抄送进口方银行一份作为存档文件，以便在到期日索偿时作参考之用。付款之后，包买商将在付款到期日向付款人提示票据请求付款。

在实务当中，由于包买票据涉及的当事人或其他因素不同，其具体的业务程序也有所不同，以下分别是不涉及担保人（图13-3）、涉及担保人（图13-4）和采用远期信用证（图13-5）的包买票据业务的基本程序。

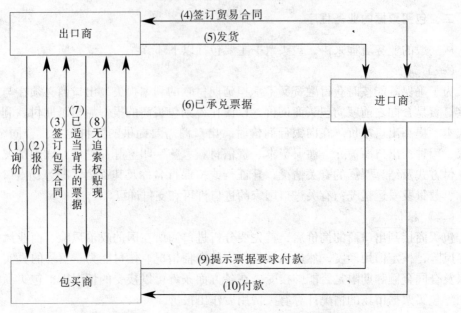

图 13-3　不涉及担保人的包买票据业务流程

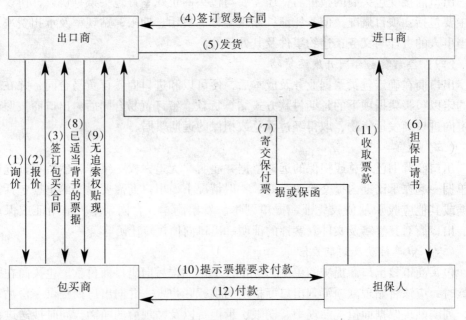

图 13-4　涉及担保人的包买票据业务流程

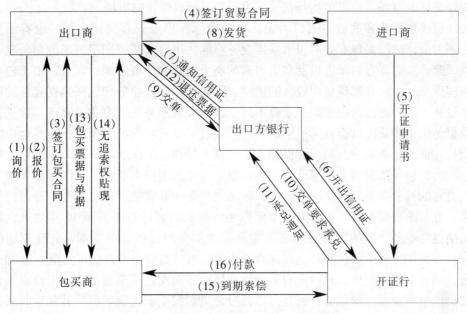

图 13-5　采用远期信用证的包买票据业务流程

三、包买票据业务的特点

从根本上讲，包买票据是包买商从出口商那里无追索权买断经过承兑或担保的远期票据或其他应收账款债权凭证的融资服务，属于票据贴现的范畴，这是其本质所在。具体分析，包买票据的特点主要有以下几点：

（一）包买票据业务要求有关票据或债权凭证必须是"清洁的"

包买票据业务中的票据或债权凭证必须是"清洁的"——既基于正常的贸易合同又独立于贸易合同，任何贸易纠纷都不影响债权人凭此凭证到期收款的权利。因此，包买票据业务通常都具有正常的贸易背景，属于贸易融资型包买票据。

（二）包买票据是无追索权的票据贴现

在包买票据项下，出口商必须放弃对所出售债权凭证的一切权益，包买商也必须放弃对出口商的追索权。通常情况下，出口商在背书转让债权凭证时会加注"无追索权"字样，并将收取款项的全部风险和责任转嫁给包买商。因此，包买票据是无追索权的票据贴现，在将贴现净额支付给出口商后，包买商作为正当的持票人可以于到期日要求付款人付款，也可以将票据转售他人，但是，当付款人拒付票款时，包买商却没有向出口商追索款项的权利。可见，包买票据与一般票据贴现有共同之处，但也有明显的区别，因为一般票据贴现业务中，贴现公司贴入票据后是享有追索权的。

（三）包买票据有二级市场

包买票据不仅有一级市场，还有二级市场，即存在包买票据市场，包买商买下的出口商的债权凭证可以在二级市场流通转让。一级市场是出口商和包买商之间进行包买债权交易的市场，二级市场是包买商进行包买债权转让的市场。

从包买票据业务的特点可以看出，它和国际保理业务有共同之处，也有明显区别。一方面，国际保理业务和包买票据业务都能使出口商获得固定利率的贸易融资和转移风险，从而都有利于进口商和出口商的资金周转和业务发展，而且，由于包买商和保理商一样，两者都要承担较大的风险，因此国际保理业务和包买票据业务的收费都比较高。另一方面，包买票据业务不同于国际保理业务的地方主要在于：首先，包买票据是包买商从出口商处无追索权的买断经过承兑或担保的远期票据或其他应收账款债权凭证的金融服务，而国际保理是集结算、管理、担保和融资为一体的综合性业务；其次，包买票据项下贸易商交易的对象主要是大型资本货物，而国际保理项下贸易商交易的对象多为普通货物；再次，包买票据业务通常需要出口商提交经过担保的票据，且其融资期限较长，一般在半年以上，最长的可达数年甚至 10 年之久，属于中长期融资业务，而国际保理业务通常不要求提交经过担保的票据，其融资期限较短，属于短期贸易融资；此外，在保理业务中，出口商最多可以获得发票金额 80% 的融资，同时承担与汇价、迟付等有关的一些风险，而在包买票据项下，出口商不仅可以按票面金额获得净额融资，而且可以通过无追索权卖断远期票据或其他应收账款债权凭证转移所有风险。

第十四章　出口信贷与出口信用保险

第一节　出口信贷概述

出口信贷作为支持一国出口贸易的重要金融工具，受到各国政府的重视。为了提高本国商品的国际竞争力，扩大世界商品市场份额，许多国家都竞相提供利率低、期限长、条件优惠的出口信贷。其主要做法是出口国成立专门的出口信贷机构（往往是官方性质的），通过向本国出口商或者国外进口商或进口商银行提供条件较为优惠的贷款，使本国出口商或国外进口商获得融资便利，从而达到鼓励本国产品出口的目的。

一、出口信贷的含义和特点

出口信贷是贸易信贷的一种。贸易信贷泛指为开展或支持国际贸易而进行的各种信贷活动，包括进口商和出口商相互间的资金或商品信贷活动，银行及其他金融机构、政府机构为支持国际贸易而进行的资金信贷活动，银行及其他金融机构为支持贸易信贷而进行的信用担保或融通活动，以及各国政府机构或银行等为支持本国出口而进行的出口信用保险活动等。

按照不同的标准，贸易信贷分为不同的类别。根据期限不同，贸易信贷分为短期信贷（1年以内）、中期信贷（1~5年）和长期信贷（5年以上）；根据提供信贷的主体不同，贸易信贷分为商业信贷和银行信贷；根据信贷是否以提供货币资金的方式进行，贸易信贷分为商品信贷和货币信贷，中长期贸易信贷一般均为货币信贷；根据贷款来源不同，贸易信贷分为出口信贷、国际金融组织贷款和国际商业银行贷款。在各种中长期贸易信贷中，出口信贷是最主要的类别，所以从狭义上讲，人们常将国际贸易中长期信贷称为出口信贷。

从基本内涵来讲，出口信贷是一个国家为了鼓励本国商品出口、扶持本国企业的海外经营，而由该国的出口信贷机构提供的信贷支持。正是由于这种信贷支持的目的在于扩大出口，所以被称为出口信贷。和其他的贸易信贷相比，出口信贷有以下特点：

（一）出口信贷所支持的一般是大型设备的出口

出口信贷的用途一般受到严格的限制，要求用于购买贷款国生产的大型设备，其目的在于通过一国的出口信贷机构直接向本国出口商或外国进口商（或其银行）提供贷款，以解决本国出口商资金周转的困难，或满足国外进口商对本国出口商支付货款的需要，进而提高本国大型设备的国际竞争能力，扩大出口。

（二）出口信贷具有贷款金额大、条件较优惠的特点

大型机械设备具有产品价值高、交易金额大的特点，因此与之相适应的出口信贷一般都有最低起点限额，而没有最高限额。同时，由于大型机械设备制造在各国经济发展中具有重要意义，加强其出口对一国的生产与就业影响极大。为了加强本国机械设备的竞争能力，削弱竞争对手的势力，许多国家竞相鼓励本国金融机构对本国出口商或外国进口商，或进口国的银行提供利率相对固定且较低、期限较长的优惠贷款。

（三）出口信贷常与出口信用保险结合使用

出口信贷是以出口信用保险为基础的，是保险与银行融合在一起的一种便利。由于出口商和进口商所在国的政治、经济环境不同以及这些环境的不断变化，每一笔交易都存在着许多潜在的风险，加之出口信贷贷款金额大，信贷期限长，鉴别风险难度大，所以这类交易的风险程度更高，特别是在银行直接向国外借款人提供贷款时，银行存在着较大的风险。对于这些风险，非官方的保险公司一般不愿提供保险。为了减少银行发放中长期信贷的后顾之忧，保证其贷款资金的安全，这就需要官方出口信贷保险机构来提供出口信用保险。

（四）出口信贷是政府干预经济生活的重要手段

为了支持出口，许多国家都积极地制定政策，参与信贷资金，特别是中长期信贷资金的管理与分配，这样，政府不仅是信贷政策的制定者，还是信贷成本的干预人，通过政府在出口信贷业务中的决定性作用，出口信贷成了国家垄断资本参与世界贸易、扩大市场份额、争夺销售市场的一种融资手段。

二、政府的出口信贷机构及其作用

为了充分发挥政府在出口信贷中的作用，世界上大多数国家都成立了专门的出口信贷机构，如进出口银行、出口信用保险或担保机构等。其中，在不少国家是由进出口银行扮演了官方出口信用机构的角色，日本国际协力银行、韩国输出入银行及印度进出口银行都是管理水平较高、运行效率较高，较好地支持了本国商品的出口，扶持了本国企业向外扩张，较好地兼顾了政策性与效益性的统一的官方出口信贷机构。

韩国输出入银行成立于1976年，是由韩国政府、韩国中央银行和国内其他金融机构共同出资建立的出口信用机构，该行通过向韩国政府和金融机构借款及发行金融债券来筹措经营所需资金，其中，来源于韩国政府的借款占全部资金来源的半数以上，这主要是因为政府借款的利率比金融机构的借款利率低。利用低成本筹措的资金，韩国输出入银行向出口商提供低利率贷款，有力降低了韩国出口商的融资成本，增强了企业的出口竞争力，为韩国经济摆脱亚洲金融危机做出了积极的贡献。

日本国际协力银行是由原日本输出入银行和日本海外经济协力基金于1999年合并而成的、集出口信用和发展援助业务为一体的政策性金融机构。与韩国输出入银行一样，该行的资金大部分来源于政府借款。日本国际协力银行及其前身在成立之初，主要是为船舶、车辆、成套设备等出口项目提供长期信贷。在日本国内资金比较紧张且利率水平较高时，日本输出入银行一直以非常优惠的利率条件为船舶、车辆、成套设备的出口提供长期信贷，

为支持出口发挥了积极作用。后来，特别是在泡沫经济过后，日本产业政策的重点逐步由单纯出口导向转向海外投资，日本国际协力银行综合采用出口信贷与境外投资贷款、对外发展援助贷款相协调的方式，为日本培植海外市场和资本输出服务。

我国于 1994 年设立了专门的官方出口信贷机构即中国进出口银行，该行是直属国务院领导的、政府全资拥有的国家出口信用机构。中国进出口银行的主要职责是贯彻执行国家产业政策、外经贸政策和金融政策，为促进我国机电产品和高新技术优势企业"走出去"，促进对外经济技术合作与交流提供政策性金融支持。中国进出口银行是我国外经贸支持体系的重要力量和金融体系的重要组成部分，目前已成为我国机电产品、高新技术产品出口和对外承包工程及各类境外投资的政策性融资主渠道、外国政府贷款的主要转贷行和中国政府对外优惠贷款的承贷行，为促进我国开放型经济的发展发挥着越来越重要的作用。

通过主要出口信贷机构办理出口信贷业务，再加上其他政府部门如财政部、中央银行等的适当配合，政府在出口信贷中担当了保险人、贷款人、补贴者等多重角色。作为保险人，政府普遍提供官方支持的、主要由出口信贷机构办理的、对中长期政治风险的保险，承保保单最终受益人在出口业务中因政治原因而造成的损失。作为贷款人，政府通过其出口信贷机构、中央银行或其他政府机构直接向出口商、进口商或进口商银行提供长期固定利率贷款，以支持大宗产品的出口，并向贷款给出口商的商业银行提供票据贴现等再融资业务，或由出口信贷机构担保商业银行贷款。作为补贴者，政府在出口信贷的固定利率低于浮动利率时，承担着利率亏损补贴。

三、出口信贷与国际协定

和国际贸易短期信贷相比，出口信贷还有一个突出特点，即国际贸易短期信贷不受某些国际协定的约束，而出口信贷则受有关国际协定如"君子协定"、WTO《补贴与反补贴措施协定》的约束。

"君子协定"是一个正式协定，但它并没有强制性的约束力，其效力来源于各参加国在道义上的承诺，因此它被称作"君子协定"。"君子协定"是经合组织成员国在出口信贷领域竞争与协调的结果。早在 20 世纪 50 年代和 60 年代，随着大宗交易尤其是造船业对长期信贷的需求大量增加，每个国家都极力以较低的利率和较长的信贷期限为本国的出口商提供优惠贷款，以此支持本国出口商扩大出口，以至在各国之间引发了一场信贷战。由于信贷战的危害，各国政府开始试图在出口信贷领域寻求合作与协调。伯尔尼联盟（Berne Union）最早提供有关出口信贷问题的讲坛，但其作用十分有限。从 20 世纪 60 年代起，经济合作与发展组织开始处理出口信贷事务，以协调各成员国的出口信贷政策。1963 年，经合组织成立了处理出口信贷和出口信贷保险事务的永久性工作小组。1969 年，在经合组织的协调下，13 个国家签订了对造船业融资的有关条件的协议，包括最长贷款期限为 8 年，最低贷款利率为 6%，最低定金为20% 的规定。参加该协议的国家的造船量占整个经合组织国家造船总量的 96%。到了1975 年，各国都为促成一个更广泛的国际协定而努力，1976 年 6 月，6 个主要国家通过了单方面声明，宣布达成"一致意见"（Consensus），从而奠定了"君子协定"的雏形。在 1976—1977 年间，"一致意见"被大多数经济合作与发展组织成员国所接受，到 1978 年 2 月，"君子协定"得以出笼。

"君子协定"的全称是"关于官方支持的出口信贷指导原则的安排"（Arrangement on Guidelines for Officially Supported Export Credit），它规定了各参加国在为两年以上的出口货物提供官方支持时所能给予的最优惠条件。近些年来，"君子协定"的自身运行机制不断得到改进，对参加国执行纪律和增加透明度的要求越来越高，这使得"协定"的效力进一步得到了保证。现在，参加"君子协定"的国家基本上按"君子协定"办理出口信贷业务，一些没有参加"君子协定"的国家在办理出口信贷业务时也往往参照"协定"行事。

可见，在相当程度上，出口信贷的贷款条件（Terms and Conditions），诸如利率、偿还期、宽限期等，不是由市场决定的，也不是由各国政府独自决定的，而是由经济合作与发展组织的"君子协定"所规定的。例如，在支付条件方面，"君子协定"规定其参加国的出口信贷机构可以对合同金额的 85% 提供融资，合同金额的 15% 必须在起始日或起始日之前直接以现金方式支付给出口商；在信贷期限方面，协定规定出口信贷是指期限在 2 年以上 10 年以下的贸易信贷，人均国民收入超过 4715 美元的"一类国家"最长信贷期限为 8.5 年，人均国民收入在 4715 美元以下的"二类国家"最长信贷期限为 10 年，并要求出口信贷的本金和利息最长每 6 个月偿还一次，而且最长在起始日之后 6 个月应进行第一次还款；在利率方面，协定要求出口信贷利率应统一采用商业参考利率（CIRR）。"君子协定"还要求，各国在提供出口信贷时的信贷条件只能低于或等于"君子协定"规定的条件。

除"君子协定"外，WTO 的《补贴与反补贴措施协定》对出口信贷也有约束作用，在不违背 WTO 规则的前提下，出口信贷是 WTO 许可的出口促进措施。《补贴与反补贴措施协定》规定，补贴是指成员方政府或任何公共机构直接或间接地向产业、企业提供的，并由此而授予产业、企业各种利益的财政资助（如赠款、贷款、投股）或潜在的资金、债务的直接转移（如贷款担保）。这类补贴分为不可诉补贴、可诉讼补贴和禁止性补贴，其中，禁止性补贴是指禁止一国政府给予或者予以维持的补贴行为，主要包括出口补贴和进口替代补贴。出口补贴指在法律上或事实上以出口实绩（出口额、出口创汇额等）为条件而给予的补贴。如果法律明确规定补贴的提供是以出口作为唯一条件或多个条件之一，或补贴事实上是与实际出口等联系在一起的，都属于出口补贴。

根据《补贴与反补贴措施协定》附件 1——《出口补贴例示清单》第 K 条规定，政府（或政府控制的/根据政府授权活动的特殊机构）给予的出口信贷，利率低于使用该项资金所实际应付的利率（或为获得相同偿还期和其他信贷条件，且与出口信贷货币相同的资金而从国际资本市场借入时所应付的利率），或出口商及其他金融机构为获得信贷所产生的全部或部分费用，保证在出口信贷方面能获得实质性的优势，便构成典型的出口补贴；但是，如果一成员属一官方出口信贷的国际承诺的参加方，且截至 1979 年 1 月 1 日至少有 12 个本协定创始成员属该国际承诺的参加方（或创始成员所通过的后续承诺），或一成员实施相关承诺的利率条款，则符合这些条款的出口信贷做法不得视为本协定所禁止的出口补贴。可见，官方出口信用机构作为政府直接或间接支持的政策性金融机构，必须遵守《补贴与反补贴措施协定》。

因此，在国际贸易及其融资活动越来越受国际规则约束的当今形势下，在 WTO 框架下，我们应认真研究有关出口信贷的国际规则，并充分利用规则给予的运作空间，制定既不构成禁止性补贴或违背其他国际规则，又能有效鼓励、扩大出口的出口信贷政策。

第二节　出口卖方信贷和出口买方信贷

根据贷款的接受者不同，出口信贷分为出口卖方信贷和出口买方信贷。在这两种具体方式下，出口信贷的运作程序是不同的。

一、出口卖方信贷

（一）出口卖方信贷的含义及业务程序

出口卖方信贷是指出口商所在国的银行为了支持出口商在出口贸易中以延期付款的方式出口大型设备等而向出口商提供的中长期优惠信贷。在各国出口信贷发展的初级阶段，出口卖方信贷往往占有很大比重，在扩大出口中起着重要作用。

根据出口信贷的基本原理，实践中，出口卖方信贷运作的基本业务环节是（如图14 - 1 所示）：

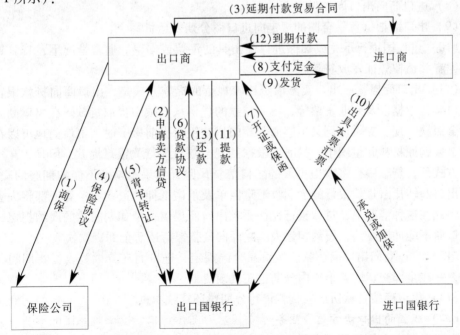

图 14 - 1　出口卖方信贷的基本业务流程

（1）出口商向当地保险公司询保，将保险费用计入成本。

（2）出口商向出口国银行申请出口卖方信贷。出口商在正式签订贸易合同之前，应该先与银行联系，提出申请，报告出口项目的有关事项，提供合同草本、卖方信贷申请报告、国内收购合同草本、出口企业工商执照、近三年的会计报表、将要确定的付款金额及期限、出口商向保险公司投保收汇险的有关情况等，供出口国银行审核，以便得到银行的确认。

（3）贸易合同的有关条款得到贷款银行确认后，出口商与进口商签订延期付款方式下的贸易合同。在贸易合同中，一般要求进口商于签约后一定期限内预付15%～20%的现汇定金，其余80%～85%的款项在交货时由进口国银行签发或承兑若干张不同到期日的本票或汇票，分期偿还。

（4）出口商投保出口中长期延期付款收汇险。

（5）出口商征得保险公司的同意后将延期付款收汇险的保险单背书转让给贷款银行，如果发生损失，贷款银行将得到保单上80%～90%的赔付，其余10%～20%的风险将由出口商承担。

（6）出口商与出口国银行签订出口卖方信贷协议。出口卖方信贷协议与出口贸易合同必须协调一致，出口贸易合同中规定的定金的比例、延期付款的次数、每次延付的金额以及最长延付期，在出口卖方信贷贷款协议中将以定金要求、付款方式、付款期限等条款表示。同时，在协议中，出口商将同意把合同项下的远期收汇权益抵押给贷款银行。

（7）进口国银行向出口商开立信用证或保函。

（8）进口商向出口商支付定金。

（9）出口商根据贸易合同的规定向进口商分期发运货物。

（10）进口国银行承兑或加保进口商出具的汇票或本票。通常情况下，贷款银行要根据有关债权凭证发放贷款。

（11）出口商提款。出口卖方信贷比较规范的提款方式是，出口商向贷款银行提交出口装运单据以及商业发票等，按照贷款的比例从贷款中提取货款。在出口商因自有资金短缺、现金支付比例又不够而需要向贷款银行提前融资时，出口商也可以在收妥定金采购原材料并组织生产的时候根据其现金缺口向贷款银行提款。但是，在这种提款方式下，贷款银行将承担更大的出口信贷风险，如果出口商不能如期履约交货，那么出口商转让给贷款银行的远期收汇险保单及承诺抵押的远期收汇凭证都将失去意义。因此在这种情况下，贷款银行往往要求出口商提供一个如期履约的履约担保，如果出口商不能如期履约，履约担保人应立即向贷款银行还清全部贷款款项。

（12）进口商向出口商还款。按贸易合同规定，进口商在分批验收货物期间分期付款，并在全部交货后若干年内分期偿还其余货款。

（13）出口商按贷款协议向贷款银行分期偿还贷款本息。

（二）我国的出口卖方信贷业务

由于出口卖方信贷是政府用于支持本国产品出口的融资方式，因此要申请使用出口卖方信贷，国际上一般都要求申请者必须具备一定的条件。在我国，出口卖方信贷的有关要求是根据"君子协定"的规定并结合我国实际提出的，其基本目的是为了贯彻国家的产业政策和外贸政策，具体业务主要由中国进出口银行承办，中国进出口银行在货物出口卖方信贷方面的业务品种主要有一般机电产品出口卖方信贷、高新技术产品出口卖方信贷、设备出口卖方信贷、船舶出口卖方信贷等。

1. 一般机电产品出口卖方信贷

根据有关规定，凡是在我国工商行政管理部门登记注册，具有独立法人资格，并具有一般机电产品出口经营权的企业，均可申请一般机电产品出口卖方信贷。在该项业务中，贷款金额通常根据借款人出口一般机电产品的资金需求核定，贷款期限根据借款人出口状况、经营管理能力和资信状况确定。

一般机电产品出口卖方信贷特别适合那些单笔出口、合同金额小、合同批次多、合同执行期短、累计出口量大的机电产品出口企业。在具体申请时，申请者应具备以下条件：①借款人经营管理、财务和资信状况良好，具备偿还贷款本息的能力；②出口产品属于国家有关部门认定的机电产品；③借款人一般机电产品年出口额达到500万美元；④提供货款银行认可的还款担保和必要的其他条件。

2. 设备出口卖方信贷

设备出口卖方信贷是对我国企业出口成套设备、单机及对外提供相关技术服务项目所需资金提供的本、外币贷款。根据有关规定，凡在我国工商行政管理部门登记注册，具有独立法人资格，并具有成套设备和机电产品出口经营权的企业，均可申请设备出口卖方信贷，用于收购或生产出口设备及运输、管理等相关环节所需资金。设备出口卖方信贷按照项目的现金流量测算，通过编制现金流量表核定贷款金额，原则上不超过出口合同金额的85%。在项目执行过程中，如果需要增加必要的资金，可申请追加贷款。设备出口卖方信贷的贷款期限根据设备出口合同执行期和收汇进度确定。贷款批准后，货款银行与借款人、担保人签订有关合同，办理抵（质）押以及保险权益转让等有关手续。

在具体操作中，设备出口卖方信贷的申请者应具备以下条件：①设备生产和代理出口企业具备相应的生产能力和出口合同的履约能力，借款人经营管理、财务和资信状况良好，具备偿还贷款本息能力；②出口合同已经签订，必要时需经国家有权审批机关批准；③出口合同金额不低于100万美元，进口商支付的预付款比例原则上不低于合同金额的15%；④延期付款的项目，延期支付部分应提供货款银行认可的支付保证；⑤进口商经济实力强，资信好，无不良记录；⑥对收汇风险较大的项目，应按要求投保相应的出口信用险；⑦提供货款银行认可的还款担保和必要的其他条件。

此外，在申请设备出口卖方信贷时；申请者应提交以下资料：①借款申请书；②设备出口合同及必要的国家有权审批机关批准文件；③已收到的进度款收结汇水单，应收进度款的支付保证，延期付款项目中延期支付部分的支付保证；④出口项目现金流量表及经济效益分析；⑤出口信用保险承保意向性文件（如需投保出口信用险）；⑥借款人出口经营权资格证书，借款人及担保人的基本情况介绍，经年检的营业执照副本，近3年经审计的财务报告及本年近期财务报表，其他表明借款人及担保人资信和经营状况的资料；⑦还款担保意向书，采取抵（质）押担保方式的须出具有效的抵押物、质物权属证明和价值评估报告。

3. 高新技术产品（含软件产品）出口卖方信贷

高新技术产品（含软件产品）出口卖方信贷是对我国企业的高新技术产品出口所需资金提供的本、外币贷款。凡在我国工商行政管理部门登记注册，具有独立法人资格，并具有高新技术产品出口经营权的企业，均可申请高新技术产品出口卖方信贷。高新技术产品出口卖方信贷金额根据借款人出口高新技术产品资金需求核定，贷款期限根据借款人出口状况、经营管理能力和资信状况确定。贷款批准后，贷款银行与借款人、担保人签订有关合同，办理抵（质）押等有关手续。借款人须严格按借款合同的规定使用贷款，不得挪作他用，在借款合同规定的期限和最高限额内，对符合条件的借款人，经银行同意，贷款可以循环使用。

在申请高新技术产品出口卖方信贷时，申请者应具备以下条件：①借款人经营管理、财务和资信状况良好，具备偿还贷款本息的能力；②出口产品属于国家有关部门认定的高新技术产品；③借款人高新技术产品年出口额达到300万美元，或软件产品年出口额达到100万美元；④提供贷款银行认可的还款担保和必要的其他条件。

此外，在申请高新技术产品出口卖方信贷时，申请者应提交以下资料：①借款申请书；②借款人出口经营权资格证书，借款人及担保人的基本情况介绍，经年检的营业执照副本，近3年经审计的财务报告及本年近期财务报表，其他表明借款人及担保人资信和经营状况的资料；③借款人近3年高新技术产品出口情况，当年出口计划及已签订的部分出口合同；④还款担保意向书，采取抵（质）押担保方式的须出具有效的抵押物、质物权属证明和价值评估报告。

4. 船舶出口卖方信贷

船舶出口卖方信贷是对我国企业出口船舶和改装、修理国外船舶项目所需资金提供的本、外币贷款。贷款金额按照项目的现金流量测算，通过编制现金流量表核定。在项目执行过程中如增加必要的资金需求，可申请追加贷款，贷款期限根据船舶出口合同执行期和收汇进度确定。

根据有关规定，凡在我国工商行政管理部门登记注册，具有独立法人资格，并具备出口船舶建造能力或船舶修理资质的生产企业和具有船舶出口和国外船舶改装经营权的企业，均可申请船舶出口卖方信贷，其具体条件是：①船舶建造和代理出口企业具备相应的建造能力和出口合同的履约能力，借款人经营管理、财务和资信状况良好，具备偿还贷款本息能力；②船舶出口合同或国外船舶改装、修理合同已经签订；③延期付款的项目，预付款比例原则上不低于合同金额的20%；④进口商经济实力强，资信好，无不良记录；⑤对收汇风险较大的项目，应按要求投保相应的出口信用险；⑥提供贷款银行认可的还款担保和必要的其他条件。

此外，在申请船舶出口卖方信贷时，申请者还应提交以下资料：①借款申请书；②船舶出口合同及相关资料；③已收到的进度款收结汇水单，应收进度款的支付保证，延期付款项目中延期支付部分的支付保证；④出口项目现金流量表及经济效益分析；⑤出口信用保险承保意向性文件（如需投保出口信用险）；⑥借款人出口经营权资格证书，借款人及担保人的基本情况介绍，经年检的营业执照副本，近3年经审计的财务报告及本年近期财务报表，其他表明借款人及担保人资信和经营状况的资料；⑦还款担保意向书，采取抵（质）押担保方式的须出具有效的抵押物、质物权属证明和价值评估报告。

二、出口买方信贷

（一）出口买方信贷的含义及主要业务环节

出口买方信贷是一国银行或金融机构向进口商或进口商的银行提供贷款，以便进口商能用这笔贷款通过支付现汇的方式从贷款国进口商品的贸易融资业务。和出口卖方信贷一样，出口买方信贷的目的仍然在于提高本国产品的竞争力，扩大产品出口。随着出口信贷的发展，出口买方信贷、特别是出口国银行将款项贷给进口商银行的买方信贷形式，逐渐成为了各种出口信贷形式中使用较广的方式。其主要业务环节是：

1. 出口商申请出口买方信贷意向

在大型成套设备出口交易中，要求附带出口买方信贷意向的项目越来越多，有时侯，在一些非公开投标项目谈判的初步阶段，进口国业主也要求出口商表明有银行对项目提供买方信贷的支持。因此，银行能否及时出具一般性或较详细条款的出口买方信贷意向书对出口交易的成功有重要意义。为了获得银行出具的出口买方信贷意向书，出口商必须首先向银行申请出口买方信贷意向。

在考虑出具买方信贷意向书，银行需要对项目各方情况有一个比较全面的了解，因此，在受理申请时，银行一般要求出口商提供申请出口买方信贷意向的书面申请、近两年的资产负债表及损益表等财务报表、有关部门对出口项目的批准文件、出口项目的可行性研究报告或经济分析报告、出口项目的商务合同草本、出口企业与国内生产企业或供货单位签订的供货合同草本、银行认为有必要提供的其他文件和资料等，并填写"出口买方信贷申请表"。

2. 出口商申请担保意向

在一定程度上，出口买方信贷是以出口买方信贷担保为前提的，因此出口商在向银行申请出口买方信贷意向书的同时应该向保险机构申请担保意向，并与保险机构签订保费协议，再由保险机构与贷款银行（出口国银行）签订出口信用担保协议。

3. 银行出具贷款意向书

银行对出口商提供的有关资料进行审核并对项目各方以及国别风险进行调查后，如果初步认为项目符合国家政策、贷款原则和具有还款保证，或是具有特殊的国家利益，银行将向出口商出具贷款意向书，以便出口商投标或进一步开展商务谈判。

4. 银行参与合同条款的谈判

银行在向出口企业出具初步贷款意向书后，应尽早参与出口合同条款的谈判，并与有关方面就贸易合同中收取定金的比例以及合同总价款、支付方式和国内结算银行的确定等，做好贸易合同和借款合同之间的衔接工作。一般情况下，出口买方信贷的贷款金额为合同总价的85%，其余15%为定金，至于出口合同中的支付方式，则涉及买方信贷协议中的提款方式，因此需要贷款银行提前参与制定。

5. 进口商或进口国银行向贷款银行提出借款书面申请并与贷款银行签订出口买方信贷协议

对已经确定使用出口买方信贷方式的贸易合同，在进出口双方商谈贸易合同的同时，进口商或进口国银行应该向贷款银行提出借款书面申请并与贷款银行签订出口买方信贷协议。信贷协议的内容包括签订协议的原因、目的、时间、金额、提款条件及方式、利率与利息条款、还本计划、借款人的陈述与保证、违约事件、协议的签订者等，信贷协议必须同出口合同、担保协议、保险协议等相互协调，对于各项基本信贷条件，如贷款金额、利率、还款期等等，通常由有关当事人进行讨价还价的谈判后决定。借款合同正式签署后，贷款银行将书面通知出口商，同时要求借款人在贷款银行开立贷款账户。

6. 借款人提交贸易合同给贷款银行认可

在出口买方信贷贷款协议签订后，借款人需要提交贸易合同给贷款银行认可。贸易合同可在贷款协议之前、同时或之后签署，但无论如何该贸易合同的有关条款都必须获得贷款银行的认可。

7. 提款

一般情况下，提款是指借款人按照贷款协议规定支取贷款的行为。但是，在出口买方信贷中，提款的内涵比较特殊，且提款一般要与贸易项下的信用证结合。通常情况下，贷款银行同意在信用证上明确被指定为偿付行，开证行向偿付行提供一份付款授权，然后由出口商而不是借款人提款。提款的程序是：

（1）出口商按合同及信用证要求按时发货。

（2）出口商将信用证以及有关装运单据、保险单据、商业发票等交给出口地银行。

（3）出口地银行审查单证，在单证相符、单单相符的条件下将全套单据寄给开证行，同时根据信用证要求向贷款银行请求偿付。

（4）贷款银行根据开证行的付款授权按时对出口地银行付款；贷款银行一旦付款给出口地银行，就视为借款人已经提款。

（5）出口地银行将款项支付给出口商。

这是比较常用的一种提款方式，另外还有一种不需开立信用证，而是采用主动借记的提款方式，即借款人直接授权贷款银行，凭出口商提交的有关单证直接对出口商支付，该项支付将被视为贷款协议项下的提款。

8. 贷款的偿还

贷款是由借款人按照贷款协议的规定按期偿还的。一般情况下，贷款协议都根据出口买方信贷的惯例规定贷款本金每6个月等额偿还一次，贷款利息每6个月偿还一次。对于一次提款的贷款，本金偿还日和利息偿还日是重叠的，但对于多次提款的贷款,两者往往不一致,此时就需要调整付息日期,使其与还本日期一致。

(二) 出口买方信贷的具体程序

根据出口国银行是将款项贷给进口商还是进口商银行,出口买方信贷具体又分为出口国银行向进口国银行贷款和出口国银行直接向进口商贷款两种形式,由于这两种形式下贷款的直接接受者不同,因此其具体的操作也有所不同。

1. 出口国银行向进口国银行贷款的出口买方信贷

这种方式的大体做法是出口国银行先将款项贷给进口国银行,再由进口国银行向进口商转贷,然后进口商用该笔贷款向出口商进行现汇支付。其具体程序如图 14 - 2 所示:

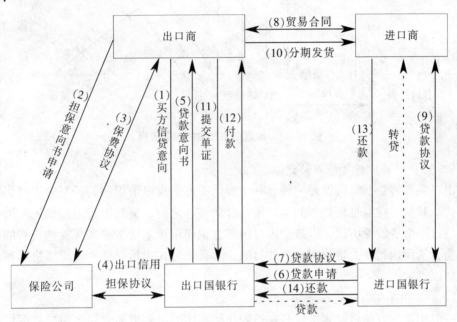

图 14 - 2　向进口国银行贷款的业务流程

2. 出口国银行向进口商贷款的出口买方信贷

这种方式的大体做法是由出口国银行与进口商直接签订贷款协议,出口国银行向进口商提供贷款,进口商用贷款以现汇结算的方式购买贷款国的商品。这种方式一般都要求有认可的进口国银行提供还款担保,并将担保协议作为贷款协议的一个附件,如果进口商到期不能还本付息,该银行将替进口商偿还贷款本息。另外,出口商还应向保险公司投保出口信用险,受益人为贷款银行,如果借款人到期不能或无力偿还到期贷款本息,保险公司将负责赔付。因此出口商同样要与保险公司签订保费协议,保险公司与贷款银行签订出口买方信贷担保协议。其具体程序如图 14 - 3 所示:

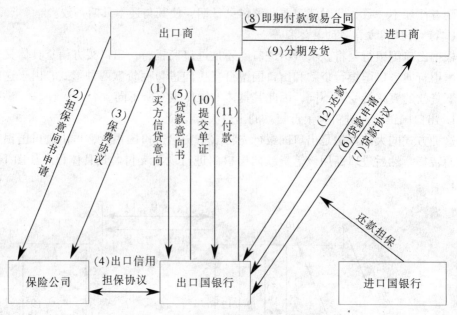

图14-3 向进口商贷款的业务流程

（三）出口买方信贷框架协议

出口买方信贷框架协议是一种有利于简化买方信贷申请程序的新型的出口买方信贷形式。其基本特点是在具体的出口贸易合同签订之前，贷款银行通过预先与进口国银行签订一个一般性协议，以鼓励进口国有意识使用该笔贷款来购买提供贷款的国家的货物，从而达到扩大贷款国出口的目的。其具体形式包括一般用途框架协议和项目框架协议。

1. 一般用途买方信贷框架协议

一般用途买方信贷框架协议是在签署任何具体的出口贸易合同之前贷款国银行与进口国银行签署的贷款协议，该贷款协议中规定了可以使用的贷款总金额、贷款期限、还款方式、利率的规定原则和利息的计算及其他具体的信贷标准条款，但是对出口项目并没有具体的规定，只是规定了可以使用该贷款的项目的条件，即借款人只有向贷款银行提交符合框架协议中条件的项目并经贷款银行批准后，才能够被纳入该出口买方信贷框架中使用该项贷款。

一般用途买方信贷框架协议的特点在于，借款人一般是银行，贷款通常由借款银行转贷给进口商；框架协议中可以纳入多个不同进出口商的贸易合同。

2. 项目出口买方信贷框架协议

项目出口买方信贷框架协议是借款人与贷款银行签订的，对某个具体项目中的每一个贸易合同都适用的总体框架协议。这种出口买方信贷框架协议适用于进口商就某个具体项目与贷款国的几家出口商签订贸易合同、不同的出口商只独立负责项目的某个不同部分的情况。按照传统的做法，当进口商就某个具体项目分别与贷款国的几家出口商签订贸易合同时，每一个独立的贸易合同都需要由一个独立的融资协议来支持，这样往往会因为程序烦琐而导致诸多不便。在项目出口买方信贷框架协议方式下，借款人只需与贷款银行签订一个总的框架协议，该协议对特定项目中的每一个贸易合同都适用，这样就可简化融资程序，给各方当事人提供便利。与一般用途买方信贷框架协议相比，项目出口买方信贷框架协议的特点是：借款人可以是银行，也可以是进口商；框架协议中可以纳入多个出口贸易合同，但这些出口贸易合同都是为了同一个具体项目，也就是说，多个出口合同的进口商往往是同一个人。

（四）我国的出口买方信贷业务

出口买方信贷是反映一国国别政策的融资业务，因此各国的有关规定也有差异。在我国，出口买方信贷主要用于支持机电产品、大型成套设备等资本性货物以及船舶、高新技术产品和服务的出口等。中国进出口银行成立以来，始终把支持船舶出口作为业务重点，积极运用出口信贷、对外担保等多种政策性金融工具支持船舶出口，如 2002 年 4 月中国进出口银行为挪威温特盖斯有限公司提供 3236 万美元的出口买方信贷，用于该公司购买中国沪东中华造船（集团）有限公司建造的两艘一万立方米液化石油气船。

从贷款的申请条件来看，借款人必须是由贷款银行认可的、资信良好和具有偿还全部贷款本息及支付相关贷款费用的能力的进口商或银行、进口国财政部或其他政府授权的机构；出口商必须是独立的企业法人，具有中国政府授权机构认定的实施出口项目的资格和具备履行商务合同的能力；出口的货物必须是出口买方信贷支持范围内的机电产品和成套设备等，出口船舶的中国成份不低于 50%、普通机电产品的中国成份不低于 70%；贸易合同必须经贷款银行审查认可、合同金额在 200 万美元以上且进口商以现汇支付的定金比例一般不低于合同金额的 15%（船舶项目不低于合同金额的20%）。此外，贷款银行还要求借款人提供可接受的还款担保，必要时提供进口国国家主权级担保；贷款货币为美元或贷款银行认可的其他货币；贷款利率可参照经济合作与发展组织（OECD）公布的商业参考利率执行固定贷款利率，特殊情况可由借贷双方协商确定；借款人须向贷款银行支付管理费、承担费和风险费等贷款费用。

在申请和审批贷款方面，有关规定要求借款人必须正式向贷款银行提出使用买方信贷的书面申请，并提交商务合同草本或意向书、招投标文件、项目可行性分析报告及有关审批文件；借款人、保证人、进口商、出口商的资信材料及有关证明文件；借款人、保证人的财务报表，以及贷款银行要求的其他材料。贷款银行按规定程序审查借款申请材料，确认借款人、保证人资格，确定信贷条件，进行贷款项目的评估和审批。贷款批准后，贷款银行与借款人签订贷款协议，保证人向贷款银行出具还款担保函。然后，贷款银行将根据贷款协议规定发放贷款，借款人则必须根据贷款协议规定支付有关贷款费用，偿还贷款本金和利息，贷款本金每半年等额偿还一次，利息每半年支付一次。

三、出口卖方信贷与出口买方信贷的比较

出口卖方信贷和出口买方信贷都是为了解决出口商由于进口商不能立即付款而造成的资金短缺问题，从而达到鼓励出口的目的。但是，由于出口卖方信贷是由银行把款项贷给出口商，以解决采用延期付款方式造成的出口商前期资金短缺问题，其贷款银行和借款出口商都在同一国家，操作起来相对简单方便，而出口买方信贷则是由银行把款项贷给进口商或进口商所在国的银行，以满足进口商用现汇形式向出口商即期支付货款的资金需要，其贷款银行和借款进口商或进口商所在国银行在不同的国家，这样就会涉及两国甚至多国金融制度、相关法律，专业性极强，环节多，操作复杂，风险控制要求高。因此，出口卖方信贷和出口买方信贷涉及不同的借款人，这就使两者除了在具体程序上有差异外，在融资风险、货币种类等方面也有所不同。

（一）对合同金额的要求不同

申请卖方信贷通常比申请买方信贷所要求的最低合同金额低。比如，在我国，中国银行要求申请卖方信贷的最低合同金额为 50 万美元，申请买方信贷的最低合同金额则为 100 万美元。

（二）贷款币种不同

出口卖方信贷的币种一般以本币为主，出口买方信贷的币种通常以国际上可自由兑换的货币为主。在中国进出口银行的出口信贷业务中，出口卖方信贷的币种主要是人民币，而出口买方信贷则以美元为主要币种。

（三）出口信用保险不同

无论是出口卖方信贷还是出口买方信贷一般都要求出口商投保出口信用险，但其所能投保赔付的最高限额是不一样的。出口卖方信贷项下的投保赔付最高为 90%，余下 10% 的风险由出口商自己承担。而出口买方信贷项下的投保赔付最高限额为 100%，也就是说，只要在出口买方信贷保险范围内的风险，银行可以获得 100% 的赔偿。

（四）出口商承担的风险不同

在出口买方信贷中，由于是国外进口商或进口商银行借款购买出口商的货物，对于出口商而言，出口是即期收汇，因此出口商既不承担收汇风险，也无需承担利率风险和汇率风险。在出口卖方信贷中，出口商虽然可以通过投保出口信用险来规避风险，但总体而言，其风险相对较大。

（五）出口商的资产负债情况不同

在使用出口卖方信贷时，由于出口商需要直接借款、远期收汇，因此，在出口商的资产负债表上会反映出相应的负债和应收账款，这不利于出口商的形象和以后的筹资。在出口买方信贷下，出口商既不需要自己直接借款，又可以即期收汇，这样就不会出现上述情况。

第三节　出口信用保险

一、出口信用保险的含义与特点

出口信用保险是承保出口商在经营出口业务过程中以及银行在出口信贷业务中由于境外的商业风险或政治风险而遭受损失的一种特殊保险，是国家为了推动本国的出口贸易，保障出口商的收汇安全和银行的信贷安全而制定的一项由国家财政提供保险准备金的非盈利性的政策性保险业务。它的运营原则包括：最大诚信原则，即投保人必须如实提供项目情况，不得隐瞒和虚报；风险共担原则，其赔偿比率大多低于100%；事先投保原则，即保险必须在实际风险有可能发生之前办妥。与其他以盈利为目的的保险相比，出口信用保险的特点是：

（一）承保范围较为特别

出口信用保险主要承保因境外人为原因造成的本国出口商和银行在出口收汇和出口信贷中面临的政治风险和商业风险，其中，政治风险包括进口国实施外汇管制、发生战争、罢工、暴动、关税提高、外交抵制等，商业风险包括进口商破产或实际丧失偿付能力、拖欠货款超过一定时间、发货前单方面中止合同或发货后不按合同规定提货等。通常情况下，上述政治风险和商业风险是无法预计其发生概率的。国际贸易中商业性保险承保的对象一般是出口商品，承保的风险主要是因自然原因造成的货物在运输、装卸过程中的数量、质量损害，尽管有的商业保险也承保非自然原因造成的风险，但这仅限于对商品本身的损害，通常情况下这些风险的发生概率是可以计算的。

（二）出口信用保险属于政策性保险

出口信用保险是由国家政府支持的保险机构提供的保险，是国家为推动出口、保障出口商收汇安全和银行出口信贷安全而制定的一项由国家财政提供保险准备金的政策性保险业务。由于出口信用保险中人为原因造成的商业风险和政治风险是难以预计其发生概率的，因此，对于这些风险，特别是对于其中的政治风险，一般的商业保险机构是不愿承保或无力承担的，为了达到促进出口的目的，这些风险只能由政府支持的保险机构承担，这样，以政府支持作后盾的出口信用保险便成了政府鼓励出口贸易的重要措施。

（三）出口信用保险是非盈利性保险

各国的出口信用保险都是非盈利性的，因此相关的规则也都明文规定：出口信用保险不以盈利为目的，而以收支平衡为原则，只要业务经营不亏损，政府应当尽量降低保险费率，在不影响出口厂商出口成本的原则下，合理收取保险费。

（四）管理高度集中

出口信用保险是由国家政府支持的专门机构集中管理和承办的。在我国，出口信用保险主要由中国出口信用保险公司和中国进出口银行承办。

（五）出口信用保险对出口货物的国产化成份有特别要求

一般情况下，出口信用保险承保项目所涉及的出口货物的国产化成份应在 50% 以上。在我国，承保一般货物出口的出口信用保险要求出口货物的国产化成份应在 70% 以上，承保船舶出口的信用保险要求出口货物的国产化成份应在 50% 以上。

（六）出口信用保险的经营有特殊性

出口信用保险的经营不是以大数原则为基础，而是主要依赖根据信息所做的判断，或者说其承保决策以信息分析为基础；同时，由于出口信用保险没有竞争性，因此计算成本所用的方法是基于过去经验进行预测的抽象方法；此外，出口信用保险具有部分保险特征，在保险事故发生时，投保人需要负担部分损失。

（七）出口信用保险在一定程度上受限于有关国际规则

WTO 的《补贴与反补贴措施协定》附件 1——《出口补贴例示清单》列举了 12 种可归类于出口补贴的典型情况，其中包括第 J 条所规定的政府（或政府控制的特殊机构）提供的出口信贷担保或保险计划，针对出口产品成本增加或外汇风险计划的保险或担保计划，保险费率不足以弥补担保或保险计划的长期营业成本和亏损的情况。此外，成立于 1934 年的国际信用和投资保险人协会即伯尔尼协会，也长期致力于研究出口信贷保险技术和制定信贷保险的共同政策，以期实现以下目标：让世界范围接受出口信用保险的合理原则，确立和维护国际贸易信用条件的规范，在改善投资环境和发展与维护海外投资保险的合理原则方面进行国际合作，提供信息，帮助专业知识的交换，在出口信用保险的商业和政治风险方面、海外投资保险的政治风险方面以及其他相关领域提供建议。目前，该协会已经拥有众多的会员，1998 年，中国人民保险公司成为伯尔尼协会正式会员，2001 年，中国出口信用保险公司取代中国人民保险公司成为协会正式会员。

上述特点表明，出口信用保险对于鼓励和扩大出口是非常重要的。从出口商的角度讲，出口信用保险的作用有两方面：一方面，在出口商遇到收汇障碍时出口信用保险机构可以协助收汇，实在收不回货款时，出口商还可以从出口信用保险机构获得一定的赔偿，因此，出口信用保险对于出口商安全收汇有重要的作用；另一方面，有出口信用保险作后盾，出口商就可以在有利于进口商的跟单托收、延期付款等结算方式下进行交易，这有利于调动进口商的购买积极性，从而有利于出口商积极开拓市场，扩大出口。此外，出口信用保险还有利于提高出口商的融资信用，从而有利于出口商成功融资。从提供出口信贷的银行的角度来看，出口信用保险对减轻其风险是非常有效的，因此，通过出口信用保险促进银行开展出口信贷业务并进而促进出口具有十分重要的意义。

二、制定出口信用保险费率的基本原则

出口信用保险的费率形成基础是过去损失的经验，在具体确定时通常要照顾出口商的负担能力，同时也要根据过去的统计资料，计算相关的风险率而定。因此，从原则上讲，制定出口信用保险费率需要考虑以下因素：

（一）适当性与公正性

这指保险费率的水平高低要适当，以保证既能抵补因风险的发生所需赔付的金额以及营业上的各项费用，使被保险人所缴保险费与保险人对其风险所负的责任彼此相当，同时又不会影响出口信用保险对出口的支持作用。

（二）稳定性与灵活性

出口信用保险费率确定后，在一定时期内不应有所改变，这样才有利于被保险人确定其费用负担和出口成本，从而有利于出口商对外报价。但是，从一个较长的时期来讲，出口信用保险费率则需要根据国际政治因素的变动等实际情形作必要的调整，以保证其灵活性和合理性。

（三）根据不同地区、不同支付方式及保险期长短不同而定

出口的目标市场所在的国家或地区、出口贸易的支付方式、保险期长短等，都会影响出口信用保险面临的风险。因此，出口信用保险费率的确定必须考虑出口的目标市场所在的国家或地区、出口贸易的支付方式、保险期长短，根据出口的目标市场所在的国家或地区的资信状况、支付方式与保险期长短确定保险费率的等级。

三、出口信用保险的主要类别

按照不同的标准，出口信用保险可以分为不同的类别。从承保方式的角度讲，出口信用保险包括逐笔保险和整批承保。逐笔保险是指就每笔业务分别签订保险契约，分别承保的方式。这种方式的不足在于手续较为烦琐，但对于大额保险及保险期限较长的中、长期信用保险，保险人一般还是要求逐笔投保。整批承保指一个公司把整个出口予以保险，或者把对某个特定市场的全部出口皆予保险，即承保出口商的全部出口业务。在这种方式下，当事人只需要在一段时间内订立一份统保契约，每次出口时，当事人只需通知某批货物的出口情形即可承保，手续十分简便，加之这种承保方式有利于业务量的稳定发展，费率也可以适当下调，因此，对于出口批数多，每批金额不大，期限不长的出口贸易，采用整批承保方式有重要意义。

再从承保期限的长短不同来看，出口信用保险又分为短期出口信用保险和中长期出口信用保险。短期出口信用保险指承保期在一年以内的出口信用保险，它适用于金额不是太大的消费品、零配件等一般商品出口贸易。中长期出口信用保险指承保期在一年以上的出口信用保险，它适用于金额在百万美元以上的成套设备、船舶等大宗商品的出口贸易。

根据其内容不同或其他一些相关因素，出口信用保险主要分为以下几种具体类别：

（一）信用证出口信用保险

这是在信用证结算方式下，为出口商因政治风险或商业风险导致信用证无法按要求开到或货物无法出口，或货款全部或部分无法收回等损失提供的保险。其中，政治风险主要包括以下情况：进口地区或国家实施进口管制或外汇管制，对进口的货物有限制或禁止；进口地区或国家发生战争、革命、内乱等情形禁止货物进口；进口地区

或国家之外的，与本保险交易有关的国家限制或禁止国际汇兑；进口地区或国家之外的，与本保险交易有关的国家因发生革命、战争、内乱等事件中止国际汇兑交易；本国之外发生事故，致使出口货物中止运输到目的地；本国变更外汇法令或对出口贸易有限制或禁止。商业风险主要包括不能及时收到符合要求的信用证，进口商违约或无力履约等。

（二）寄售出口信用保险

寄售出口信用保险是在寄售方式下，为出口商因为产品在新市场上的售价低于出口报价，或是无法出售而遭受损失而提供的保险。也就是说，在寄售方式下，如果出口商担心遭遇上述风险与损失，就可以向出口信用保险机构投保寄售出口信用保险。在寄售出口信用保险投保金额方面，各国分别按照各自的政治经济决策和保险立法及本国出口商的实际需要而制定，大多为出口金额的80%~90%，余额由被保险人自行负责。

（三）出口汇票保险

出口汇票保险是以付款交单（D/P）或承兑交单（D/A）为付款条件的出口合同及进口商的资信调查资料为基础的。在托收方式下，出口商担心因商业风险或政治风险导致无法将货物出口或送达目的地，或无法收取货款而遭受损失时，便可向出口信用保险机构投保有关保险。

在这种保险方式下，出口商在货物装运出口之前取得保险后，可以委托外汇银行代为托收，也可以径直将各项单据及汇票售与外汇银行，获得货款押汇和资金融通便利。由于这种保险以D/P或D/A单据以及汇票为外销的主要基础，因此叫做出口汇票保险。根据有关规定，出口汇票保险承保的金额大多为出口金额的80%~90%，余额按惯例由被保险人自行负担。

（四）出口贷款保险

出口贷款保险是银行为以D/P或D/A为付款条件，或以寄售方式出口货物的本国出口商提供贷款时，因担心遭遇借款人无法出口，或部分或全部货款无法收回，以致无力偿还部分或全部贷款的损失而向出口信用保险机构投保的保险。由于这项保险是以出口商为准备出口成品而向银行申请贷款为基础的，所以又称为输出贷款保险。按照有关规定，出口贷款保险的保险金额一般为贷款金额的80%。

（五）中长期延期付款出口保险

中长期延期付款出口保险是指出口商依照出口合同或技术转让合同出口货物或提供技术时，因担心遭受因政治或商业风险所致的收汇损失等而向出口信用保险机构投保的保险，其承保的风险具体包括外国实施外汇管制或禁止，进口国发生战争、革命、内乱，出口合同或技术转让合同的对方破产或滞期履行其债务超过6个月等。

（六）出口买方信贷担保

出口买方信贷担保是出口信用保险机构为本国银行向国外进口商或国外进口商的银行提供出口买方信贷，由于进口国的政治风险或商业风险使贷款银行到期部分或全部收不回贷款本息等信贷风险提供的担保。

与一般的保险不同，出口买方信贷担保一般是无条件的并且为100%的赔款。但是，在出口买方信贷担保中，担保机构要求贷款银行必须按照贷款协议放款，而且贷款协议的主要信贷条件的修改应事先征得担保机构的书面同意。

（七）出口卖方信贷担保

出口卖方信贷担保是出口信用保险机构为本国银行向本国出口商提供出口卖方信贷，因政治风险或商业风险使贷款银行到期部分或全部收不回贷款本息等信贷风险提供的担保。

（八）海外投资保险

海外投资保险是一国政府鼓励向不发达国家贷款或以股票或其他有价证券的方式投资，因而取得红利或利益的一种信用保险。通过鼓励扩大海外投资，既可以使被投资国经济加快发展，也有助于本国出口贸易的发展。海外投资保险承保的风险事故主要包括投资债券被外国政府或公共团体没收；被投资国家实施限制或禁止外汇交易；由于被投资国家发生战争、革命、内乱、罢工、暴动，或由于外国政府的侵害等不可避免的事故，以致外汇交易被迫中止；被投资国家的法人被清理；红利汇款的许可被取消或红利被外国政府没收等。

（九）保证商行保险

保证商行保险是指出口商以赊账方式将货物销售给国外客户而其交易由保证商行予以保证，且保证商行于出口商将货物装运出口后先将货款垫付给出口商的情况下，保证商行因顾虑由于政治、经济信用风险事故的发生致使无法收回垫付的货款时，向出口信用保险机构投保的保险。其承保的风险事故主要包括进口目的地国家发生战争、革命、内乱；进口目的地国家与本国发生战争；进口目的地国家法令修改，如取消进口许可证等而致使货物无法进口；进口目的地国家资金冻结或汇款发生阻碍，致使货款无法汇出；进口商违约拖延付款等。

（十）海外广告保险

海外广告保险指政府鼓励出口商提供货物样品到国外陈列、展览，以争取国外市场时，出口商因顾虑遭受不能收回广告费用的损失而向政府投保的一种出口信用保险。在这种保险方式下，出口商必须在订立契约时提出广告计划，包括广告的方式、广告费用的分配、广告费用投入后可能的出口增加预期，以及基于上述计划的可以收回广告费用的期间。

（十一）国外加工险

国外加工险指在将本国货物出口到国外加工和再行出售的情况下，出口商因顾虑货物本身或货物加工后遭当地政府没收、禁止再运出口，或因战争、内乱等造成损失而投保的一种出口信用保险。

（十二）国外存货保险与国外仓储保险

国外存货保险指为便于销售，出口商先将货物运到国外储存时因担心存货遭受当地政府没收、禁止再运出口或因战争、内乱造成损失，而投保的出口信用保险。这种保险通常在其他短期出口保险单内加签背书即可。

国外仓储保险是为配合国外存货保险而设立的，因为国外存货保险只承保存货因政治风险所引起的损失，对存货因商业信用风险遭受的损失则无法提供保障，为了给出口商提供更充分的保障，便设立了以存货因商业信用风险遭受的损失为承保范围的国外仓储保险。

四、我国的出口信用保险

出口信用保险是 WTO 规则允许的贸易促进措施，也是各国政府为支持出口、防范收汇风险而采取的通行做法。在我国，出口信用保险起步较晚，但发展较迅速，近年来，出口信用保险已成为我国外经贸促进体系的重要组成部分。就出口信用保险的承办机构来看，中国出口信用保险公司和中国进出口银行起着重要的作用。其中，中国信用保险公司是我国唯一的国有专业出口信用保险机构，它由财政部全额提供注册资金和风险担保，面向国有、民营和三资企业，支持货物、技术、服务和劳务出口，提供收汇风险保障、出口融资便利、买方资信调查、海外投资担保等服务。凡是符合有关要求的我国出口企业，均可以向出口信用保险公司申请出口信用保险，以防范出口信用方面的有关风险，当遭遇保单所列风险时，出口企业便可以按规定向出口信用保险公司索赔。

目前，中国出口信用保险公司及其下属分支机构开展的出口信用保险业务的品种主要有短期出口信用保险和中长期出口信用保险。短期出口信用保险保障一年以内，出口商以信用证（L/C）、付款交单（D/P）、承兑交单（D/A）、赊销（O/A）方式从中国出口或转口的收汇风险，具体包括特定合同保险、统保保险、信用证保险等。特定合同保险承保出口企业在某一特定出口合同项下的应收账款收汇风险，适用于从中国出口或转口的、金额较大并以信用证方式结算的机电产品和成套设备等产品的出口业务。统保保险承保出口企业所有以非信用证为支付方式从中国出口或转口的货物、技术或服务的收汇风险，它补偿出口企业按合同规定出口货物后，因政治风险或商业风险而导致的出口收汇应收账款经济损失。信用证保险承保出口企业以信用证支付方式出口的收汇风险，它保障出口企业作为信用证收益人，按照信用证要求提交了单证相符、单单相符的单据后，由于政治风险或商业风险的发生，不能如期收到应收账款的损失，适用于从中国出口或转口的，支付方式为不可撤销跟单信用证的货物、技术或服务贸易。

中长期出口信用保险保障一年期以上十年期以内、100 万美元以上、预付款或现金支付比例不低于合同金额 15%、船舶出口不低于合同金额 20% 的出口贸易。具体包括出口买方信贷保险和出口卖方信贷保险。出口买方信贷保险是指在买方信贷融资方式下，中国出口信用保险公司向贷款银行提供还款风险保障的一种政策性保险产品。出口卖方信贷保险是中国信用保险公司提供的旨在促进我国市场多元化战略的实施，支持并推动我国高技术含量、高附加值的大型成套设备和机电产品出口的政策性险种。

第十五章　结构贸易融资

第一节　结构贸易融资概述

一、结构贸易融资的含义和特点

结构贸易融资是银行等多种融资机构根据项目的具体情况及其社会环境的具体要求，将多种融资方式和风险分担机制进行最佳组合，从而向贸易企业提供融资和风险控制等综合性服务的融资方案。使用结构贸易融资的主要目的是根据每笔贸易业务的特征，如交货期、货款支付的有关安排，卖方或买方为了履行贸易合同所需要的融资，为卖方或买方专门设计一个最适合的融资方案。这种为贸易商量身定做的融资方案具有不同于其他贸易融资的特点。

（一）综合性和灵活性

结构贸易融资包括了证券化、风险管理、出口促进中的最新方法，并集合各方面力量重新组合有关融资工具和结算工具，根据具体案例专门设计、提供一个最佳的解决方案，因此它具有高度综合性和灵活性特征，从而有利于满足项目本身的特殊要求和项目的社会环境要求。

（二）参与者众多及政府促进

在结构贸易融资中，涉的参与方较多，不仅包括进口商、出口商和银行，通常还包括制造厂商和政府的出口促进部门等，而且政府的出口促进部门在其中起着非常重要的作用。从各国的实践情况来看，政府的出口促进部门支持的结构贸易融资是国家宏观贸易体系和政策的组成部分，通常表现为政府机构利用社会的力量来组织、安排贸易融资。

（三）项目总体风分散

由于结构贸易融资拥有多个参与方和多种风险缓释机制，因此它有利于分散项目的总体风险，有利于贸易企业控制和规避风险。例如，通过组织银团贷款，使每家参加银行承担的风险变得可以接受，通过出口国的出口信贷组织对项目承保出口信用险，可以降低银团提供出口信贷的总体风险，而项目的利率风险以及汇率风险则可以通过货币市场中的各种金融衍生工具来控制。

（四）较特殊的融资安全保障

结构贸易融资具有自偿性特点，融资的安全性主要不是以债务人的信誉为保障，而是依赖于项目本身的还款来源、未来的现金流量和交易状况。

（五）主要适用于大宗商品和资本性商品贸易

结构贸易融资可以用于普通商品的贸易融资，但更适合于占用资金大、时间长、环节复杂的大宗商品和资本性商品的贸易融资项目，因为它具有融资金额大、融资期限长和多方协同合作的特点。

（六）较特殊的授信理念

结构贸易融资突破了传统授信中注重考核企业的规模、净资产、利润率等指标的做法，融资机构通过对商品、资金的控制及对有实力的关联方的信誉捆绑，通过对贸易的真实性、连续性及对上下游企业的调查，动态地考核整个贸易活动的相关情况，并以此作为评估客户信用和测算授信额度的依据。

二、结构贸易融资的产生与发展

结构贸易融资是随着国际贸易商品结构不断朝着大宗化、资本化方向发展而产生的。大宗化、资本化货物贸易的基本特点是占用资金大、时间长、风险高，因此与之相应的贸易融资也具有融资金额大、期限长、风险高的特点。但是，传统的、单项的贸易融资方式如押汇等的融资期限一般都比较短，加之其业务单一，融资额度有限，显然不能满足大宗商品和资本性商品贸易的融资要求。国际贸易的发展为更灵活的金融服务和多层次的融资方式的出现提出了现实的需要。正是在这样的背景下，结构贸易融资方式应运而生。

在实践中，结构贸易融资始于工业发达国家，主要参与者也是这些国家的大银行。因此，结构贸易融资较多地表现为发达国家用作促进出口的重要方法。例如，美国具有完善的结构贸易融资体系和相应的受政府支持的机构。美国的进出口银行作为政府的机构，其职能是协助美国货物或服务的出口商获得必要的融资，其支持计划包括信用保险、中长期商务贷款担保及对外国购买原产于美国货物和服务的直接贷款。美国的海外私人投资公司是由美国政府拥有的、在财政上独立的机构，其职能是通过为美国企业提供政治风险保险、直接贷款或贷款担保，支持美国企业在广大发展中国家的投资。美国的私人出口筹资公司是由美国财政部和进出口银行支持建立的，其目的是协助原产于美国的资本商品及服务的出口融资。通过结构贸易融资，美国进出口银行等机构既为出口厂商生产出口产品提供融资，以克服生产者流动资本短缺的困难，又为进口方提供融资服务，通过降低进口方违约风险、确保付款达到促进大宗商品和资本商品出口的目的。

随着国际贸易的发展和各国政府对本国出口贸易支持力度的加大，使用结构贸易融的国家有所增加。从 2000 年开始，已经有东欧、亚洲等地区的一些国家开始与发达国家合作，进入结构贸易融资领域。另一方面，随着国际贸易的快速增长和买方市场条件下分期付款、延期付款等信用销售方式的增加，出口商的融资需求和规避商业风险的需求迅速扩大，这使开展结构贸易融资的商业性金融机构逐渐增加，各种融资机构通过创新组合各种融资工具和构建风险缓释机制，促进了结构性贸易融资的创新和发展。2008年金融危机爆发后，在国际贸易融资风险进一步加大和企业融资需求进一步多元化的背景下，融资机构的服务多元化促进了结构贸易融资方式的多元化。

从我国的情况来看，早期的结构贸易融资业务属于政策性贸易融资，中国进出口银行是主要的融资机构。通过灵活运用出口信贷、出口信用保险和外汇担保等政策性金融手段并使之相互配套，中国进出口银行为船舶等产品的出口企业积极参与国际竞争，拓展海外市场，获得境内外融资支持创造了良好的条件。例如，中国进出口银行曾经通过将多种金融工具结合应用的结构贸易融资方式，为中国船舶工业贸易公司和大连、江南、沪东3家造船厂出口挪威、马来西亚的合同总金额达2.38亿美元的船舶项目，提供了1.48亿美元的国际银团借款担保，使企业成功地获得了执行项目所需要的境外融资，并且有效降低了融资成本，减轻了企业的财务负担。此后，随着我国经济高速发展和外资商业银行逐渐进入我国市场，渣打银行、汇丰银行、花旗银行、加拿大皇家银行等逐渐加入到开展结构贸易融资的行列。另一方面，随着银行业竞争加剧和企业的贸易融资需求不断增加，我国商业银行逐步加入到开展结构贸易融资业务的行列。自2000年深圳发展银行推出供应链金融服务后，我国商业银行的结构贸易融资业务迅速发展，融资方式不断创新。例如，2005年浦发银行推出了企业供应链融资解决方案，2006年中国银行推出了"达"系列融资组合，2009年，中国建设银行推出了"融货通"结构贸易融资方案，中国工商银行推出了"全程贸易通"、"出口捷益通"等结构贸易融资方案，招商银行推出了"出口信用保险＋银行融资"服务——"信保融资"。

可以肯定，结构贸易融资是一种极具发展潜力的国际贸易融资方式。结构贸易融资不仅可以优化贸易的商品结构，改善供货厂家和出口商的资金状况，降低进口商和出口商的融资成本，增加交易机会，而且有利于银行增加收入，提高竞争力和拓展业务领域。同时，通过对核心企业的责任捆绑，结构贸易融资还有利于解决贸易链中核心企业上下游的中小贸易企业的融资困难。

第二节　结构贸易融资的工具

结构贸易融资的工具有很多种，常用的包括出口信贷、银团贷款、银行保函、出口信用保险、包买票据等。其中，出口信贷、出口信用保险和包买票据已经在前面作了分析，这里重点介绍银团贷款和银行保函。

一、银团贷款

银团（Banking Group）是由一家或几家银行牵头，多家银行参加而组成的银行集团。由这样的一个集团按照内部的分工和各自的贷款份额向某一借款人发放的贷款就是银团贷款，又称辛迪加贷款（Syndicated Loan）。

银团贷款的方式有两种，一种是直接的银团贷款，二是间接的银团贷款。凡是由银团内各成员行委托代理行向借款人发放、收回和统一管理的贷款称为直接的银团贷款；由牵头行直接向借款人发放贷款，然后再由牵头行将参加贷款权（Participation in the Loan）即贷款份额，分别转售给其他的银行，全部的贷款管理及放款、收款均由牵头行负责，这样的方式称为间接的银团贷款。在国际银团贷款中，常用的方式是直接的银团贷款方式。

银团的大小是根据借款项目的筹资规模决定的，银团成员少则几家，多则几十家。银团的组建首先需要借款人向一家银行提交正式的书面申请函，这个书面申请函是借款人向一家银行提出正式融资申请的法律文件，内容包括贷款的金额、币种、期限、用途、担保、抵押等。银行收到借款人的申请函后，通过认真研究、仔细调查项目及市场等各方面情况，如果决定接受借款人的申请，便向借款人出具承诺函，以说明贷款的各项基本条件供借款人研究。当借款人同意贷款条件时，借款人便向银行递交全权委托书，委托银行作为牵头行安排银团贷款。牵头行在准备好资料备忘录、项目建议书、贷款协议等文件后，便可以选择一些银行并向其发出邀请，组建银团。

银团组建后，牵头行将代表银团向借款人提出报价，经借贷双方谈判后，双方便授权签署贷款协议。贷款协议签署后，贷款的所有工作都由受银团委托担任贷款管理人的代理行来负责，借款人可以在贷款协议规定的提款期内，根据工程进度和资金需求情况向代理行申请提款。在这里，提款包括初次提款和每次提款。初次提款是贷款协议签字后的第一笔提款。无论什么原因，只要在规定的提款期内不提款，则视为主动放弃全部贷款，不仅贷款协议自动失效，借款人还须赔偿贷款人的损失。在第一批提款前，借款人必须提交借款人的所有证明文件和担保人的所有证明文件及批准文件等。除第一批提款外，以后的每次提款不需要重复有关证明文件和批准文件，只需要提交检验师出具的借款未超过成本的证明、工程进度报告、贷款用途证明和借款人出具的提款通知书。

从正常的运作程序来讲，银团贷款还涉及还款。一般情况下，银团贷款协议对贷款本金偿还的期限、次数、金额和方法都有具体规定，有的规定到期一次归还，但较为普遍的是规定在宽限期后分若干次偿还。贷款偿还的次数和每次还款的金额是根据项目的回收情况，由借贷双方在谈判时商定的。如果借款人希望提前还款，需要按照贷款协议的规定提前通知代理行，还款金额不能少于贷款协议规定的提前还款额，而且，该款项一经偿还就不能再次使用。

二、银行保函

（一）银行保函概述

银行保函（Banker's Letter of Guarantee）指银行根据申请人的要求，向受益人开立的保证履行一定义务或承担一定赔偿责任的书面承诺。根据其与作为基础业务合同的贸易合同的关系不同，银行保函可以分为独立性保函和从属性保函。独立性保函（Independent Guarantee）是根据贸易合同开立但又不依附于贸易合同而存在的、具有独立法律效力的法律文件。在独立性保函项下，银行承担第一性的付款责任，即当受益人在保函项下合理索赔时，担保行就必须付款，而不管申请人是否同意付款，也无须调查合同履行的事实。由于独立保函有利于确保受益人的权益不至因贸易合同纠纷而遭受损失，银行也可以避免被卷入复杂的商务纠纷，因此当今的保函以独立性保函为主。

从属性保函（Accessary Guarantee）是贸易合同的附属性契约，其法律效力随贸易合同的存在、变化、灭失而存在、变化或灭失。在从属性保函项下，银行承担第二性的付款责任，即当申请人违约时，银行才负责赔偿。

根据担保人承担的风险不同，银行保函又可以分为信用性质的保函和付款性质的保函。信用性质的保函是凭银行的信用为申请人的资信状况或履约能力等进行担保，如投标、履约、预付款、补偿贸易等保函。付款性质的保函是银行用于向保函受益人保证，一旦受益人在合同规定的时间内履行了其责任义务，申请人就必须付款，否则担保银行就负责履行付款责任的保函，如借款保函、透支保函、进口付款保函、关税保函等。

不论是何种保函，其具体条款可能各有不同，但从基本内容来讲，一般都包括各当事人的名称和详细地址，保函的编号和开立保函的日期，保函所依据的合同等基础协议的号码、日期及事由等，保函项下担保人承担的大写和小写的金额，保函的种类，保函的有效期（包括保函的生效日期和失效日期），担保人的责任及申请人、受益人的权利和义务，受益人根据保函条款向担保人提出索赔时应提供的文件，保函的仲裁条款等。

（二）银行保函的当事人及其责任

1. 申请人

申请人（Applicant）也称委托人（Principal），是向银行提出申请，要求银行出具保函的一方。其主要责任是履行合同项下的有关义务，并在担保人为履行担保责任而向受益人做出赔付时向担保人补偿其所作的任何支付。

2. 受益人

受益人（Beneficiary）是接受保函，并有权按保函规定的条款向担保人提出索赔的一方。受益人的责任是履行有关合同项下的义务。

3. 担保人

担保人（Guarantor）是根据申请人的要求开立保函的银行。其责任是保证保函的申请人履行有关的义务，并在申请人违约时，根据受益人提出的符合保函规定的索赔文件，向受益人做出不超过保函担保金额的经济赔偿，担保人在向受益人做出上述赔偿后有权向申请人或反担保人索偿。

4. 通知行

通知行（Advising Bank）也称传递行（Transmitting Bank），是受担保人的委托，将保函通知或传递给受益人的银行，通常为受益人所在地的银行。通知行负责保函表面的真实性，如代受益人核对担保人的印鉴、密押是否真实正确等，若因种种原因不能通知受益人时，通知行应及时告知担保人，以便担保人及时采取其他的措施。通知行对保函内容正确与否及保函在邮递过程中可能出现的延误、遗失等概不负责。通知行将保函通知给受益人后，可按规定向担保人或受益人或申请人收取通知费用。

5. 反担保人

反担保人（Counter-guarantor）是为申请人向担保银行开出书面反担保（Counterguarantee）的人，通常为申请人的上级主管单位或其他银行或金融机构。反担保人的责任是保证申请人履行合同义务，同时向担保人做出承诺，即当担保人在保函项下做出了付款以后，担保人可以从反担保人处得到及时、足额的补偿，或在申请人不能向担保人做出补偿时，负责向担保人赔偿损失。

6. 转开行

转开行（Reissuing Bank）是根据担保人的要求，凭担保人的反担保向受益人开出保函的银行。转开行通常是受益人所在地的银行，它有权拒绝担保人要其转开保函的要求，但在这种情况下，它必须及时通知担保人，以便担保人选择其他的转开行。转开行一旦接受转开请求，就必须按照担保人的要求及时开出保函。保函一经开出，转开行即变成了担保人，承担担保人的责任义务。而原担保人就变成反担保人（Counter-guarantor）或指示方（Instructing Bank）。此时，担保人如遇受益人索偿，就必须在其开出的保函项下履行付款责任。当然，担保人有权凭反担保向反担保人索偿。

7. 保兑行

保兑行（Confirming Bank）是根据担保人的要求在保函上加具保兑的银行，或称第二担保人，它通常是受益人所在地的大银行。当担保行的信誉、资力较差或属于外汇紧缺国家的银行时，受益人通常要求在担保人的保函上由一家国际公认的大银行加具保兑。这样，一旦担保人未能按保函规定付款，保兑行就必须代其履行付款义务。付款后，保兑行有权凭担保函及担保人要求其加具保兑的书面指示向担保行索赔。

在上述各当事人中，申请人、受益人和担保人是银行保函的主要的或最基本的当事人外，其他当事人则是根据具体情况可能涉及的当事人。

（三）银行保函的基本特点

银行保函是作为对他人信用不足的辅助或补充的以银行信用（担保方信用）为基础的信用工具或结算工具，在国际贸易结算中，它常作为汇付、托收或信用证付款三种基本支付方式的补充性的结算手段或辅助的信用手段，与三者结合运用。

与跟单信用证比较，虽然银行保函和跟单信用证都是银行信用工具，都可以用来对商业信用加以支持或补充，但是，跟单信用证主要用于贸易货款的结算，而银行保函的应用范围要广的多，它既可以用作货款结算工具，又可以用于其他信用担保，而且，跟单信用证是独立于贸易合同的，而银行保函却未必独立于基础合约；在跟单信用证项下，开证行负有第一性的付款责任，而银行保函的担保行不一定负有第一性的付款责任，银行保函项下的支付往往具有或然性；跟单信用证的支付一般须付对价，而银行保函的支付却未必要付对价，有时只须提交书面索赔函或副本货运单据等；跟单信用证的开证行通常要求申请人交付开证押金以规避自身风险，而银行保函的担保行通常却要求委托人提供反担保以规避自身风险；跟单信用证有可转让信用证，其受益人权益可以转让，而银行保函的受益人权益一般是不可转让的。

在有的国家，由于银行开立保函受到限制，银行便以开立具有保函性质的备用信用证的方式承办相关业务。但在实际运用中，两者仍然有不同之处，这主要表现在银行保函可以有从属性保函，而备用信用证是独立于贸易合同的自足性文件；银行保函通常不要求受益人在索偿或索赔时出具汇票，而备用信用证常常要求受益人在索偿或索赔时出具即期汇票；银行保函的付款依据是有关合同或某项承诺未被履行，而信用证项下的付款依据是受益人在信用证有效期内按规定提交的声明或证件。

第三节　结构贸易融资的应用

结构贸易融资的综合性、灵活性等特点，决定了其应用范围的广泛性和融资模式的多样性。实践中，结构贸易融资不仅用于大宗商品和资本货物的贸易融资，也用于普通商品的贸易融资。从融资模式来看，结构贸易融资不仅包括针对贸易的具体环节提供不同融资工具的组合方案，而且包括针对供应链的有关企业提供的供应链融资服务。

一、不同融资工具的组合方案

根据出口项目的具体情况，可以将不同融资工具组合形成丰富多样的融资方案，在此仅作简单例举。

（一）出口信贷与福费廷的组合方案

出口信贷与福费廷业务的组合方案具有多样性，例如，福费廷加出口买方信贷或出口卖方信贷。根据国际惯例，无论是出口买方信贷还是出口卖方信贷，一般都要求进口商支付一定比例的订金，但是，在不少情况下，现汇支付订金会存在一些困难，此时就可以采用福费庭融资方式来解决前期订金，用出口信贷解决其余合同额度的支付问题。其基本操作是由一家进口商银行开立一张远期票据给出口商，同时由某银行买断该票据，这样出口商就可以得到现汇支付的订金，从而满足出口卖方信贷或出口买方信贷的条件。再如，出口卖方信贷加福费廷的融资方式，用出口卖方信贷来解决出口商的前期生产资金，当出口商发货完毕、取得全套债权凭证后，再将该全套债权凭证的票据通过福费庭方式卖断给银行，并将所得款项优先偿还出口卖方信贷项下的贷款，这样既可以减轻出口商的债务负担，消除其远期汇率风险、利率风险和收汇风险，又可以通过提前偿还出口卖方信贷加速出口信贷资金的周转。

（二）银团贷款与其他融资工具的组合方案

在银团贷款与其他融资手段的结合运用中，其具体的组合方式也不少。假设某出口厂商对外签订的合同金额上亿美元或更多，前期能收到的订金等远不够组织生产出口货物，而余款又要在经过二至三年甚至更长时间的生产过程并待交货时才能收到。在这种情况下，就可以通过结构贸易融资方式，由进口商作为借款人与银团签订贷款协议获得贷款，然后再转贷给出口商，出口商则将出口合同项下的最后一期进度款的收款权转让给进口商，而进口商则以出口商转让给它的出口合同项下的最后一期进度款的收款权作为还款保证抵押给银团；同时，出口商国内的政策性信贷机构或其他金融机构作为借款担保人，在出口商向其提供一定保证的情况下向贷款银团提供保函。

这样，通过结构贸易融资，既可以扩大资金来源，又通过多方参与者分别承担一定的风险达到分散风险的目的，同时还可以降低有关当事人的成本开支。

（三）出口卖方信贷与出口买方信贷的组合方案

在出口卖方信贷与出口买方信贷结合应用的情况下，可以由出口银行与出口商签订出口卖方信贷协议，用出口卖方信贷解决出口企业前期生产资金不足的问题，由出口银行与进口商签订出口买方信贷协议，用出口买方信贷支持进口商进口相关产品。这样，当出口企业发货后，国外借款银行授权出口银行将货款支付给出口商，而出口商则将其收汇优先偿还出口卖方信贷借款，只收取剩余部分。例如，假定某船舶公司要生产出口十余艘轮船，船东只愿在船舶建造期间提供30％—40％左右的船款，余者交船后一定时间内支付。由于船舶的造价巨大，建造期需要几年，如果满足进口方的付款条件，船舶公司便没有足够的资金购买原材料组织生产，如果不满足进口方的付款条件，船舶公司将失去这单买卖。为了解决有关问题，可由出口银行向船舶公司发放出口卖方信贷，向进口方发放出口买方信贷，从而既满足出口商的生产所需，又满足进口商的付款条件，大到促成交易的目的。

二、供应链融资

供应链融资对解决中小企业的融资困难有重要作用。在具体操作中，融资机构往往借助贸易链中大型优质企业的信誉和履约能力，通过责任捆绑，对整个链条的资金流、货物流、信息流进行有效控制，针对链条上供应商、经销商及终端用户等不同企业的融资需求，以货物销售回款为保障，为中小贸易企业提供融资服务。

假设 A、B、C 为签订有长期贸易合同的三家企业，其中 A 企业是不具备融资条件的小企业，B 企业和 C 企业是大型优质企业，A 企业通过向国内的 B 企业采购原材料，加工后出口给国外的 C 企业。在这个贸易链中，如果 A 企业需要融资支持，融资机构就可以依据 A 企业的履约能力及其与上下游优质企业良好的长期合作关系，为 A 企业提供融资服务。例如，融资机构可以通过代 A 企业向 B 企业预付货款以解决其资金困难，通过要求 B 企业作出保证供货质量的承诺对 B 企业进行责任捆绑，以便为 A 企业顺利履行出口合同和及时偿还融资机构代为预付的购货款奠定基础，同时通过要求 A 企业向融资机构提交出口单据，以保证 C 企业付款到融资机构账户，从而达到最终实现融资款项安全回流的目的。

在 A、B、C 的链条中，如果 A 企业不是做出口加工，而是以即期付款方式向 C 企业进口货物后转售给国内的 B 企业，在这种情况下，融资机构仍然可以依据 A 企业的履约能力及其与 B、C 企业良好的长期合作关系，为 A 企业提供融资服务，但上述订单融资方式就不再适用，此时融资机构可以通过其他方案如仓单融资解决 A 企业的资金困难。

可见，即使是中小企业，在结构贸易融资模式下也可以通过为其量身定做的融资方案获得融资服务，并通过融资机构参与资金流、货物流、信息流的管理和控制，提高其履约能力，减少风险。

第 6 篇　国际贸易作价

　　价格是买卖双方关注的焦点。价格的高低关系到出口商和进口商的直接利益，也影响着一国的对外贸易。根据商品交易与贸易融资等方面的有关情况，在充分考虑影响商品价格各种因素的基础上合理作价具有重要意义。

第十六章　作价原则与方法

第一节　作价原则

一、合理作价的重要性

作价直接关系到交易能否达成及交易的盈亏。合理作价是达成交易的决定条件，也是保证贸易商合理利润的重要因素。基于出口商的角度，如果将价格确定在较高的水平，这有利于提高利润，但却可能影响产品竞争力进而影响成交机会，如果价格太高，就会完全失去交易；相反，如果将价格确定在较低的水平，这有利于提高产品的价格竞争力从而有利于促成交易，但可能会影响经营利润，如果一味追求交易机会而不计成本，就有可能亏本。从进口商的角度讲，如果价格偏高，当然不利于经营利润的提高，价格太高时还会亏本；但也不是价格越低越好，价格太低往往难以达成交易，或者可能意味着质量或其他方面的风险。

从进出口商讨价还价的结果来看，价格偏高和偏低的情况都可能存在。现实中，由于一些商品的贸易状况总体上对进口商有利，因此成交价格偏低的情况不少，倾销甚至成为开拓市场的策略。但是，由于倾销的积极意义在相当程度上决定于进口国不采取反倾销措施，而实际中反倾销却频繁发生，因此，贸易商在作价时必须重视倾销和反倾销的不利影响。

通俗地讲，倾销是一种低价抛售商品的行为。根据 WTO《反倾销协议》的解释，如果一项产品从一国出口到另一国，该产品的出口价格在正常的贸易过程中低于出口国旨在用于本国消费的同类产品的可比价格，即以低于其正常价值的价格进入另一国的商业，则该产品即被认为是倾销。反倾销是进口国依据本国的反倾销法，由主管当局经过立案调查，确认倾销对国内同类产业造成损害并采取征收反倾销税等处罚措施的过程和行为。

从出口商的角度讲，无谓的低价销售是违背经营之道、难以持续的。而在遭遇反倾销时，出口商和进口商都要承担相应的义务。根据《反倾销协议》，进口方政府当局决定对某种进口产品发起反倾销调查后，应将调查内容及要求提供的信息资料通知所有"有利害关系的当事人"，包括受调查的出口商或外国生产者或产品的进口商等。有关当事人在收到反倾销调查中使用的调查表后，应在规定的时间内予以答复，这会耗费不少人力物力。不过，对出口商影响更为直接的是征收反倾销税和价格承诺。

WTO《反倾销协议》规定，反倾销税的纳税义务人是倾销产品的进口商。征收反倾销税会直接影响进口商购买涉案产品的积极性，出口商可能因此失去交易机会或客户，甚至根本失去市场。为了维持交易，出口商有时会采用"吸收"手段，但进口国的反"吸收"调查将会使出口商陷入雪上加霜的境地。

价格承诺的基本内涵是被指控倾销产品的出口商和生产商与进口方主管机构达成协议，出口商提高价格以消除产业损害，进口方主管机构相应停止调查。《反倾销协议》规定，当收到出口商令人满意的主动承诺修改其价格或停止以倾销价格向该地区出口，从而使当局对倾销有害影响的消除感到满意时，诉讼程序可以暂时中止或终止而不采取临时措施或征收反倾销税。可见，当需要做出价格承诺时，出口商就不可能再实现低价销售的目的。此外，出口商还会陷入被动局面，因为进口方主管机构可以选择是否接受价格承诺，也可以要求承诺已被接受的出口商定期提供执行该承诺的有关信息资料，如果出现违反承诺的情况，进口方主管机构可以迅速采取行动。

反倾销对进口商的直接影响首先表现在交纳反倾销税所造成的负担，如果不转嫁这种负担，进口商的经营成本会上升，利润会下降，当这种负担过重时，进口商就会亏本，甚至使经营难以维持。如果试图转嫁负担，如提高进口产品在国内市场的销售价格，那么，进口商将可能面临销售困难。或者，进口商可以不再进口涉案产品，转而寻求新的货源，但这会造成丢失老客户的损失。在出口商作出价格承诺的情况下，进口商不用缴纳反倾销税，但购进成本上升所造成的影响及其释放途径和交纳反倾销税的情形没有本质的区别。

可见，价格过低或过高都不利于交易的达成和交易关系的良性发展，只有合理作价，才能规避倾销与遭遇反倾销的被动局面，保持合理利润，促进交易持续发展。

二、合理作价的依据

合理作价的关键是交易双方依据各自的经营成本和合理利润及商品品质等因素确定成交价格。

（一）以成本为依据

成本是构成商品价格的基本因素，也是决定盈亏的界限。因此，贸易商在确定价格时必须以成本为导向，切忌不计成本、单纯追求成交数量。根据一般的定价原理，以成本为主要依据加上一定的利润和税金来制定价格的方法叫成本导向定价法。在国际贸易中，依据成本导向定价法，贸易商需要加强对成本的各构成要素如运费和保险费的核算。

（二）以品质为依据

商品品质是影响商品价格的重要因素，在经济不断发展、人们生活水平不断提高和环保意识不断加强的今天，商品的品质往往成为人们购买商品时要考虑的首要因素，这使得商品品质对商品价格的影响更加突出，不仅商品质量的优劣、档次的高低、商标及牌号的知名度直接影响其价格的高低，商品的包装装潢等也成为决定商品价格的重要依据。因此，在当今的国际贸易作价过程中，贸易商要特别注意以商品的品质为依据，坚持按质论价。

（三）以国际市场价格为依据

国际市场价格是商品在国际市场上具有代表性的成交价格，它以商品的价值为基础，并随国际市场供求关系的变化而变化。在其他条件不变的情况下，当国际市场上某种商品供给大于需求时，其价格就会下降，特别是当生产过剩时，商品大量积压，卖者急于出售商品，商品价格就会大幅度下降；相反，当国际市场上某商品需求大于供给时，商品价格就会上涨，如果买者求购心切，不惜以高价购买商品时，商品价格就会大幅度上涨。因此，在确定成交价格时，贸易商必须仔细分析国际市场供求关系的变化和国际市场价格走势，以国际市场行情为依据，当国际市场上某商品供不应求、价格趋涨时，出口商可以适当提高出口价格，而进口商则需要根据自身的具体情况考虑是否加价购买。

（四）以季节性需求为依据

对于某些季节性较强的商品、特别是对一些节令商品，作价时要根据消费的淡季和旺季分别掌握价格水平，在消费旺季时可以将价格确定在较高的水平，在消费淡季时则应将价格确定在较低的水平，或实施季节折扣，即由出口商给予进口商一定的折扣优惠，这是鼓励进口商在淡季定货以加速商品销售和资金周转的有效方法。

（五）以成交数量为依据

根据习惯做法，成交量小时可以适当提高售价，成交数量大时在价格上应给予适当优惠，这就是数量折扣的定价策略，也是各种折扣中最常见的一种折扣形式。这种数量折扣也叫批量折扣或大宗交易折扣，是出口商给予大批量购买的进口商的价格优惠，其经济依据是在大批量销售的情况下出口商的营销成本较低，资金周转较快，但进口商的营销成本却可能因为资金占用的增加而增加，风险也可能相应增加，通过数量折扣可以适当调整大批量成交对出口商和进口商利益的影响。

（六）以支付条件和汇率变动为依据

支付条件和汇率风险是影响商品进出口价格的重要因素。例如，在其他交易条件相同的情况下，如果采取预付货款方式，进口商给出口商提供了融资便利，出口商的资金周转加快而进口商的资金占用时间延长，进口商还可能因此而增加汇率等方面的风险，成交价格就应该相应降低；如果采用货到付款则反之。再如，在托收方式和凭信用证付款方式下，成交价格也应当有所区别。此外，在国际贸易中，贸易商一般都希望采用对自己有利的货币作为支付货币，如出口商总想以硬币收汇，而进口商总想以软币付汇。为了规避支付货币方面的损失，贸易商要加强对汇率趋势的预测与分析，如果汇率趋势对己不利或使用了不利的货币成交时，应当把汇率变动的风险考虑到货价中去，适当提高出售价格或压低购买价格。一般说来，在以硬币为支付货币时价格要低一些，在以软币为支付货币时价格要高一些。

（七）以经营意图为依据

从出口的角度讲，如果出口商的经营目的在于维持较高的利润且出口商品是畅销商品，那么出口报价可以高一些，甚至还可以同时选择硬币报价，但如果出口商品是滞销商品，那么出口商就不能一味坚持利润目标；如果出口商的经营目的是打开销路、扩大交易，出口报价就可以低一些，或适当考虑以软币报价。从进口的角度看，如果进口商急于购买商品，就在报价或支付货币上适当让步。此外，贸易商也可以将经营意图与国家的外贸政策、交货期、销售习惯、消费者偏好等因素结合考虑，正确作价。

（八）以交货地点及贸易术语为依据

在国际贸易中，交货地点不同、所用贸易术语不同，出口商和进口商各自承担的责任、费用和风险也不同。例如，根据国际贸易术语解释通则，CFR 和 CIF 都是在出口国装运港船上交货的贸易术语，但在 CFR 条件下买方需要负责办理保险，而在 CIF 条件下则是卖方负责办理保险，因此在其他条件相同时，CFR 价格会低于 CIF 价格。可见，根据交货地点和贸易术语不同，以及由此所致的出口商和进口商承担的费用和风险不同，合理掌握价格水平是极其必要的。

第二节　作价方法

国际贸易中具体的作价方法较多，根据在交易磋商时是否确定价格及确定的程度不同，主要可以分为固定作价和非固定价格。

一、固定作价

固定作价是指在交易磋商中明确确定合同价格并严格按照确定的价格结算应付货款的作价方法。这种方法是国际贸易中常见的作价方法。根据这种作价方法，合同价格一经确定，贸易双方就必须严格执行，除非经双方当事人一致同意，任何一方都不得擅自更改。

固定作价的特点是明确，具体，便于核算。但是，由于国际市场行情瞬息万变，价格涨落不定，因此采用固定作价通常就意味着贸易商要承担从订约到交货付款以至转售时价格变动的风险，在遇到行市变动过于剧烈、对交易的某一方利益影响太大的时候，这种做法可能影响合同的顺利履行，尤其是一些信用较差的贸易商可能会为了逃避巨额损失而寻找各种借口违约。为了减少价格风险，在采用固定作价时，加强对影响商品价格的各种因素的分析和研究，并在此基础上对价格趋势做出预测具有特别重要的意义。此外，贸易商还需要加强对客户的资信调查，选择信用优良有发展前景的客户作为交易对象。

二、非固定价格

非固定价格即所谓的"活价"，其基本做法是在交易磋商时并不具体确定合同的成交价格，而仅就将来定价的方法或基础做出规定。根据其具体方法不同，非固定价格主要分为三种。

（一）价格待定

对于国际市场价格变动频繁、波动幅度较大或交货期较远，交易双方难以预测其价格趋势的商品，出口商和进口商仅就商品的品质、数量、包装等达成协议，而对商品的价格暂不规定，只是约定将来定价的方法或时间。例如在合同中规定按某年某月某日某地有关商品的国际市场价格作价或规定由进出口双方在某年某月某日协商确定价格。这种方式由于未就具体的价格做出规定，容易给合同的履行造成不稳定因素，但它却有利于贸易商规避价格波动的风险，如果交易双方有长期交往，彼此之间已形成比较固定的交易习惯，采用这种作价方法有积极意义。

（二）暂定价格

暂定价格的基本做法是在合同中先订立一个初步价格，作为开立信用证和初步付款的依据，待将来某个时间由交易双方确定具体价格后再做结算。例如在合同中规定单价暂定 FOB 纽约，每公吨 300 美元，具体价格以某年某月某日某交易所价格计算，买方按本合同规定的暂定价格开立信用证。这种作价方法也有一定的不稳定性，一般仅在与信用可靠、业务关系密切的客户洽购大宗商品的远期交易时使用。

（三）滑动价格

所谓滑动价格是指在合同中先规定一个基础价格，交货时或交货前一定时间，再由进出口双方根据工资、原材料价格变动的指数对价格做相应的调整，以确定最后价格的作价方法。在采用这种作价方法时，常用于调整价格的公式是：

$$P_1 = P_0 \times \left(a + b \times \frac{M_1}{M_0} + c \times \frac{W_1}{W_0} \right)$$

在上式中，P_1 代表调整后的价格即交货时的价格，P_0 表示订约时规定的基础价格，a 表示管理费用占货物价格的百分率，b 表示原材料成本占货物价格的百分率，c 表示工资成本占货物价格的百分率，M_1 表示交货时的原材料批发价格指数，M_0 表示订约时的原材料批发价格指数，W_1 表示交货时的工资指数，W_0 表示订约时的工资指数。其中，a、b 和 c 各占价格的若干百分比，由买卖双方于订约时商定。

在行情变动剧烈或双方未能就价格取得一致意见时，采用非固定价格方法有助于暂时解决交易双方在价格方面的分歧，先就其他条款达成协议，早日签约。但这种先订约后作价的方法具有较大的不确定性，如果双方在最后作价时不能取得一致意见，合同将无法执行。

三、固定作价与非固定价格结合使用

为了解决交易双方在采用固定作价或非固定价格方面的分歧，可以将固定作价与非固定价格结合使用，即采用部分固定价格，部分非固定价格的作价方法，或是分批作价的办法，交货期近的价格在订约时固定下来，其余的在交货前一定期限内作价。

第十七章　费用核算

在国际贸易中，一笔交易会涉及许多费用，加强对有关费用的核算，是合理核算经营成本和正确作价的基础和条件。

第一节　运费与保险费的计算

一、运费的计算

根据船舶经营的方式不同，计算运费的方法分为班轮运费计算及不定期船运费或租金的计算。

（一）班轮运费计算方法

班轮运费（Liner Freight）是班轮公司为运输货物，按照班轮运价表（Liner Freight Tariff）向货主计收的费用，分为基本费用（Basic Freight）和附加费（Surcharge），包括货物在装运港的装货费、在目的港的卸货费以及从装运港至目的港的运输费用和附加费用。在国际海运实务中，各国对班轮运价表的制定并不一致，概括起来主要有班轮公司运价表、船货双方协商制定双边运价表和航运公会运价表三种类型。

1. 基本运费

基本运费是班轮公司对航线上各基本港口间的货运所规定的运价，是按班轮表上规定的标准和费率来计算的，是将货物从装运港运到目的港的基本运费，也是其他一些按百分比收取的附加费的计算基础。在一定时期内，基本运费具有相对稳定性。在实践中，由于所运货物的品种不同，基本运费的计算方法具体分为重量法、体积法、从价法、选择法、综合法、按件计算法和临时议定法等。

（1）重量法。按重量法计算，基本运费等于计重货物的运费吨乘以运费率。所谓计重货物是指按货物的毛重计算运费的货物。在运价表中用 W 表示，它的计算单位为重量吨，如公吨（Metric Ton，M/T）、长吨（Long Ton，L/T）和短吨（Short Ton，S/T）等。这种方法用于价值不大、体积较小、重量较大的商品，如钢条等。

（2）体积法。按体积法计算，基本运费等于容积货物的运费吨乘以运费率。所谓容积货物是指按货物的体积计算运费的货物，在运价表中以 M 表示，它的计量单位为容积或称尺码吨。体积法适用于价值不高、重量较轻、体积较大的商品，如棉花等。

（3）从价法。按从价法计算，基本运费等于货物的 FOB 总值乘以从价费率。从价费率常以百分比表示。按从价法计算基本运费的货物，在运价表中用 Ad. Val 表示。如果交易双方不是按 FOB 而是按其他贸易术语，如 CIF 或 CFR 等达成交易，则应先将它们换算成 FOB 价格，然后再计算运费。从价法适用于价值高的货物，如古玩、稀有金属等。

（4）选择法。选择法即从上述三种计算运费的方法中选择一种收费最高的计算方法计算运费，或称之为重量法、体积法、从价法中从高计收。这种方法适用于难以识别是属于计重货物或容积货物或价值变化不定的货物。在运价表中，对按选择法计算的货物常以 W/M or Ad. Val 表示。

（5）综合法。综合法是以货物的毛重和体积计算运费，并选择其中运费较高者，再加上该种货物的一定百分比的从价运费。此类货物在运价表中用 W/M Plus Ad. Val 表示。

（6）按件计算法。它是一种按货物的实体件数或个数为单位计算运费的方法，即是按件数如头、箱、捆等计收运费的方法。这种方法主要适用于不需要测量重量和体积的货物，这些货物具有包装固定以及包装内货物的数量、重量、体积固定的特点，如车辆按每辆计收等。在运价表中此类货物以 Per Unit，Head，Piece etc 表示。

（7）临时议定法。这是按承运人和托运人双方临时议定的费率计算运费的方法。这种方法主要适用于粮食、豆类、煤炭、矿砂等运量大、运价低、易于装卸的农副产品和矿产品，在运价表中此类货物以 Open Rate 表示。

（8）其他方法。除上述方法外，还有其他一些计算运费的方法，如起码费率、从高计收等。起码费率是按重量或体积计算的运费，如果没有达到运价表中规定的最低运费额时，按规定的最低运费计收的方法。从高计收是当不同货物混装在同一个包装内（集装箱除外），或同一种货物因包装不同，计费标准也不同，而托运时没有按包装形式分摊重量或体积，或同一提单内不同计价标准的货物，在托运时没有分列货名和数量时，全部按收费较高者计收运费的方法。

2. 附加运费

为了保持一定时期内基本费率的稳定性，同时又能正确反映出各港的各种货物的航运成本，班轮公司在基本运费之外，又规定了各种额外加收的费用，称为附加运费。班轮运费包括的运费附加费主要有：

（1）关于货物自身的附加费。关于货物自身的附加费包括超重附加费、超长附加费和其他附加费。超重附加费指每件货物的毛重超过规定重量时所增收的附加费。超长附加费指每件货物的长度超过规定长度时所增收的附加费。其他附加费指某些特殊货物经过特殊处理时计收的费用，如熏蒸费、冰冻附加费等。

（2）关于港口方面的附加费。关于港口方面的附加费包括选卸附加费、港口拥挤附加费和港口附加费等。选卸附加费是对装货时尚不能确定卸货港，而抵达第一选卸港前才向船方宣布最后确定卸货港的货物所增收的附加费。港口拥挤附加费是一种临时附加费，它是在港口拥挤时，船方为了弥补船舶抵达港口后长时间等泊而延误船期、增加成本造成的损失而向货方加收的费用。港口附加费指船舶需要进入条件较差、装卸效率较低或费用较高的港口时，船方向货方增收的附加费。

（3）关于航道方面的附加费。关于航道方面的附加费包括直航附加费和绕航附加费。直航附加费指对运往非基本港口的货物，一次运量达到一定数量且要求直航停靠某港口时加收的附加费。绕航附加费是在战争等造成正常航道受阻，船舶需要绕道航行时船方加收的一种临时附加费。

（4）关于船舶方面的附加费。关于船舶方面的附加费包括转船附加费和洗舱费。转船附加费是向需要在中途港转船的货物所增收的中转包干费，包括换装费、仓储费及二程船运费等附加费。因为它是包干费，所以盈亏由船舶公司自理。洗舱费是在承运油、酒精等散装液态货物时加收的附加费。

（5）关于市场方面的附加费。关于市场方面的附加费包括燃油附加费和货币贬值附加费。燃油附加费是因燃油价格上涨而增收的附加费。货币贬值附加费是在货币贬值时，船方为了弥补运费损失而按基本运费加收的一定百分比的附加费。

3. 班轮运费的计算

班轮运费的一般计算公式为：

$$F = Fb + \sum S$$

在上述公式中，F 表示运费总额，Fb 表示基本运费，S 表示某一项附加费；基本运费是所运货物的数量（重量或体积）与规定的基本费率的乘积；附加费则是指各项附加费的总和，可以是基本运费的一定百分比，也可以是一绝对值。这样，按照附加费的不同，常用的班轮运费计算公式具体又有以下两种：

（1）当附加费为绝对值时，运费计算方法如下：

班轮运费 = 基本费率×运费吨 + 附加费

（2）当附加费是百分比时，运费计算方法如下：

班轮运费 = 基本费率×运费吨×（1 + 附加费百分比）

（二）不定期船运费或租金的计算

1. 程租船运费

程租船运费是指货物从装运港到目的港的海上运费。程租船运费的计算方法与支付时间，需要租船人与船东在程租船合同中明确规定。其基本方法有两种：一是按运费率计算，即规定每单位重量或单位体积的运费额，同时规定是按装船时的货物重量还是卸船时的货物重量来计算总运费；二是整船包干价，即规定一笔整船运费，船东保证能提供的载货重量和容积，不管船方实际载货多少，均按整船包干价支付运费。程租船运费的高低决定于租船市场运费水平、承运的货物价值、装卸货物所需要的设备和劳动力、运费的支付时间、装卸费的负担方法、港口费的高低及船舶经纪人佣金的高低。就其支付方法而言，程租船运费有预付和到付之分，预付有全部预付和部分预付两种，到付包括卸货前付、边卸边付和货物卸完后支付三种。

程租船装卸费用的承担是由租船人和船东协商后在程租船合同中规定的。一般分为：船方负担装卸费，这又称"班轮条件"，即按班轮做法，装卸费包括在运费内，由租船人负担运费，由船方负责支付装卸费；船方不负担装卸费，采用这一条件时还要明确理舱费和平舱费由谁负担，一般都规定由租船人负担，即所谓的船方不负担装卸、理舱和平舱费条件；船方管装不管卸条件，即船方负担装货费不负担卸货费；船方管卸不管装条件，即船方不负担装货费，只负担卸货费。

2. 期租船租金

在定期租船情况下，租船人为使用船舶而支付给船舶所有人的费用称为租金。租金的高低决定于船舶的装载能力、租期的长短及商定的租金率，通常规定按每月每载重吨若干金额或整船每天若干金额计算。期租船的租金在租期内不变，因此在较长期的定期租船合同中常订有"自动递增条款"，以弥补船舶所有人在租期中因部分费用上涨而导致的盈利减少或亏损。

二、保险费的计算

保险费是在计算保险金额的基础上，再依据一定的保险费率来确定的。

1. 保险金额

保险金额（Insured Amount）是保险人依据保险合同规定所应承担的最高赔偿金额，也是计算保险费的基础，保险金额往往由投保人自行决定。按照一般的国际惯例，保险金额一般按 CIF 或 CIP 货值加上货值的一定百分比（如10%）计算，这个增加的百分比叫保险加成率。保险金额的计算公式是：

保险金额 = CIF（或 CIP）货值 ×（1 + 保险加成率）

2. 保险费

保险费（Premium）是投保人支付给承保人的，是承保人经营保险业务的基本收入，也是承保人的保险基金即损失赔偿基金的主要来源。计算保险费的重要依据是保险费率。保险费率（Premium Rate）是按不同商品、不同目的地、不同运输工具和不同险别分别制定的。保险费的基本计算公式是：

保险费 = 保险金额 × 保险费率

由于保险费是按 CIF 或 CIP 货值为基础的保险额计算的，而在国际贸易业务中有时还会采用其他的贸易术语，因此要注意有关术语的换算。

第二节　佣金与折扣

在国际贸易中，货物的价格可以分为包含佣金或折扣的和不包含佣金或折扣的两类，例如，包含佣金的价格，即通常意义上的含佣价，不包含佣金的价格，即通常所说的净价。很显然，含佣价比净价要高。可见，佣金和折扣直接关系着买卖双方及其他有关方的经济利益，并影响着交易的实际价格，掌握佣金和折扣对贸易商具有重要的作用。

一、佣金和折扣的含义

佣金（Commission）是进口商或出口商付给第三者（中间商或佣金代理商）的报酬，表现为出口商付给销售代理人或进口商付给购买代理人的酬金。折扣（Discount）

也叫回扣（Rebate）、折让（Allowance），是出口商按原价给予进口商的一定比例的价格减让。

在实践中，佣金和折扣都有重要的作用，正确运用佣金和折扣，可以达到扩大交易、增强经济效益的目的。但是，另一方面，佣金和折扣是有区别的。佣金是在进口商或出口商通过第三者达成交易的情况下产生的，其作用主要在于调动中间商的积极性，从而达到扩大交易的目的。而折扣则直接在进出口商双方之间产生，就其原因，出口商对进口商实行价格减让是因为实销产品的质量低于标准或残次，故按标准产品价格折让出售，或者为照顾老客户，实行优惠价，给予"特别折扣"，再者就是前文已经论及的，出口商对购买量大的客户实施"数量折扣"，或对进入淡季的商品所做的季节折扣。从出口商的角度讲，合理把握折扣有利于调动进口商的积极性，达到扩大出口的目的。

二、佣金与折扣的表示方法

佣金有明佣与暗佣两种表示方法。明佣是在买卖合同或发票等有关单证的价格条款中公开表明的佣金，如在合同中写明"US ＄ 800 per M/T CIF New York including 3% commission"。此外也可以在贸易术语后面加注佣金的缩写"C"来表示，如"US ＄ 800 per M/T CIF C3% New York"。暗佣是在合同价格条款中不标明佣金而对实际进口商保密的做法，在这种表示方法下，与佣金有关的事宜由当事人另行约定。有的时候，在同一笔交易中，中间商利用暗佣，既从出口商方面获取佣金，又从进口商方面获取佣金，这种收取双重佣金的做法称为"双头佣"。从表面上看，暗佣的表示与净价无异，因此，为了明确区分，净价一般特别加注"net"字样，如"US ＄ 800 per M/T CIF New York net"。

折扣的表示方法与佣金的表示方法基本一致，如果是在合同条款中明确表示的，称为明扣，如"US ＄ 800 per M/T CIF New York including 3% discount"。有时候，折扣也简单地用"D"或"R"（Rebate）来表示，如"CIFD"或"CIFR"，但这种表示方法往往因为"D"和"R"含义不清而引起误解，使用时要特别注意。如果在合同条款中不明确规定折扣，而是由当事人双方另行约定，这种做法叫做暗扣。

三、佣金和折扣的计算与支付

在国际贸易中，佣金的计算方法有按金额计算的，也有按数量计算的，前者按成交金额约定的百分比计算，后者按每一单位数量收取若干佣金计算。在按成交金额计算时，佣金的计算公式为：

单位货物佣金额 = 含佣价 × 佣金率

净价 = 含佣价 − 单位货物佣金额

　　　 = 含佣价 × （1 − 佣金率）

含佣价 = 净价/（1 − 佣金率）

可见，在按成交金额计算时，计算佣金的基本原理是：

佣金 = 计佣基数 × 佣金率

在这里，计佣基数的掌握涉及贸易术语的选择，有的以 FOB 值为准，有的则以发票总金额为准。究竟应该以 FOB 值还是其他贸易术语值为准，这在目前尚有一些争议。有观点认为以 FOB 值为基础计算佣金比较合理，否则，如果以 CIF 值等为基础计算佣金，卖方除了对货物本身的价值支付佣金外，还需要对运费和保险费支付佣金。不论怎样，如果要求以 FOB 值为基础计算佣金，而成交时又是以 CFR、CIF 等条件达成交易的，要先进行贸易术语的换算，然后再计算佣金。

折扣的计算比较简单，不涉及是以 FOB 值还是其他贸易术语值为计算基数的争议，习惯上是按发票金额或成交金额为基础，再依据一定的折扣率来计算的。折扣率一般以百分率表示。折扣的一般计算公式为：

单位货物折扣额 = 原价(或含折扣价) × 折扣率

折实售价 = 原价 × (1 − 折扣率)

从支付方式来讲，折扣的支付也比较简单。由于折扣只涉及进出口双方的利益，因此折扣的支付一般是由进口商在支付时预先扣除折扣，然后再按折实售价支付款项。相对而言，佣金的支付要复杂一些。如果中间商只是介绍生意而不参与实际交易过程，此时佣金支付一般按照"先收后付"的原则，由进口商先将全部货款支付给出口商，然后再由出口商将佣金支付给中间商。在代理商兼具"佣金商"和"买主"的双重身份时，代理商一方面收取佣金，另一方面要与国外客户签订合同并负责执行合同，直接履行收货和付款的责任，这时佣金的支付也可以按照折扣的支付方法，由代理商直接从货款中扣除佣金。不过，采用这种方式要认真审核信用证条款，保证是在收到款项的同时扣除相应的佣金，防止在分批出运的情形下预付或多付佣金。

第三节　关税

一、关税的含义

关税是主权国家或单独关税区海关对进出关境的货物所征的税收。根据征收的对象不同，关税分为进口税和出口税。进口税是进口国家海关对进口商品所征收的关税；出口税是出口国家海关对出口商品征收的关税。由于各国普遍实施鼓励出口、限制进口的政策，因此大部分国家一般不对出口商品征收关税，进口关税便成了最主要的关税税种。

按照计征方法不同，关税主要分为从量税、从价税、混合税、选择税四种。其中，从量税和从价税是最基础的方式，混合税也称复合税，是对商品混合使用从价税和从量税计征关税，选择税是在从价税和从量税这两种计征方法中选择税额较高的一种计收关税。

（一）从量税

从量税是依据进口商品的数量和从量税率计征的关税。其基本特点是每一种进口商品的单位应税额固定，不受商品进口价格的影响。在这种计税方法下，税额的计算比较简便，通关手续快捷，能抑制低廉商品或故意瞒报价格商品的进口。从量税主要适用于规格品种简单、计量容易、同一种商品规格价差较小且经常性大宗进口的商品。

（二）从价税

从价税是以海关审定的完税价格作为计税依据，以应征税额占货物完税价格的百分比作为税率而计征的关税。其特点是税额随商品价格的变化而变化，即质优价高的商品税高，质劣价低的商品税低，这有利于体现税赋的合理性。但是，当不同品种、规格、质量的同一货物价格有很大差异时，海关估价有一定难度，计征关税的手续变得繁杂。尤其当进口商品遇到国际价格大幅下跌或人为地瞒报进口商品价格和低价倾销时，从价税的作用将被削弱。

二、完税价格的确定方法

（一）海关估价的一般方法及企业权利

计征从价税时，确定商品数量和从价税率比较简单，确定完税价格则比较烦琐，需要遵守一定的方法、制度和程序。为征收关税的目的而实施的确定进出口货物完税价格的方法、制度和程序叫做海关估价。

根据 WTO《海关估价协议》的规定，海关估价可以按顺序采用以下方法：以进口货物的成交价格确定完税价格，以相同货物的成交价格确定完税价格，以类似货物成交价格确定完税价格，以倒扣价格确定完税价格，以计算价格确定完税价格，以"回顾"价格确定完税价格。这些规定不仅与海关相关，与贸易商也联系紧密，尤其是当成员方根据《海关估价协议》制定自己的海关估价规则并将其用于约束海关估价行为时，《海关估价协议》就关系着贸易商的通关效率和成本及经济效益，关系着贸易商在海关估价方面的权益。

综观《海关估价协议》，诚信是其基础和原则。本着诚实、信用的宗旨，海关必须做到依法行政和依据统一、公平、中性的原则进行估价，确保估价程序的合法性，保护诚实经营者的合法权益；同时，进口商必须如实申报，包括向海关如实申报进口货物的成交价格，提供包括发票、合同、装箱清单及其他能证明申报价格真实、完整的单证、书面资料和电子数据；在海关对申报价格的真实性和正确性产生怀疑时，进口商须以书面形式作进一步说明，并提供相关资料或其他证据，证明其申报价格的真实性和准确性；如果海关认为买卖双方的特殊关系对价格产生实质性影响时，进口商须提供反映买卖双方关系和交易活动情况以及其他与成交价格有关的资料，用以说明成交价格没有受到与卖方之间的特殊关系的影响。

与如实申报相对照，价格瞒骗被看做是不诚实的突出表现。根据世界海关组织反价格瞒骗联合专家组的定义，价格瞒骗是指"向海关申报进出口货物价格时的欺诈行为"。据此可以认为，价格瞒骗具有主观上故意欺骗海关的特征，而客观上则表现为申报价格与实际成交价格不相符合，其目的在于牟取非法利益。在实践中，价格瞒骗常表现为：制作虚假发票或有关单证，最典型的做法是出口商向进口商提供两套发票，其中一套发票反映货物的真实价格，用于双方的结算，另一套发票用于向海关申报，发票价格低于货物的真实价格，以便偷逃关税。

在承担有关义务的同时，贸易商也享有一定的权利。其一是知情权，如果海关拒绝采用进口货物的成交价格，进口商有权要求海关将有关理由及复议决定以书面形式加以说明；如果海关认为买卖双方的关系影响了价格的真实性，海关应将其理由通知进口商，并给进口商适当的申诉机会，若进口商要求书面通知，则海关应以书面形式将其理由通知进口商。此外，进（出）口商还可以提出书面申请，要求海关就如何确定其进（出）口货物的完税价格做出书面说明。其二是对估价方法的选择权，根据协议的有关规定，进口商可要求海关颠倒倒扣价格方法和计算价格方法的适用次序。其三是申诉权，即在进口商与海关对进口货物的估价发生争议时，进口商有权向上一级海关提出申诉，要求进行行政复议，也可直接向司法机关提出申诉，并且进口商不应因为选择行使上诉权而遭到罚款或受到处以罚款的威胁，但诉讼费用和律师费用不属于罚款，海关也可要求进口商在上诉前交纳全部税款。其四是货物放行权，即当海关在确定进口货物完税价格的过程中因某种原因需要推迟确定进口货物最终的完税价格时，进口商在提供担保书、保证金或其他恰当文件等必要的担保后，可要求海关先将货物予以放行。

（二）《中华人民共和国进出口关税条例》的有关规定

按照《海关估价协议》的规定，我国修订了《中华人民共和国关税条例》（下称《关税条例》），对原来的海关估价方法作了较大修改。

1. 关于确定进口货物完税价格的规定

我国的《关税条例》规定，进口货物的完税价格由海关以符合条件的成交价格以及该货物运抵中华人民共和国境内输入地点起卸前的运输及其相关费用、保险费为基础审查确定。进口货物的成交价格指卖方向中华人民共和国境内销售该货物时买方为进口该货物向卖方实付、应付的，并按照有关规定调整后的价款总额，包括直接支付的价款和间接支付的价款。进口货物的成交价格应当符合的条件包括：对买方处置或者使用该货物不予限制，但法律、行政法规规定实施的限制、对货物转售地域的限制和对货物价格无实质性影响的限制除外；该货物的成交价格没有因搭售或者其他因素的影响而无法确定；卖方不得从买方直接或者间接获得因该货物进口后转售、处置或者使用而产生的任何收益，或者虽有收益但能够按照有关规定进行调整；买卖双方没有特殊关系，或者虽有特殊关系但未对成交价格产生影响。

此外，《关税条例》还规定，进口货物的下列费用应当计入完税价格：由买方负担的购货佣金以外的佣金和经纪费；由买方负担的在审查确定完税价格时与该货物视为一体的容器的费用；由买方负担的包装材料费用和包装劳务费用；与该货物的生产和向中华人民共和国境内销售有关的，由买方以免费或者以低于成本的方式提供并可以按适当比例分摊的料件、工具、模具、消耗材料及类似货物的价款，以及在境外开发、设计等相关服务的费用；作为该货物向中华人民共和国境内销售的条件，买方必须支付的、与该货物有关的特许权使用费；卖方直接或者间接从买方获得的该货物进口后转售、处置或者使用的收益。但是，进口时在货物的价款中列明的下列税收、费用，不计入该货物的完税价格：机械、设备等货物进口后进行建设、安装、装配、维修和技术服务的费用；进口货物运抵境内输入地点起卸后的运输及其相关费用、保险费；进口关税及国内税收。

进口货物的成交价格不符合有关条件的，或者成交价格不能确定的，海关经了解有关情况并与纳税义务人进行价格磋商后，可以依次按下列价格估定该货物的完税价格：

（1）与该货物同时或者大约同时向中华人民共和国境内销售的相同货物的成交价格；

（2）与该货物同时或者大约同时向中华人民共和国境内销售的类似货物的成交价格；

（3）与该货物同时或者大约同时进口，将该进口货物、相同或者类似进口货物在第一级销售环节销售给无特殊关系买方最大销售总量的单位价格（扣除规定的项目）。

（4）按照下列各项总和计算的价格——生产该货物所使用的料件成本和加工费用，向中华人民共和国境内销售同等级或者同种类货物通常的利润和一般费用，该货物运抵境内输入地点起卸前的运输及其相关费用、保险费；

（5）以合理方法估定的价格。在这几种方法中，纳税义务人可以在向海关提供有关资料后提出申请，颠倒上述方法第三项和第四项的适用次序。

2. 关于确定出口货物完税价格的规定

出口货物的完税价格由海关以该货物的成交价格以及该货物运至中华人民共和国境内输出地点装载前的运输及其相关费用、保险费为基础审查确定。出口货物的成交价格，是指该货物出口时卖方为出口该货物应当向买方直接收取和间接收取的价款总额。当出口货物的成交价格不能确定时，海关经了解有关情况并与纳税义务人进行价格磋商后，可以依次按下列价格估定该货物的完税价格：

（1）与该货物同时或者大约同时向同一国家或者地区出口的相同货物的成交价格；

（2）与该货物同时或者大约同时向同一国家或者地区出口的类似货物的成交价格；

（3）按照下列各项总和计算的价格：境内生产相同或者类似货物的料件成本、加工费用，通常的利润和一般费用，境内发生的运输及其相关费用、保险费；

（4）以合理方法估定的价格。

三、关税的计算

（一）计算关税的基本方法

根据关税的基本内涵，计算从量税和从价税的基本公式为：

从量税额 = 商品数量 × 从量税率

从价税额 = 单位商品完税价格 × 商品数量 × 从价税率

= 商品总值 × 从价税率

在计算从价关税时，完税价格的构成项目不同，计算的关税税额就会不同。WTO《海关估价协议》规定，进口货物运抵进口地的运输费、装卸费及保险费等，进口成员方海关可以根据本国的有关法规，计入或不计入完税价格。可见，成员方可以选择是否按 CIF 价格计算完税价格。

（二）我国的从价关税计算方法

在我国，计算进口货物从价关税的基础是 CIF 价格。我国《关税条例》和《海关法》规定，进口货物的完税价格由海关以该货物的成交价格为基础审定，具体包括货物的货价、货物运抵我国境内输入地点起卸前的运输及其相关费用、保险费。基本的计算公式是：

进口关税税额 = CIF 价格 × 进口关税税率

实际中，有时会以 FOB、CFR 等贸易术语达成进口交易。在这种情况下，计算进口货物从价关税时需要先将以其他术语计算的价格换算为 CIF 价格，然后再按 CIF 价格计算完税价格。

此外，《海关法》还规定，出口货物的完税价格包括货物的货价、货物运至中华人民共和国境内输出地点装载前的运输及其相关费用、保险费，但是其中包含的出口关税税额，应当予以扣除。因此，我国出口货物从价关税的计算是以 FOB 价格为基础的，基本计算公式是：

出口货物完税价格 = FOB 价格 − 出口关税税额

= FOB 价格 /（1 + 出口关税税率）

出口关税税额 = 出口货物完税价格 × 出口关税税率

= ［FOB 价格 /（1 + 出口关税税率）］× 出口关税税率

在实务操作中，有时会以 FOB 之外的其他贸易术语达成出口交易，在这种情况下，计算出口货物从价关税时需要先将以其他术语计算的价格换算为 FOB 价格，然后再按 FOB 价格计算完税价格。

第四节　银行费用的核算

在当今的国际贸易中，银行不仅是货款结算中心，而且是贸易融资中心，银行在提供贸易结算与融资服务的同时，也向贸易商收取相应的融资费等银行费用，这些费用构成贸易商的成本开支。实践中，银行费用具有繁杂多样性的特征，它不仅因货款结算与贸易融资业务的不同而异，而且随国家、地区不同及汇率变化而变化，在此略举一二，以说明贸易商加强对银行费用的核算并将其合理计入价格的意义。

一、信用证项下的主要银行费用

在信用证支付方式下，银行费用主要包括因信用证的确立和传递而产生的开证费、修改费、开立及修改的通知费、传递费，因信用证融资而产生的押汇费、付款费、承兑费、保兑费、转让费，信用证指定开证行以外的第三家银行作为偿付行时产生的偿付费，以及议付时遇到单证不符点较多或限制议付的情形，银行为确保自身信誉与安全而收取的验单费，等等。

开证费是开立信用证所发生的费用，它通常由开证申请人即进口商负担；修改信用证的费用一般由要求修改的一方承担；通知信用证的费用一般由进口商承担；保兑费用一般由进口商负责，通常以 3 个月或 4 个月为一期，每期计收保兑金额千分之几的费用。

押汇费用一般由办理押汇的人如出口商负担，通常按押汇金额的千分之几计收。押汇费用主要包括银行手续费、联系往来的邮电费、汇费、出口押汇利息等。其中，出口押汇利息的基本计算公式是：

出口押汇利息 = 票面金额 × 利率 × 估计收到票款所需天数/360

可见，在实务中，信用证项下银行费用的承担责任是比较清楚的。但是，在不少情况下，交易的一方总是想方设法地转嫁费用负担，如进口商通过信用证条款将其应该负担的银行费用转嫁给出口商，有的信用证甚至规定一切银行费用均由受益人承担。因此，在贸易洽谈中，交易双方首先应该明确有关银行费用的承担责任并将其在有关条款中作明确规定。此外，贸易商应加强对自己所承担的银行费用的核算，为合理作价奠定基础。

二、远期汇票贴现的有关费用

远期汇票已经承兑但尚未到付款期时，持票人为了提前得到款项，可持汇票到贴现银行或贴现公司要求贴现。银行或贴现公司从汇票票面金额中扣去按当时的贴现率和贴现期计算的贴现息后，把余额即汇票现值净款付给持票人。银行或贴现公司贴现汇票付出对价成为汇票的持票人后，还可在市场上继续转让，最后由持票人在到期日向付款人索取票款。

在汇票贴现的过程中，会发生承兑费和贴现息，如果当事人所在国对汇票实施印花税，那么还会发生印花税。在这些费用中，远期付款交易的承兑费，一般由买方负担，但卖方要求承兑远期汇票的目的是为了贴现时，应由卖方负担。印花税一般由出票人负担，为了节省印花税，有的信用证并不要求提交汇票，而仅凭所开发票作为资金单据付款，或以收据代替汇票，这样就可以不出汇票而合理避税。

贴现息是由融资人承担的，贴现息的多少按一定的贴现率计算。贴现率一般略低于银行的放款利率，它的具体水平与有关当事人的信用状况紧密相关。通常情况下，汇票的主债务人如出票人、承兑人或保证人资信状况好，其贴现率就低，反之则高。此外，汇票的出票条款也会影响贴现率的高低。一般说来，如果信用证项下出具的汇票既有正常的贸易背景，又有银行承兑，其贴现率就比较低。贴现率通常是以年率表示的，在计算贴现息时需要将它折合为日率。在实践中，不同货币条件下一年的折合天数不同，例如：美元和德国马克一般是按一年折合 360 天来计算，而英镑则按一年折合 365 天计算。汇票贴现息及净款的计算公式是：

贴现息 = 票面金额 × 贴现天数/360（或 365）× 贴现率

净款 = 票面金额 – 贴现息

= 票面金额 ×（1 – 贴现天数/360（或 365）× 贴现率）

在上述公式中，贴现天数指距离付款到期日的天数。

三、包买票据项下的费用构成

在包买票据业务项下，进口商的费用负担包括担保人的保证费和隐含在出口货物报价中的出口商向包买商支付的贴现、融资利息。出口商的费用负担包括贴现费及承担费等。这些费用是包买商接到出口商对包买票据业务的询价，并在分析进口商所在国的政治风险、商业风险和外汇汇出风险后，根据国际包买票据市场情况做出的、经出口商接受的报价的组成部分。通常情况下，出口商需要在得到包买商对包买票据业务的报价后核算经营成本，并将其承担的包买票据业务项下的、可以转嫁的费用计入货价，然后再与进口商谈判签约。如果出口商不了解包买票据业务项下的费用负担，在与进口商签约后才与银行做包买票据业务，这样就会失去核算有关成本和转嫁费用负担的机会，其结果当然只能是蒙受损失。

（一）贴现费

贴现费（Discount Charges）指包买付款日至票据到期日之间的贴现息。在包买票据业务中，出口商根据包买协议从包买商那里贴现，即期获得资金，并按包买付款日至票据到期日的贴现期支付贴现费。在实务中，出口商往往预先将贴现费折合成利息计入货物价格中，从而将其转嫁给进口商。

贴现费按相应的贴现率计算。贴现率一般有两种报价方式，即固定利率和浮动利率，由出口商自己选择。通常出口商喜欢固定利率，因为他们可在交易的开始就知道总的贴现成本。贴现率的高低是根据进口国的综合风险系数、融资期限的长短、融资货币的筹资成本等决定的，它通常由反映包买商筹资成本的贴现率部分加上反映包买商所承担的风险和收益的附加率构成。

此外，在包买票据业务中有时会遇到多收期（Grace Days）问题。多收期是指从票据到期日至实际收款日的估计延期天数。由于任何延期都会使包买商增加成本，所以，包买商为补偿其在到期日向进口方银行索偿时可能遇到的拖延或其他麻烦，一般在报价时都在实际贴现天数的基础上多加 2~3 天的宽限期计算宽限期贴息。

（二）承担费

承担费（Commitment Fee）是出口商在承诺期内须承担的费用。承诺期是指从包买商与出口商签订包买票据协议起至包买商实际贴现付款日止的一段时间。承诺期不是固定的，但一般不超过 6 个月。包买商一旦承诺为出口商贴现票据，从签订包买票据协议起的任何一天，都有可能成为实际贴现付款日，所以包买商要事先筹备好资金，随时准备支付票款，这样，包买商不仅将因为不能使用有关款项而丧失某些机会，而且要支付利息，如果在此期间出口商因某种原因未能履约，包买商还要蒙受一定的资金损失。因此，在叙做包买票据业务时，包买商收取相应的承担费是合理的。

承担费是根据贴现的面值及向出口商承诺的融资天数和约定的承担费率来计算的。承担费率一般为年率0.75%～1.5%。计算公式为：

承担费 = 票面值 × 承担费率 × 承诺天数/360

四、国际保理业务的费用

国际保理业务的费用主要包括服务佣金、信用销售控制费、银行服务费和融资费用。服务佣金一般按发票金额的一定比例收取，具体比例取决于保理总销售额、付款方式、信用期限、出口目标市场的有关情况、出口产品类别等。信用销售控制费是保理商对买方进行资信调查和确定信用额度，并承担信用风险所收取的费用。银行服务费包括银行汇出货款和头寸调拨的手续费、托收项下的单据处理费等，一般由银行按一定比例收取。融资费用指保理商向出口商提供贸易融资时收取的贴息及有关费用。

国际保理业务中的费用承担可以由交易双方协商决定，但一般情况下主要是由保理商向出口商收取上述各项费用。出口商在预算所承担的有关保理费用后，可以结合价格谈判尽量从货价中得到补偿。

五、出口信贷融资成本

出口信贷融资成本（Financing Cost）通常由贷款利率、出口信贷的有关保险费等构成。以出口买方信贷为例，其融资成本主要包含贷款利率、承担费、管理费、出口买方信贷担保费用等。贷款利率一般采用或参考采用《君子协定》中规定的商业参考利率（Commercial Interest Reference Rate，CIRR），各种货币的商业参考利率都根据各国国内政府债券的收益率制定。承担费是指在借贷双方正式签署出口买方信贷协议后，对未提取的贷款部分按实际天数所收取的费用，因为在此期间贷款银行必须准备一定金额的款项以备借款人随时支取，这样银行会损失一部分利息，因此借款人必须负担银行的有关损失。管理费是由于贷款银行提供起草文件、与借款人谈判以及账户管理等服务收取的杂费，一般按贷款金额的一定比例一次性收取。

六、出口信用保险费

出口信用保险费通常包括两个部分：一部分为备作保险事故发生时用于赔偿的保险费，它由风险率来计算；另一部分为附加保险费，主要指各种营业费用、计划利润、资本利息等。另外，为了考虑出口信用保险中的巨大风险、统计及数学上的偏差等等，还需计算安全费，这也包括在附加保费当中。以上各项费用加总构成总保险费，或称营业保险费或表定保险费。

第十八章　成本构成与报价

成本是商品价格的主要组成部分，掌握进出口贸易中的成本构成，加强成本核算，关系着贸易中的合理定价和贸易商的经营效益。从一般原理讲，出口成本和进口成本的构成是一致的。但是，由于在进口和出口中当事人的立场、义务不同，因此出口成本和进口成本的具体构成项目是不同的。

第一节　出口成本与报价

一、出口成本的构成

商品出口包括准备货物、出口报关、交付货物三个基本环节，这些环节发生的费用将构成基本的成本要素。由于出口报价时有些费用尚未真正发生，即使已发生的费用，具体分摊也要经过一段时间，因此在拟订价格时要准确计算成本是很困难的，一般只是依据历史的和现时的成本资料，进行成本预算或估算。在成本预算中，财务部门的成本资料非常重要，因为它一般比较准确、细致，而业务部门从实际需要出发，对数据资料往往不一定掌握得十分准确。根据各方面的成本资料，对主要的成本项目逐项估算，对各项零星小项目作笼统估计，再一并计入成本，就可以概算出相应的成本开支。

主要成本项目通常是根据商品的特性和交易的具体情况来确定的。价值较低、轻泡易损且体积大的商品，其包装费用和运杂费往往是成本的主要项目；而易潮类商品，其包装成本占总成本的比例较高；需要冷藏储运的商品，其冷藏仓租在成本中会占较大比重；需要经过长途运输才能到达出口口岸的商品，国内运杂费将在其成本中占较大比重。此外，在国际贸易中，不同的贸易术语表示的价格构成因素不同，例如，CFR 术语包括从装运港至目的港的正常运费，CIF 术语除包括从装运港至目的港的正常运费外，还包括保险费。因此，对构成成本的一些项目做必要的取舍与估算，再加上具体的贸易术语条件下出口商应当承担的费用及融资费用和其他银行费用，就可以得出不同贸易术语条件下的出口总成本。

在准备货物的时候，出口商需要支付相应的货物成本，如通常意义上的采购成本或进货价格（含相关税费）；在将货物运至出口地或出口港口的过程中，出口商还要支付运杂费、包装费、商品损耗费、仓储保管费、经营管理费等商品流通费，和国内运输方面的运费、保险费等；在出口地或港口，出口商要承担认证费、商检费、港区杂费等；此外还有与融资相关的融资费及其他银行费。所有这些费用加总，就构成

FOB 条件下的出口总成本。在 FOB 出口总成本的基础上，加上国际运输方面的运费，就构成 CFR 条件下的出口总成本，而 CFR 条件下的出口总成本加上国际运输方面的保险费，就可以得到 CIF 条件下的出口总成本。如果有中间商加入交易需要支付佣金时，在相应的成本基础上加上佣金，就构成含佣金的成本，如 CIF 成本加上佣金构成含佣金的 CIF 成本，即 CIFC 成本。

二、出口成本核算

出口成本核算是反映贸易商出口经营盈亏状况的重要指标，有关成本指标是贸易商进行贸易融资时金融机构需要了解的基本因素。实践中，出口成本核算主要包括出口换汇成本、出口盈亏率和出口创汇率的核算。

（一）换汇成本的计算

换汇成本是指某出口商品换回一单位外汇（如美元）需要的人民币成本。换言之，即用多少元人民币的"出口总成本"可换回单位外币的"净收入"，它反映出口商品换取外汇的能力。其计算公式为：

换汇成本 = 出口总成本(人民币)/出口外汇净收入（美元）

上式中，出口外汇净收入为 FOB 外汇净收入，即扣除佣金、运费、保险费等费用后的外汇净收入。出口总成本为减去出口退税收入后的成本，用公式表示为：

出口总成本 = 出口商品购进价格(含增值税) + 有关费用 – 退税收入

换汇成本的计算原理表明，换汇成本与出口总成本成正比，与外汇净收入成反比。利用这一关系，换汇成本常用于考核出口商品的经营成果，通过不同种类出口商品换汇成本高低的比较，作为调整出口商品结构和"扭亏增盈"的依据之一；通过同一种类商品出口到不同国家和地区的换汇成本的比较，作为选择出口市场的依据之一；通过比较不同地区、不同公司出口同一种类商品的换汇成本，有利于找出差距，挖掘潜力，改善经营管理。

（二）盈亏率的计算

盈亏率是出口盈亏额与出口总成本的比值，它反映出口商品的盈亏程度，用公式表示为：

盈亏率 =（盈亏额/出口总成本）×100%

盈亏额 =（FOB 出口外汇净收入×银行外汇买入价）– 出口总成本(退税后)

从计算结果来看，如果为正，则表明出口盈利；相反则表明出口亏损。很显然，计算与比较不同商品出口及同一商品出口到不同市场的出口盈亏率，仍然具有十分重要的意义。

（三）出口创汇率的计算

出口创汇率指成品出口的外汇净收入与加工成品所用原料的外汇成本之间的比率。如果原料为国产的，原料外汇成本可按原料的 FOB 出口价计算，如果原料为进口的，原料外汇成本可按原料的 CIF 进口价计算。其计算公式为：

出口创汇率 = 外汇增值额/原料外汇成本×100%

= (成品出口外汇净收入 – 原料外汇成本)/原料外汇成本×100%

出口创汇率反映成品出口的创汇情况，因此对衡量出口成品是否有利具有重要意义，特别是在进料加工的情况下，出口创汇率直接反映了以外汇购进原料经加工成成品出口的创汇效果。如果计算结果为正值，则表示外汇增值，从而表明出口成品有利；若结果为负值，则说明出口成品不利。为了确保出口创汇率的准确性，在计算过程中，进口与出口的数量单位要一致，反映成品出口外汇净收入和原料外汇成本时所使用的外汇必须是同一种货币。

三、出口报价

国际贸易中的一般作价原理表明，如果报价太低，出口商就会受到利益损失甚至亏本，而报价太高往往又容易失去交易机会。为了合理报价，出口商应在出口总成本核算的基础上，根据国际市场行情、预期利润和适当的贸易术语等因素来综合考虑具体的价格水平。

一方面，出口商在报价前应做好市场跟踪调研，清楚市场的最新动态，并依据最新的行情报出价格，随行就市。另一方面，出口商应了解进口商的真正需求，以便作出有的放矢的报价，如果遇到特别看重低价购进的进口商，较低的报价就容易赢得交易。再者，由于贸易术语决定着出口商和进口商的责权划分，因此贸易术语是报价的核心内容之一，出口商必须充分了解各种贸易术语的真正内涵并选择适当的贸易术语进行报价。此外，出口商还需要考虑合同其他要件如付款方式、交货期、装运条款、保险条款等的情况来决定报价，如果某些合同要件对进口商有利，出口报价的灵活性就更大。

总之，在充分考虑各方面因素的基础上，将某个贸易术语条件下的各种价格构成要素按合理的方法汇总，就可以得到该贸易术语条件下的出口报价，以下关于 FOB、CFR、CIF 三种贸易术语条件下的出口报价计算方法，可以充分说明这个基本原理。

FOB 报价 ＝（实际购货成本＋国内费用）/（1－预期利润率－银行手续费率－…）

CFR 报价 ＝（实际购货成本＋国内费用＋出口运费）/（1－预期利润率－银行手续费率－…）

CIF 报价 ＝（实际购货成本＋国内费用＋出口运费）/［1－（1＋保险加成率）×保险费率－预期利润率－银行手续费率－…］

CIFC 报价 ＝（实际购货成本＋国内费用＋出口运费）/［1－（1＋保险加成率）×保险费率－预期利润率－银行手续费率－佣金率－…］

在上述公式中，实际购货成本是购货成本与出口退税额的差额。也就是说，对涉及出口退税的商品，在出口报价时要注意核算并从成本中扣除出口退税额。

第二节　进口成本与报价

一、进口成本的构成与核算

从要素分类的角度来看，进口成本包括货物的进口合同价格和进口费用，其基本计算公式是：

进口成本＝进口合同价格＋进口费用

在上式中，进口合同价格是进口商和出口商通过交易磋商达成的交易价格。而进口费用则包括很多具体项目。和出口成本的构成一样，进口成本也会因为交易所选用的贸易术语不同而异。就几种最常用的贸易术语来看，在 FOB 条件下，进口商需要按合同规定支付价款，还要负责租船、订仓、办理保险，支付运费、保险费，以及自负风险和费用取得进口许可证或其他核准文件，并办理货物进口及必要时经由另一国过境运输的一切海关手续。在 CFR 条件下，进口商不负责租船、订仓，也不承担相应的运费，但进口商需要按合同规定支付价款，并负责办理保险和支付保险费，以及自负风险和费用取得进口许可证或其他核准文件。在 CIF 条件下，进口商需要按合同规定支付价款，还要自负风险和费用取得进口许可证或其他核准文件。

实践中，由于各国的贸易管理措施及规定不同，进口费用的具体构成也有区别。以我国进口贸易中 FOB 条件下的进口费用来看，其主要项目包括从装运港到我国卸货港的运输费、运输途中的保险费、卸货费、驳船费、码头建设费、码头仓储费、有关税费如进口税、进口商品的检验费和其他公证费、银行费用、报关提货费、国内运费和仓储费、利息支出、其他费用等。因此，在实务中，进口商应根据合同规定的价款和不同贸易术语条件下需要承担的费用和风险等来计算进口成本。

二、进口盈亏率的计算

进口盈亏率是进口盈亏额与进口成本的比率。进口盈亏额是指进口商品国内销售价格和进口总成本的差额。进口盈亏率的计算公式是：

$$进口盈亏率 = \frac{国内销售价格 - 进口总成本}{进口总成本}$$

很显然，如果进口总成本大于进口商品的国内销售价格，进口商就会亏损，反之，进口商就能获得盈利。进口商的盈利与进口商品的国内销售价格之间存在正向变动关系，与进口总成本之间存在反向变动关系，在进口商品的国内销售价格一定时，进口总成本越小，进口商的盈利就越大，在进口总成本一定时，进口商品的国内销售价格越高，进口商的盈利就越高。因此，进口商要获得较好的经济效益，一定要在进口交易前做好估算进口商品盈亏率的工作。

三、进口报价

进口贸易以购买国外的商品并通过出售或使用该商品而获取利益为目的，无论是出售还是使用进口商品，都涉及购买进口商品的对外成交价格和在国内市场的价格之间的比较，通过这种比较，进口商就可以确定进口利润。因此，在洽购进口时，进口商应根据国内市场行情和必须的成本开支及预期的经营利润，即根据进口商品国内销售价格扣除预期利润和进口费用的余额来把握可以接受的购进价格底线。

和出口报价一样，进口报价也要考虑国际市场行情的影响，并以国际市场价格为依据，对有国际市场价格的商品，应依据国际市场价格水平作价，对一时难以掌握国际市场价格的商品，可参考类似商品的国际市场价格作价。同时，由于贸易术语是决定进口费用的重要因素，因此，在进口报价时，进口商需要合理选择贸易术语，并根据所选贸易术语的费用划分来考虑价格水平。

此外，在报价的时候，进口商需要明确价格并非越低越好，只有将价格水平与商品的品质、数量、付款条件等结合考虑，才能合理把握价格。

第三节 价格换算及合同中的价格条款

一、价格换算方法

在国际贸易实务中，许多时候都涉及不同贸易术语之间的换算问题，例如，在对外交易磋商的过程中，有时一方按某种贸易术语报价后，对方要求改报其他术语所表示的价格，如一方按 FOB 报价，对方要求改按 CIF 或 CFR 报价，这就涉及价格的换算问题。再如，在我国的进口业务中，使用较多的贸易术语是 FOB、CFR 和 CIF，但是，不管使用哪种贸易术语，最终都要折合成 CIF 价格。因此，掌握不同贸易术语条件下价格的换算方法是十分重要的。根据前述分析表明的不同的贸易术语之间的换算关系，现将 FOB、CFR 和 CIF 三种贸易术语条件下的价格换算关系以公式表示如下：

（一）FOB 价换算为 CFR 价和 CIF 价

FOB 价换算为 CFR 价和 CIF 价的计算公式分别是：

CFR 价 = FOB 价 + 运费

$$CIF\ 价 = \frac{FOB\ 价 + 运费}{1 - 保险费率 \times (1 + 保险加成率)}$$

（二）CFR 价换算为 FOB 价和 CIF 价

CFR 价换算为 FOB 价和 CIF 价的计算公式分别是：

FOB 价 = CFR 价 − 运费

$$CIF\ 价 = \frac{CFR\ 价}{1 - 保险费率 \times (1 + 保险加成率)}$$

（三）CIF 价换算为 FOB 价和 CFR 价

CIF 价换算为 FOB 价和 CFR 价的计算公式分别是：

FOB 价 = CIF 价 − 保险费 − 运费

CFR 价 = CIF 价 − 保险费

二、贸易合同中的价格条款

合同中的价格条款，一般包括商品的单价和总值两项基本内容。商品的单价通常由四个部分组成，即计量单位、单位价格金额、计价货币和贸易术语，如在价格条款中规定"每公吨200美元，CIF伦敦"（USD 200 per M/T CIF London），其中的计量单位为公吨，单位价格金额为200，计价货币为美元，贸易术语条件为CIF伦敦。总值是单价与成交数量的乘积，也就是一笔交易的货款总金额。在规定总值时，要注意总值与单价所使用的货币名称的一致性。

价格条款是贸易合同的重要条款，各项内容的规定必须明确具体，符合双方协商一致的意见，特别是对单价中涉及的计量单位、单位价格金额、计价货币、贸易术语、装卸地名称等必须书写正确、清楚。在书写计量单位的时候要注意与数量条款中所用的计量单位的一致性，一般说来，价格条款与数量条款的计量单位应该相同。贸易术语的规定应根据不同情况加注装运港或目的港，这样才能准确表明交易双方责任与风险的划分区间，如果目的港或装运港有同名的，应该注名目的港或装运港所在的国别或地区名称。

计价货币的规定除说明货币名称外，还必须明确是哪个国家或地区的货币，以防将不同国家或地区名称相同的货币混淆。此外，在同一份买卖合同中，计价货币与支付货币通常是同一种货币，但有时也可以是不同的货币，在这种情况下，两种（或多种）货币按何时何种汇率进行结算，是关系到交易双方利益得失的重要问题。除了交易双方所在国政府之间订有贸易协定或支付协定从而限定了支付货币的选择需要按有关协定办事外，在更为普遍的情况下，计价货币和支付货币的选择及其对交易双方利益的影响都取决于彼此间的磋商与谈判。就一般的原则而言，计价货币与支付货币应该选用可自由兑换、币值相对稳定的货币，同时注意在出口中争取使用"硬币"，进口中争取使用"软币"，或者"软币"与"硬币"结合使用，即部分选用"硬币"、部分选用"软币"，如果在出口中使用了"软币"或进口时使用了"硬币"，除了可以把预测的可能的汇价浮动幅度在价格中加以考虑外，还可以订立外汇保值条款。

为了避免因价格条款的规定不当而引起争议，价格条款还应对确定单价的作价办法和与单价有关的佣金与折扣的运用作必要的说明；在包装材料和包装费另行计价时，对其计价办法也应一并规定；如果交货品质和数量约定有一定的机动幅度，还应对机动部分的作价作相应规定；对溢装或短装的商品，其价格常以合同价计算，但为了防止故意溢装或短装的行为，也可以规定按装船时或到货时的市场价格计算；至于与品质机动幅度相关的价格调整，通常是通过订立品质增减价条款来规定按实际品质增价或减价，或规定只对品质低于合同规定品质的商品减价，对品质高于合同规定品质的商品不予加价，其具体做法由交易双方协商决定。

第 7 篇　贸易合同的签订与履行

及违约救济

　　通过对前述各篇论及的商品品质、数量、包装、运输、保险、货款的支付等基本交易条件的磋商洽谈，并在合理考虑贸易融资和成本核算的基础上对成交价格进行讨价还价之后，如果双方意见一致、达成交易，那么，按照通常的做法，交易双方将签订书面合同。书面合同签订后，出口商和进口商将按照合同的规定履行合同。在履行合同的过程中，如果发生不属于不可抗力或其他可以免去当事人责任的原因所致的不履行或不完全履行合同义务的情况，将构成违约行为，此时就会涉及违约的救济甚至争议的处理。

第十九章 贸易合同的签订与履行

贸易合同的签订和履行是国际货物买卖的关键环节，只有签订了贸易合同并使合同得到全面履行，才能实现交易双方的根本目的。就合同的履行而言，由于出口商和进口商所处的立场不同，他们履行合同所包括的具体环节也就不同；同时，在不同的贸易术语条件和不同的结算方式下，进口商和出口商承担的风险和义务不同，他们履行合同的业务内容也不相同。因此，探讨贸易合同的履行通常是在一定的贸易术语和结算方式下分别从出口合同的履行和进口合同的履行两个角度来进行的。

第一节 贸易合同的签订与履行概述

一、书面合同的签订

根据有关规定，一方发盘经另一方接受，交易双方之间就达成了合同关系。但是，按照国际贸易习惯，交易双方通常还要签订书面合同，以书面合同的形式将磋商与谈判达成的意思一致的合同条款确定下来，并由双方当事人签字认可。在实践中，签订书面合同的意义主要在于：

（一）作为合同成立的证据

根据法律要求，凡是合同必须要提供证据、得到证明。书面合同是证明买卖双方之间存在合同关系最为有效的证据，特别是在口头磋商的情况下，书面合同的证据作用就更为突出。

（二）作为当事人履行合同和解决履约争议的依据

在国际贸易中，货物买卖合同的履行涉及企业内外的众多部门和单位，过程也很复杂，如果不形成书面合同，几乎无法履行。因此，为了给履行合同提供方便，使履行合同准确及时地进行，无论通过什么方式达成的协议，最好把双方协商一致的条件用文字归纳记录，并由双方签字确认，作为履行合同的依据。另外，由于各种原因，当事人在履约的时候产生这样那样的争议是经常性的现象，贸易合同可以为当事人的履约状况提供衡量的标准，也可以为解决争议提供依据甚至方法。

（三）作为合同生效的条件

在进出口业务中，有时买卖双方约定以书面合同的最终形成作为合同生效的条件，或有关法律规定以签订书面合同作为合同生效的条件，那么，在形成书面合同之前，即使双方对各项成交条件全部协商一致，在法律上仍不能作为有效的合同。

二、履行贸易合同的基本原则

书面合同签订之后，交易就进入最后环节——贸易合同的履行阶段。在这个阶段，当事人的履约行为将涉及许多的法律、法规和基本原则，只有做到既履行贸易合同规定的义务，同时又遵守有关国家或国际条约的规定，当事人的履约行为才具有法律效力。就一般情况而言，当事人履行贸易合同需要遵守的原则包括：

（一）法律强制性规则

遵守法律强制性规则称作履行合同的合法原则，它要求合同当事人在订立合同和履行合同时必须遵守法律，不得通过协议改变或补充法律规定的强制性规则。例如，根据我国有关法律规定，当事人订立、履行合同，应当遵守法律、行政法规，尊重社会公德，不得扰乱社会经济秩序，损害社会公共利益。美国《统一商法典》规定："本法规定的善意、勤勉、合理和注意的义务，不得通过协议加以排除。"《联合国国际货物销售合同公约》规定，一旦一个缔约国根据公约规定做出了声明：公约准许销售合同订立、更改、终止，或者发价、接受或其他意思表示得以书面以外任何形式做出的规定不适用时，在该缔约国内的当事人不得减损或改变上述声明的效力，即当事人必须以书面形式行事，如履行合同中要以书面的形式通知，否则无效。

在国际贸易中，遵守法律强制性规则的原则不仅被普遍接受，同时也得到了一些国际协议或惯例的认可。根据《欧洲合同法原则》的有关规定，无论管辖合同的法律如何，根据有关国际私法规则而应适用的强制性的规则应当予以适用，无论这些强制性规则是一国国内法、超国家法或国际法的规则。国际统一私法协会制定的《国际商事合同通则》也规定，通则的任何规定都不得限制根据有关国际私法原则而应适用的强制性规则的适用，无论这些强制性规则是国家的、国际的还是超国家的。

（二）守信原则

重合同、守信用是履行贸易合同时当事人要遵守的重要原则。重合同是指在交易磋商和签订合同时当事人必须慎重考虑国家的政策、法规、履约的客观条件及其他相关因素。守信原则要求当事人对依法订立的合同必须严格遵守，认真履行，如果发生不属于不可抗力或其他可以免去当事人责任的原因所致的不履行或不完全履行合同义务的情况，将构成违约行为。根据一般的法律原则，履行合同既是经济行为，又是法律行为，凡是依法成立的合同，对有关当事人便具有法律约束力，当事人应当严格履行合同，任何一方都不能擅自变更或解除合同。例如，我国有关法律规定，依法成立的合同对当事人具有法律约束力，当事人应当按照约定履行自己的义务，不得擅自变更或者解除合同。美国《统一商法典》规定，合同指当事方通过协议而承担的受本法或其他适用法约束的全部法律义务。

（三）通知原则

根据各国法律和国际贸易公约或惯例的规定，在履行合同时，一方当事人的某些意思表示必须向另一方当事人发出通知才能生效。例如，我国有关法律规定，一方当事人依法主张解除合同时应当通知对方。《销售合同公约》的有关条款也对履行合同时必须的通知作了具体的规定，且规定一方当事人发出通知是其义务之一。至于通知的方式，有的法律作出了明确规定，有的法律则未具体规定。《销售合同公约》规定，当事人要从实际情况出发，选择适合的方法发出通知，从而使其意思表示能无拖延地、可靠地传达到对方。关于通知生效的时间，有的实行送达生效原则，有的则采用投邮生效原则。

（四）合同履行中的抗辩权

通常情况下，一方当事人履行合同义务与另一方当事人履行合同义务是互为条件的，如买方的付款以卖方的交货为前提，或卖方的交货以买方开出信用证为条件等。这样，就可能产生当一方当事人不履行自己的合同义务时，另一方当事人能否拒绝履行自己义务的问题。对此，为了避免合同履行中发生不公平现象，维护合同双方当事人利益的平衡，许多国家的法律都规定当事人一方在对方未履行或者不能保证履行其义务时，可以拒绝履行自己的义务。大陆法系国家的学者把这种法律制度称为合同履行中的"抗辩权"，并进一步将其区分为同时履行抗辩权和不安抗辩权。其中，同时履行抗辩权是指依法或依合同约定双方当事人应同时履行合同时，任何一方当事人在对方当事人未履行合同前，可以拒绝履行其义务的一种权利，这是法律赋予当事人的对自己的义务履行暂作保留的权利。不安抗辩权是指根据合同规定，当事人一方应向另一方先行履行义务，当其先行履行之前，发现另一方的财产或履行债务的能力明显减少，有可能难以履行对待给付时，可以要求另一方提供担保或履行对待给付，否则该当事人可以拒绝履行自己的义务。关于不安抗辩权，大陆法系的一些国家和我国的有关法律都作了明确规定。例如，《法国民法典》规定：如果买卖成立后买受人陷于破产或处于无清偿能力致使出卖人有丧失价金之虞时，即使出卖人曾同意延期支付，出卖人也不负交付标的物的义务，但为买受人提供到期支付的保证人不在此限。

第二节　出口合同的履行

出口合同的履行，是指卖方按照合同的规定履行交货等一系列责任，直至收回货款的整个过程。由于术语条件及结算方式不同，履行合同的环节就不同，而在我国实践中，出口多以 CFR 或 CIF 条件成交，以信用证方式收取货款，因此，本节以采用 CIF 术语和不可撤销信用证结算条件下的出口合同为例来探讨履行出口合同的一般原理。通常情况下，履行这类合同时会涉及备货、收受信用证、租船订舱、报验、保险、装船、报关、制单结汇等诸多环节。这些环节之间是相互联系、相互依存的，因此只有把这些环节紧密联结起来，严格按照合同规定，根据法律和惯例的要求，做好每一环节的工作，才能确保货、款对流的顺利进行，使合同得以圆满履行。

一、备货

（一）备货的含义

备货是指按照出口合同约定的货物品名、品质、等级、规格、型号、数量、包装、交货期等内容生产或采购拟将出口的货物，以便按质、按量、按时地完成交货任务。在备货阶段，主要涉及的部门包括生产出口成品货物的工厂或其原材料供应商、其他供货部门、仓储部门、包装物料的供应商、管理出口产品的行政主管部门，备货工作的主要内容是向生产部门、供货部门或仓储部门安排或催交货物，核实应交货物的品质、规格、数量，进行必要的加工整理、包装、刷制唛头以及办理申报检验和领证等工作。其基本操作是：在出口合同签订后，出口商向生产工厂下生产订单签订购销合同，或与其他供应商签订购销合同；生产工厂根据购销合同做生产计划安排，准备生产所需的原材料，订购包装物料，按照出口合同规定的交货期，生产出全部合格的出口产品；需要申领出口许可证、商检证、濒危物种证等的出口产品，生产工厂或出口经销商向相应的主管部门申领有关文件。

（二）备货阶段应注意的问题

在备货工作中，应注意以下几个问题：

1. 货物的品质必须与出口合同的规定相一致

保证货物的品质、规格及花色搭配与合同要求完全一致，这是顺利履行出口合同、避免造成经济损失的关键之一。为此，出口商必须做到严格按照出口合同规定的品质准备货物，对不符合规定的货物立即更换。

2. 货物的数量必须符合合同的规定

交货数量原则上应与合同规定完全一致。但在信用证支付方式下，按《跟单信用证统一惯例》的规定："除非信用证规定所列的货物数量不得增减，在支取金额不超过信用证金额的条件下，即使不准分批装运，货物数量允许有5%的增减幅度，但信用证规定货物数量按包装单位或个数计数时，此项增减幅度则不适用。"如果交货数量用"约"量表示，应按双方约定的惯例处理。

3. 货物的存储要恰当

不同种类性质的货物要采用相适应的存储场地、条件和方法，以保证货物在生产或采购后、待出口前不遭受品质损失。

4. 货物的包装必须符合出口合同的规定

不同种类性质的货物要采用相适应的包装物料和包装方式，一是为了适应远洋长途运输，二是为了保护货物免于受损、防雨、防潮等，三是为了货物在运输装卸过程中易于操作，如堆码、提取等，四是需要考虑所用包装物料是否是出口和进口国限制或禁止使用的。对货物的包装应进行认真的检查和核对，看是否出现破漏、水渍等不良情况，以及是否符合合同规定的运输方式。如果合同采用"习惯包装"、"适合海运包装"等笼统规定，应按买卖双方形成的习惯、海运的要求和共同理解办理；如果合同对包装未作具体规定，则按同类货物通用的方式包装，若无通用方式，则按足以保全和保护货物的方式包装。一旦发现包装不妥，应立即修整或更换。

5. 货物备妥时间应与合同及信用证装运期限相适应

货物备妥的时间，必须适应出口合同与信用证规定的交货时间和装运期限，尽可能做到船货衔接，以避免船等货或货等船的现象，从而节约费用。为防止意外，一般还应适当留有余地。凡合同规定收到买方信用证后若干天内交付货物的，为保证按时履约，防止被动，应催促进口商按合同规定的期限开来信用证，出口商收到信用证后应及时审核，审核无误后及时安排生产或加工。

6. 注意知识产权问题

备货阶段必须注意知识产权问题，保证所备货物不被任何第三方根据工业产权或其他知识产权提出任何权利或请求。

7. 注意货物的加工生产条件

货物的加工生产条件是备货阶段需要考虑的问题，尤其是对一些需要在国家相关行政主管部门获得登记注册或许可生产的出口商品或包装，要特别注意有关要求和条件。例如，食品类出口产品，其生产厂家需要在当地主管出入境检验检疫部门申请登记注册，其生产加工场所、生产加工能力、卫生环境状况等条件能够满足相关规定并获准登记注册后，该工厂才具备生产或加工出口产品或包装的资格。

二、收受信用证

在凭信用证支付的交易中，信用证的收受是不可缺少的一个重要环节，一般包括催证、审证、改证三项内容。

（一）催证

催证（Urge Establishment of L/C）即催促进口商迅速办理开立信用证的手续，也就是出口商依照出口合同规定的开证时间，要求进口商及时开立信用证。进口商按约定时间开具信用证，对出口商而言，是备货和按时交货的前提条件。如果进口商不开出信用证，出口商即使备了货、装了船也不能结汇。但是，在实际业务中，由于种种原因，进口商不按合同规定开证的情况时有发生，因此，为保证按时履行合同，提高履约率，出口商有必要在适当的时候，提醒和催促进口商按合同规定开立信用证。实践中，开立信用证的时间与不同种类和数量的货物的生产备货周期紧密相关，一般是在合同中约定需在交货前多少天开出或开到。

（二）审证

审证（Examination of L/C）指收到信用证后，出口商根据合同内容及《跟单信用证统一惯例》的有关规定对信用证进行的审查核对工作。审证是出口商和银行的共同责任，但两者的工作重点不同。银行主要审查开证银行的政治背景、资信能力、付款责任和索汇途径方面的内容。出口商则重点审核信用证的内容与合同规定是否一致。因此，总体而言，出口商审证要特别注意严格按照出口合同的各项约定，逐条逐款仔细核对。具体而言，审核信用证的工作要点包括：

1. 对开证行的审核

开证行的政治背景和资信情况不仅与安全收汇有密切的关系，而且还涉及政策问题。在我国，凡是政策规定我国不与之进行经济贸易往来的国家银行开来的信用证，均应拒绝接受，或请客户另行委托其他允许与我国往来的银行开证。同时，不同国家、地区的各个开证银行的信用等级及其业务能力有较大差别，可以通过通知行或议付行对不熟悉不了解的开证行作资信调查，以确定其所开信用证的信用度。如果开证行资信较差，出口商可要求另找银行对原证加以保兑，或另找银行对原证进行代开，或在信用证索汇条件中增加电报索偿条款，以确保收汇的安全。

2. 对信用证性质和开证行付款责任的审核

信用证必须是不可撤销的，对列有"可撤销"字样的信用证应拒绝接受，同时，信用证内应载有开证行保证付款的字句。实践中，有的信用证虽然注明了"不可撤销"字样，却增加了一些限制性或保留性条件，如"待获得有关当局签发的进口许可证后方能生效"，"信用证项下的款项在货物清关后予以支付"，或电报来证注明"另函详"等类似文句。这些条件改变了信用证的性质和开证行的付款责任，受益人对此必须慎重考虑。

3. 对信用证金额与币种的审核

信用证金额以及币种应与合同金额和币种相一致。如果合同内订有商品数量的溢短装条款，信用证金额也应规定相应的机动条款。如果货物溢装，原证由于进口国的外汇管制无法预先给予金额幅度，则出口商可以在确定溢装数量后，立即要求进口商增加信用证金额；或者出口商将出口押汇的发票以及汇票等单据作成两套，一套根据信用证要求议付，另一套注明溢装数量和金额，以信用证申请人作为付款人的即期汇票托收。

4. 对信用证有关货物描述的审核

信用证中有关商品的名称、品质、规格、数量、包装等内容应与合同规定一致，若发现信用证与合同规定不符，应酌情作出是否接受或修改的决策。

5. 对信用证的有效期、到期地点、交单议付期和装运期的审核

按《跟单信用证统一惯例》规定，一切信用证均须规定一个有效期，即交单付款、承兑或议付到期日。信用证的有效期应与装运期有一个合理的时间间隔，以便出口商在装运货物后有足够的时间来办理制单结汇工作。对于有效期早于装运期到期或与装运期同时到期（即双到期）的信用证，一般应拒绝接受。信用证的到期地点有三种，即出口地、进口地或第三国地。在我国出口业务中一般要求在中国到期，因为后两种到期地点因出口商难以控制，容易造成收汇不安全。

此外，信用证还应规定一个运输单据出单后受益人向信用证指定的银行提交单据要求付款、承兑或议付的期限，即交单期。如果信用证无此期限的规定，按照惯例，银行有权拒受迟于运输单据日期 21 天后提交的单据，但无论如何，单据必须不迟于信用证的到期日提交。

6. 对信用证装运条款的审核

信用证中对装运港、目的港，以及对转运与分批装运的规定应与合同相符，除非合同中明确规定，出口商要求信用证允许转运和分批装运，或对此不作禁止性规定。此外，还应注意信用证中是否对分批装运有特殊要求，如果信用证上只注明允许分批装运，但未注明每批的数量，即视为出口商既可一次装运也可以分批装运，每批数量不限。但如果信用证在规定分批装运期限的同时，也规定了各批装运的具体数量，这

时只要分批装运中有一期未能按时、按量运出，则信用证对该期及以后各期都是无效的。

7. 对单据的审核

信用证中对单据的种类、份数及内容的规定应与合同保持一致，如发现特殊规定，例如商业发票或产地证明须由国外第三者签证，或者提单上的目的港后面加上指定码头等，都应慎重对待。此外，还应注意审核所需单据是否全套，如有的要求 1/3 套提单送开证申请人、2/3 套提单转交银行等是否能接受。

8. 对信用证保险条款的审核

信用证保险条款的规定也应与合同相符，投保险别和投保金额都不得有违合同规定，除非信用证上表明由此产生的超额保费由进口商负担并允许在信用证项下支取。

（三）改证

在审核信用证时，如果发现不能接受的条款，就需要进行改证（Amendment of L/C）。由于修改信用证涉及各当事人的权利和义务，因而不可撤销信用证在其有效期内的任何修改，都必须征得各有关当事人的同意才能生效。修改信用证可由开证申请人主动提出，也可由受益人主动提出。如果由开证申请人提出修改，在经开证银行同意后，由开证银行发出修改通知书，并以信件、电报等电信工具通过原通知行转告受益人，经各方接受后修改生效。如由受益人提出修改要求，则应首先征得开证申请人同意，也就是说，在信用证中如果发现有不符点，无论是文字拼写描述错误或是实质性的内容错误，或是有不能接受的软条款，受益人都应先通知开证申请人，由其向开证银行及时提出改证申请。

此外，在改证时应注意信用证的修改条款与其他条款的一致性，如起运地从港口改为内陆城市后，相应的海运 B/L 也应改为多式联运 B/L；装期延期后，有效期也应相应延期，等等。当信用证需要修改的地方较多时，出口商应尽量将修改要求一次提出，以节约时间和费用。对对方银行开来的修改通知，出口商只能选择全部接受或全部拒绝，不能接受其中一部分内容而拒绝另一部分内容。因此，一旦出口商发现修改通知中仍有不能接受的内容，就要立即通知开证申请人继续修改。

三、租船订舱

凡是以 CIF 条件成交的出口合同，都要由出口商负责安排运输。在这个工作环节，出口商首先应根据出口合同的约定确定运输的具体方式，并根据每批出口货物的实际数量及包装情况决定该批货物是整箱、拼箱或是散装运输。在我国实践中，出口企业通常委托外运公司代办托运，为数量大、需整船运输的货物办理租船手续，同时为数量不够整船的货物治订班轮舱位或租订部分班轮舱位。

其次，出口商应根据出口合同和信用证中规定的收发货人的相关资料、出口货物的品名、实际发运货物的数量、件数、包装、运输唛头、毛/净重、体积、发运地/港口、目的地/港口等及信用证规定的其他相关运输条款的信息资料，填写托运单即订舱委托书，这是托运人根据合同和信用证条款内容填写的、向船运公司或其代理人办理货物托运的单证。该托运单一式数份，分别用于外轮代理公司留存、运费通知、装货单、收货单、外运机构留底、配舱回单、缴纳出口货物港务费申请书等。

最后，船方将根据货物的性质与数量、船舶配载情况、装运港、目的港与船期等内容安排船只和舱位，然后对出口商签发装货单，作为通知出口商备货装船与载货船舶收货装运的凭证。待载货船舶到港后，由出口商或外运公司将货物送到指定码头，经海关查验放行后，凭装货单装船。

四、出口报验

凡按约定条件和国家规定必须法定检验的出口货物，在备妥货物后，应向有关部门申请检验，只有经检验部门出具检验合格证书后海关才会放行，凡检验不合格的货物，一律不得出口。

申请报验时，应填制出口报验申请单，向检验部门办理申请报验手续，该申请单的内容，一般包括品名、规格、数量或重量、包装、产地等，在提交申请单时，应随附合同和信用证副本等有关文件，供检验部门检验和发证时作参考。

当货物经检验合格，由检验部门发给检验合格证书，或在"出口货物报关单"上加盖检验章。若检验不合格，由商检机构签发"不合格通知书"，报验单位可重新加工后申请复验。同时出口商应在检验证规定的有效期内将货物装运出口，如在规定的有效期内不能装运出口，应向检验部门申请延期，并由检验部门进行复验，复验合格后，才准予出口。

五、投保

凡按 CIF 条件成交的出口合同，在装船前均须按合同和信用证规定向保险公司办理投保手续。出口货物投保都是逐笔办理的，投保人应填制投保单，将货物名称、保险金额、运输路线、运输工具、开航日期、投保险别等一一列明，为了简化投保手续，也可利用出口货物明细单或货物出运分析单来代替投保单。保险公司在接受投保并办理完相关手续后，将向投保人签发出口货物保险单，并根据不同的货物特性及包装，不同的运输方式和装运条件，不同的国别地区所适用的保险费率，向投保人收取保险费。

需要特别注意的是，出口货物运输保险应在配载就绪、确定船名后，于货物运离仓库或其他储存处所之前及时办理，同时还应根据不同出口货物的包装特性以及有关国家或地区的政治环境等补充投保一些附加险，如战争险、罢工险、冷藏险、黄曲霉素险等。

六、出口报关

出口报关是指出口人向海关如实申报出口，交验有关单据和证件，接受海关对货物的查验。出口货物装运出口前必须向海关申报，未经海关查验的货物，一律不得擅自装运出口。在出口货物的发货人缴清税款或提供担保后，经海关签印放行称为清关或称通关。出口报关通常要经过申报、征税、查验、放行四个环节。

（一）出口申报

出口报关时出口货物的发货人（通常为出口商）或其代理人应向海关申报交验有关单据、证件，申请验关并办理货物通关出境的手续。海关在接受申报时，要对进出口报关单位申报的内容及递交的随附申报单证，依据国家对进出口货物的有关政策、法令、规章进行认真审核。通过审核有关单证，确定进出口货物的合法性、申报的内容是否正确以及申报的单证是否齐全、有效等。根据我国《海关法》第18条规定，出口货物的发货人，除海关特准者外，一般应在装运前24小时内向运输工具所在地的海关申报。

出口商在货物装运前必须填写出口货物报关单，出口货物报关单是海关凭以进行监管、查验、征税、统计的基本单据。报关单上的项目，申报人必须如实正确地填写清楚，并在报关单上签字盖章。出口货物报关单通常一式二份。此外，出口商在申报出口时，还应提供出口许可证、商检证书、装货单、发票、装箱单或重量单等必要证件及单据。

（二）征税

按规定应当缴纳出口税的准许出口的货物，由海关根据我国《关税条例》和《海关税则》规定的税率，征收出口税。出口货物经海关查验情况正常，在缴清税款或提供担保后，海关方可签章放行。

（三）查验

查验是指海关在接受报关单位的申报并以已经审核的单证为依据，在海关监管区域内对出口货物进行实际的检查和核对。在查验过程中，海关检查出口货物是否与出口报关单和其他证件的内容相符，以防止非法出口、走私及偷漏关税等。

海关查验货物一般在海关监管区的进出口口岸码头、车站、机场、邮局或海关的其他监管场所进行。对出口的大宗散货、危险品，经申请可在作业现场予以查验。在特殊情况下，经申请，海关审核同意，也可派人员去发货人仓库查验。

（四）放行

出口货物在申报人按照海关规定办妥申报手续后，经海关审核单证和查验有关货物、办理纳税手续后，海关解除货物监管准予出境。在放行前，海关派专人负责审查该批货物的全部报关单证及查验货物记录，并签署认可，然后在装货单或运单上盖章，出口商方可装运出境。

七、货物付运

货物装运时，船方理货人员凭装货单验收货物，待货物装船完毕后，即由船长或大副根据装货实际情况签发"大副收据"。大副收据，又称收货单，是船方签发给托运人的，表明货物已装妥的临时收据，载明收到货物的详细情况。出口商或外运机构可凭此单据向船公司或其代理换取海运正式提单。另外，出口商在货物装船后，应向对方发出通知，以便其做好收货、付款、赎单准备，办理进口报关和接货手续。同时，装箱时应注意避免串味、污染等问题的发生，并根据货物包装的情况注意计算、合理堆码，最大限度地利用集装箱的空间，多装货物，对于这些问题，出口商在报价及签订合同时就应充分考虑，以便测算运输成本。

八、制单结汇

出口货物装运后，出口企业应按照信用证的规定，备齐各种单据，并在信用证规定的有效期和交单期内，将各种单据和必要的凭证送交指定的银行办理要求付款、承兑或议付的手续，并向银行结汇。

在信用证方式下，出口结汇的关键是出口商应根据信用证的规定制作和提交全套收汇单证，这些单证主要包括提单、发票、装箱单、保险单、品质证书、原产地证、普惠制证书（Form A）、商检证书以及包装证明等。在实际操作中，要特别注意提交的各种单据必须与信用证的规定相一致，并保证出口单据正确、完整、及时、简明、整洁，这对及时安全收汇有特别重要的意义。

正确是出口单据的前提和核心，在信用证支付方式下，开证行只有在审单无误的情况下，才承担付款责任。因此，出口商必须严格做到"单证相符"和"单单相符"，即单据与信用证一致，单据与单据一致。此外，应注意单据与货物的一致。单据的完整是指信用证规定的各项单据必须齐全，不能短缺，单据的种类、每种单据的份数和单据本身的必要项目都必须完整。及时是指应在信用证的有效期和交单期内，将各种单据送交指定的银行办理议付、付款或承兑手续。此外，在货物装运前，最好先将有关单据送交银行预审，以便有足够的时间来检查单据，早日发现问题，及时予以修正，避免在货物出口后，因单据不符而被拒付。简明是指单据的内容应按信用证规定和《跟单信用证统一惯例》条文规定的国际标准进行填写，力求简单明了，切勿添加不必要的内容，以免弄巧成拙。整洁是指单据的布局要美观大方，其格式设计应标准化，缮制或打印的字迹应清楚醒目，不宜轻易更改，尤其是对金额、数量和重量等内容更不宜改动。

以上是履行 CIF 及信用证结算方式下的出口合同的基本环节。在我国实践中，根据有关规定，出口商在制单结汇后，应及时办理出口收汇核销和出口退税手续。其中，出口收汇核销是以出口货物的价值为标准核对是否有相应的外汇收回国内的一种事后管理措施，其作用和目的在于通过外汇管理局与海关、银行、经贸及税务等部门的通力合作，将出口收汇与出口的各个管理环节连接起来，促使出口商按实际出口额（扣除合理因素）将外汇如数收回国内，防止国家外汇流失，加速企业资金周转。其基本运作是出口商在收汇后，凭收汇银行出具的收汇水单，以及海关签发的出口报关单核销联和已申报使用并经海关签章的出口收汇核销单，在外管局规定的时效内及时提交当地主管外汇管理局办理核销，如果逾期办理核销或逾期不办理核销，出口商将会受到外管局相应的处罚。

出口退税是国际贸易中通常采用并为各国普遍接受的一种税收措施，其目的在于鼓励出口、促进公平竞争。在我国，办理出口退税时贸易商需要提交的单据包括海关签发的出口报关单退税联、购入出口商品的增值税发票和出口收汇核销单。为了做好出口退税工作，出口商在取得增值税发票后，应仔细核对发票上的各项数据和信息是否正确，并及时送交主管退税局予以认证，待取得从海关退回的报关单和核销单后，还应与增值税发票仔细核对，三份单证上的数据和信息应是一致的，在配齐三份单证后及时送交主管退税局办理退税。

第三节　进口合同的履行

目前，我国进口交易一般都是以 FOB 条件成交，以即期信用证的方式付款。按照这些条件成交的进口合同，其履行程序一般包括开立信用证、派船接货、投买保险、审单付款、提取货物等环节。

一、信用证的开立与修改

进口合同签订后，进口商应在合同规定的开证日期前，根据合同内容向银行申请，及时向出口商开出信用证。在申请开证时，进口商一般应向开证银行提供开证申请书、授信额度使用申请书、进口合同副本、进口付汇核销单、购汇申请书等，并根据银行的要求提交一定数量的抵押金或提供其他形式的担保，进口需要许可证的产品，还需提供进口许可证的银行付汇联。进口商在填写申请书时，应在其中列明各项交易条件，同时这些交易条件应与合同的规定相符，从而保证银行开出的信用证的内容与合同一致。开证银行接单审核无误后，根据开证申请书的内容向出口商或其指定受益人开出信用证，并向申请人收取一定的银行费用。

信用证开出后，如发现内容与开证申请书不符，或因情况发生变化或其他原因，受益人要求对信用证进行修改时，进口商应当在审核改证要求并认为合理后，立即向开证行提出修改申请，以便开证行及时将改证通知传递给受益人。如果不同意修改，也应及时通知受益人，敦促其按原证条款履行装货和交单。

二、租船订仓

在办理运输手续时，进口商应根据合同规定的装运期和其他条件确定具体的运输方式和办理租船订舱，并根据每批进口货物的实际数量和包装情况决定该批货物是整箱、拼箱或是散装运输。同时，进口商还应根据进口合同和信用证中发货人的名称、地址，进口货物的品名、发运地/港口、目的地/港口等信息，制作订舱单或货物委运书，交给委托的货代公司或船公司订舱。在办妥租船订舱手续，接到运输机构的配船通知后，进口商应按规定期限将船名及预计到港日期及时通知出口商，将货代或船公司在装运地的办事机构联络资料告知发货人，由其双方衔接交接货及装运事宜，由进口方委托的货代或船公司承运进口货物。同时，进口商还应做好催装工作，特别是对一些数量、金额较大的重要商品，最好委托在出口地的代理商来督促出口商按合同规定履行交货义务，保证船货衔接。

三、投买保险

在 FOB 条件达成的合同项下，进口商需要负责办理货物运输保险。进口货物运输保险一般有两种方式，一种是预约保险，在我国，部分外贸企业和保险公司签订海运、空运和陆运货物的预约保险，简称"预保合同"（Open Policy）。这种保险方式手续简便，对进口货物的投保险别、保险费率、适用的保险条款、保险费及赔偿的支付方式等都作了明确的规定。根据预保合同规定，保险公司自动承保由进口商负责办理运输保险的进口货物。对于海运货物，只要将装运通知副本送交一份给保险公司，即作为已办妥保险手续，而不需要逐笔投保。另一种是逐笔投保，即进口商需要逐笔填交投保单作为投保申请，保险公司审批后，向进口商签发保险单或保险凭证作为承保证明。进口商在接到出口商的发货通知后，必须立即向保险公司办理保险手续。

保险公司对海运货物保险的责任从货物在装运港装上船时生效，到提单载明的目的地收货人仓库终止。如果未抵达上述仓库或储存处所，则以被保险货物在最后卸载港卸离海轮后 60 天为止，如不能在此期限内转运，可向保险公司申请延期，延期最多为 60 天。

和出口货运保险一样，进口货运保险的办理也必须做到及时，否则，对货物于投保之前在运输途中发生的损失，保险公司不负赔偿责任。同时，还应根据不同进口货物的包装特性以及有关国家或地区的政治环境等补充投保一些附加险。

四、审单付款

出口商将货物交付装运后，即将汇票和全套单据提交开证行或保兑行或其他指定银行。开证行收到单据后，根据"单单一致"和"单证一致"的原则，仔细审核信用证规定的一切单据，以确定其表面内容是否符合信用证条款。若审核无误，即按即期或远期汇票付款或承兑。开证行或信用证指定的付款行经审单后付款，付款后丧失追索权。

如果经开证行审核发现单证不符，应与进口商联系，立即处理。进口商可以接受，指示开证行付款，也可指示开证行拒付，或支付部分货款。如果同意改为货到检验合格后再付款，凭受益人或议付行出具的担保付款，由议付行通知发货人更正单据后付款。

根据《跟单信用证统一惯例》规定，开证行或保兑行或其指定的银行应各有一段合理的时间审核单据，通常为不超过收到单据次日起 7 个银行工作日，审核后决定接受或拒绝单据，并相应地通知交单方。银行在审单无误并付款后，进口商应按要求向银行付款赎单。

五、进口报关、报验与提取货物

通常情况下，进口货物到达进口口岸后，进口商应备齐全套报关单证交给承运人

国际贸易实务与融资

或报关行，或自理报关进口。报关单证一般包括进口报关单、提（运）单、进口付汇情况表、进口合同、发票、装箱单等，其他的如入境货物通关单、进口许可证等根据不同货物对应的监管要求相应提供。在我国，根据有关规定，凡进口商品，必须办理报关手续，进口货物经海关查验放行后，进口商才能提货。办理海关手续时，进口商必须向海关填交"进口货物报关单"，并随附发票、提单、包装单据、检验证书以及进口许可证等单据，海关在接受进口申报后，经过商品归类、统计、审单审证、征税、查验货物等步骤，审核各类单据及进口货物无误后，在报关单上签字或盖上"验讫放行"或类似字样的印章，并注明海关放行的日期，进口货物即可通关。

与出口业务中的情况相同，只有那些有报关资格的报关员才能办理报关。报关员的签字与印章均在海关备案，若报关单上没有报关单位及报关员的签章，或签章不符，海关不予受理。我国的进口业务中，报关手续一般由外运公司代办。

此外，进口需法定检验检疫的商品，进口商在货物运抵口岸或目的地后，应备齐全套报验单证向当地主管出入境检验检疫部门办理报验手续。在我国，根据有关规定，凡列入商检机构实施检验的种类表的进口货物和其他法律、行政法规规定须经商检机构检验的进出口商品，必须经过商检机构或者国家商检部门、商检机构指定的检验机构检验。进口商品未经检验的，不准销售、使用。因此，进口货物到货后，收货部门或其代理人必须在合同规定的期限内，向商检部门报验，报验单证一般包括进口报验申请单、提（运）单、进口合同、发票、装箱单等，其他的如从欧美、日韩进口的货物，要提供非针叶木质包装申明或提交针叶木质包装的当地官方或其授权机构出具的热处理证书；进口食品需提供当地主管出入境检验检疫局已签发的进口食品标签批文等。除商检机构实施的检验外，进口港的港务局还将按码头惯例在卸货时核查进口货物表面情况，若发现短缺或残损，港务局填制短缺报告交船方确认，同时将货物存放于海关仓库，由保险公司会同商检机构及有关当事人进行进一步的检验。

进口货物在清关和进口报验手续完结后，进口商凭海关加盖了放行章的提（运）单或货物放行单，以及当地主管出入境检验检疫部门签发的货物放行单办理提货手续，在向堆场、码头或仓库支付完相应的提货费用、完结提货手续后即可提取货物。

以上是履行 FOB 及信用证结算方式下的进口合同的一般程序。在我国实践中，根据有关规定，进口商付汇后还需要在外管局规定的时效内及时办理进口付汇核销，逾期办理核销或逾期不办理核销将会受到外管局相应的处罚。进口付汇核销是以付汇的金额为标准核对是否有相应的货物进口到国内或有其他证明抵冲付汇的一种事后管理措施，其基本运作是在进口商完成进口申报，并从申报地海关取得签退的进口报关单付汇联后，连同进口付汇核销单，填制好一式两联的进口付汇核销表，送交主管外汇管理局完成进口付汇核销手续。

第二十章　违约及其救济

在履行合同的过程中，常常发生一方当事人没有履行自己的合同义务或者履行合同义务不符合合同规定的情况，并由此给另一方当事人造成影响乃至损失。针对这种情况，需要依据合同条款、通过对货物进行检验或对不可抗力加以认定等途径，来确定当事人是否违约以及违约责任如何承担，对受损方提供必要的违约救济。

第一节　违约及其确定

一、违约

违约（Breach of Contract）也被称为违约行为，就一般的法律意义而言，它是指合同当事人在无法定事由的情况下，没有履行合同义务或者履行合同义务不符合合同约定的情况。在国际货物买卖合同的履行中，违约是指出口商或进口商在不存在合同约定的免责事由如不可抗力事故的情况下，没有履行合同规定的义务、或部分履行合同规定的义务、或履行合同义务不符合合同的要求。如出口商不交付合同约定的货物、迟延交付货物、交付与合同规定不符的货物、未向进口商发送装船通知，进口商不按期开立信用证、不按约定支付货款、不按约定接受货物等。可见，国际货物买卖合同项下违约的基本类型有两种：一是出口商不履行或不完全履行合同规定的义务，或履行合同义务不符合合同要求；二是进口商不履行或不完全履行合同规定的义务，或履行合同义务不符合合同要求。如果出口商和进口商都不履行或不完全履行合同规定的义务，或履行合同义务不符合合同要求，那就会出现交易双方都违约。

就构成违约的条件来看，各国法律对此有不同的规定。大陆法以过失责任作为处理违约的基本原则，认为在当事人不履行或不完全履行合同义务时，只要存在可以归咎于当事人的过失，就构成违约。在英美的司法实践中，处理违约通常不以当事人有无过失作为构成违约的必要条件，而是以当事人履行合同的情况来做出判断，只要当事人不履行合同，就构成违约。英美的有关法律认为，一切合同都是"担保"，只要一方当事人不能达到担保的结果，就构成违约。《销售合同公约》也没有明确规定违约必须以当事人有无过失为条件，认为只要当事人违反合同的行为使另一方受到损失，就构成违约。

很显然，各国的有关规定尽管不一致，但都把当事人违背贸易合同的有关规定视作构成违约的最基本的条件。因此确定违约的基本依据是贸易合同的相关条款，只要将合同条款规定的义务与当事人的实际行为相对照，就可以衡量当事人是否履约以及其履约行为是否符合合同要求。实际上，签订书面合同的意义之一就在于书面合同对当事人义务的明确规定可以为当事人的履约情况提供衡量标准。例如，一份以 CFR 和即期信用证结算条件达成的贸易合同，必定会对出口商交货的时间、地点、方式及办理货物运输手续等义务做出明确的规定，同时也会对进口商开立信用证、办理货运保险、接受货物等义务做出明确的规定。只要将出口商和进口商的实际行为与贸易合同对上述内容的具体规定相比较，就可以确定出口商是否按贸易合同规定的条件交货和办理货物运输手续，同时也可以确定进口商是否按约定开立信用证、办理货运保险或无理拒收货物。

当然，从另一方面来讲，要衡量出口商所交货物的实际情况是否符合合同的规定，从而判断出口商在这方面是否违约，就不能仅仅依据合同条款来做出判断，这时就需要确定出口商所交货物的实际数量、品质、包装等，并通过将出口商所交货物的实际数量、品质、包装等与贸易合同的有关规定进行比较才能做出判断。在实践中，确定出口商所交货物的实际数量、品质、包装等的方法和途径是对其实施检验，这被称为货物的检验或商品检验。由于交付符合合同规定的货物在任何贸易合同项下都是出口商最基本的义务，而确定出口商所交货物是否符合合同规定的途径是商品检验，因此可以得出结论：确定出口商是否违约的重要途径是商品检验。

二、货物的检验

（一）货物的检验

货物的检验（Inspection of the Goods）又称商品检验（Commodity Inspection），它包括货物的检验和检疫，具体是指商品检验检疫机构对出口商即将交付或已经交付的货物的品质、数量、重量、包装、卫生、安全等进行的检验、检疫和监督管理。

在国际货物买卖中，由于交易双方分处两地、相距甚远，货物需要经过长途运输且多采用象征性交货，如果货物出现品质缺陷、数量短差等问题就容易产生争议。为了保障当事人的利益、明确货损货差的原因，以利于货物顺利交接、避免争议发生，就需要由一个有资格的、权威公正的第三者，即专业的商品检验与检疫机构负责对货物进行检验。通过这种检验，可以确定合同的标的是否符合合同的规定，从而可以确定出口商是否在履行交货义务时违约，并以检验机构检验或鉴定后出具的相应检验证书，作为买卖双方交接货物、支付货款和进行索赔、理赔的重要依据。同时，通过这种检验，还有利于保护生态环境以及人类和动植物的健康与安全，有利于国民经济顺利协调地发展。正是由于商品检验的重要性，各国都非常重视商品检验，许多国家的法律和国际公约都对商品检验做出了规定，不少国家的法律或行政法规还对某些进出口货物的质量、数量、包装、卫生、安全等方面的强制性检验或检疫做了规定。

（二）货物检验的时间和地点

在国际货物买卖中，按照一般的法律规则，进口商只接受在品质、数量、包装等方面均符合贸易合同规定的货物，因此进口商收到货物并不等于接受货物，在一定条件下，如果进口商收到货物后经检验认为货物与贸易合同的规定不相符合，便可以拒收。也就是说，进口商对所购货物有检验和拒收的权利，但是，这个权利的行使取决于一定的条件。仅就检验货物的权利或检验权而言，出口商和进口商都有权对货物进行检验，并以其检验结果作为交付与接受货物的依据，这涉及检验权的归属问题，很显然，这是一个与进出口双方利益紧密相关的问题，这个问题的解决，往往取决于检验的时间和地点。因此，为了明确检验的权利，交易双方通常会在贸易合同中对检验的时间、地点等作明确规定。实践中，常见的货物检验规定方式有：

1. 在出口国检验

在出口国检验一般分为在产地检验和在装运港或装运地检验。其中，在产地检验是指在货物离开生产地点如工厂之前，由卖方或其委托的检验机构人员，或买方的验收人员，或买方委托的检验机构人员对货物进行检验或验收，由有关检验机构出具检验证书并以之作为交货的品质、数量等的最后依据。在这种检验方式下，卖方只承担货物离开产地之前进行检验或验收为止的责任。在装运港、装运地检验是以离岸质量、离岸重量（Shipping Quality and Weight）为准的检验方式，在此方式下，货物在装运港或装运地进行装运之前或者在装运时经由双方在贸易合同中所约定的检验机构对货物的质量、重量或数量进行检验，并以该机构出具的检验证书作为决定交货质量、重量或数量的依据，卖方对交货后所发生的货损货差不承担责任。可见，如果采用在出口国检验的规定方式，货物运抵目的港或目的地后，即使买方对货物进行复验，也无权对商品的品质、重量或数量提出异议，这实际上是对买方复验权的否定。

2. 在进口国检验

在进口国检验包括在货物运抵目的港或目的地卸货后进行检验和在买方营业处所或最终用户的所在地进行检验。其中，在目的港或目的地卸货后进行检验是以到岸质量、重量（Landed Quality and Weight）为准的检验方式，在此方式下，货物在运抵目的港或目的地卸货后的一定时间内，由双方约定的目的港或目的地的检验机构进行检验，并以该机构出具的检验证书作为决定交付货物的质量、重量或数量的依据。如果检验证书证明货物与合同规定不符是卖方的责任，卖方应当负责，也就是说，买方有权根据检验结果，对属于卖方责任的商品品质、重量问题，向卖方提出异议或索赔。在买方营业处所或最终用户所在地进行检验是在货物运抵买方营业处所或最终用户所在地后的一定时间内进行的，由双方约定的该地的检验机构进行检验，并以其出具的检验证书作为交货质量和数量的依据。这种做法主要适用于使用前不便在口岸开件检验或不具备条件检验的货物。同样，在这种方式下，卖方仍然承担了保证到货品质和到货重量的责任。

3. 在出口国检验进口国复验

在出口国检验进口国复验指以装运港或装运地的检验证书作为收付货款的依据，在货物运到目的港或目的地后买方有权对货物进行复验。在这种方式下，货物在装运前由约定的装运港或发货地的检验机构进行检验，其检验证书作为卖方要求买方支付货款或要求银行支付、承兑或议付时提交的单据之一，在货物运抵目的港或目的地卸货后的一定时间内，由约定的机构进行复验，如果复验后发现货物存在卖方责任所致的不符合合同规定的情况，买方有权在规定的时间内凭复验证书向卖方提出异议和索赔。很显然，这种做法对买卖双方都比较方便而且公平合理，因此这种做法在国际贸易中已广为接受。

（三）检验检疫机构

当事人对检验检疫机构的选择直接决定着检验结果的权威性、公正性和有效性，从而与当事人的利益密切相关。因此，在实际业务中，当事人应对检验机构进行必要的选择并在合同条款中做相应的规定。

目前，国外有许多货物检验机构，根据其性质的不同，可以将这些检验机构分为官方的、半官方的、非官方的；根据其经营业务范围的不同，又可将其分为综合性的、专业性的以及只限于检验特定商品的。这些检验机构的名称也很多，可被称为检验公司、公证行、公证鉴定权人、实验室或宣誓衡量人。其中较为著名的有美国粮谷检验署、美国食品药物管理局、日本通商省检验所等由国家政府设置的官方检验机构；还有瑞士日内瓦通用公正行、英国劳埃氏公证行等私人创办的，具有专业检验、鉴定技术能力的非官方检验机构；以及美国保险人实验室等由政府授权代表政府行使某项商品或某一方面的检验管理工作的半官方机构。

在我国，从事货物检验的机构也不少。其中，国家质量监督检验检疫总局（简称国家质检总局）是国务院主管全国质量、计量、出入境商品检验、出入境卫生检疫、出入境动植物检疫和认证认可、标准化等工作，并行使行政执法职能的直属机构。其主要职责包括：组织起草有关质量监督检验检疫方面的法律、法规草案，研究拟定质量监督检验检疫工作的方针政策，制定和发布有关规章、制度；实施与质量监督检验检疫相关的法律、法规，指导、监督质量监督检验检疫的行政执法工作；负责全国与质量监督检验检疫有关的技术法规工作；宏观管理和指导全国质量工作，拟定提高国家质量水平的发展战略，组织推广先进的质量管理经验和方法，推进名牌战略的实施；会同有关部门建立重大工程设备质量监理制度，负责组织重大产品质量事故的调查，依法负责产品防伪的监督管理工作；统一管理计量工作，推行法定计量单位和国家计量制度，组织建立、审批和管理国家计量基准和标准物质，制定计量器具的国家检定系统表、检定规程和计量技术规范，负责规范和监督商品量的计量行为；拟定出入境检验检疫综合业务规章制度；负责口岸出入境检验检疫业务管理；负责商品普惠制原产地证和一般原产地证的签证管理；组织实施出入境卫生检疫、传染病监测和卫生监督工作，管理国外疫情的收集、分析、整理，提供信息指导和咨询服务，组织实施出入境动植物检疫和监督管理，管理国内外重大动植物疫情的收集、分析、整理，提供信息指导和咨询服务，依法负责出入境转基因生物及其产品的检验检疫工作；对进出口食品和化妆品的安全、卫生、质量进行监督检验，管理进出口食品和化妆品的生产、加工单位的卫生注册工作，管理出口企业对外卫生注册工作；组织实施进出口商品的法定检验以及对检验工作进行监督管理，监督管理进出口商品鉴定和外商投资财产价值鉴定；管理国家实行进口许可制度的民用商品的入境验证工作，审查批准法定检验商品免验和组织办理复验；组织进出口商品检验检疫的前期监督和后续管理；管理出入境检验检疫标志（标识）、进口安全质量许可、出口质量许可，并负责监督管理，等等。

此外，中国进出口商品检验总公司（CHINA NATIONAL IMPORT AND EXPORT COMMODITIES INSPECTION CORPORATION，CCIC）是经中国政府批准，按中国的法律注册登记的，以从事进出口商品检验为主业的综合性检验公司。公司总部在北京，在全国31个省、直辖市、自治区及厦门、深圳、宁波、秦皇岛等地设有分（子）公司，在美国、德国、荷兰、法国、英国、西班牙、日本、泰国、新加坡、菲律宾、澳大利亚、新西兰、俄罗斯、巴西等地设立了海外公司或代表处。CCIC是按国际惯例建立和运作，主要根据客户的委托对进出口商品进行检验、鉴定或提供其他服务。根据国家检验检疫局的指定，CCIC也对进出口商品实施法定检验。CCIC的地位是独立的，与贸易各方均没有利益上的联系，因此，CCIC的检验能够做到客观、公正，从而有效维护贸易各方的正当权益。目前，CCIC出具的检验、鉴定证书，已成为国际贸易中交接、结算、索赔、仲裁的重要证明，CCIC出具的咨询报告，对贸易各方都有重要价值。

（四）检验证书

检验证书（Inspection Certificate）是检验检疫机构对进出口商品进行检验检疫或鉴定后签发的证明文件。实践中，检验证书的种类繁多，主要包括：证明进出口商品的质量、规格、等级的品质检验证书（Inspection Certificate of Quality）；证明进出口商品重量或数量的重量或数量检验证书（Inspection Certificate of Weight or Quantity）；证明进出口商品包装及标志情况的包装检验证书（Inspection Certificate of Packing）；证明出口动物产品经过检疫合格的兽医检验证书（Veterinary Inspection Certificate）；证明可供人类食用或使用的出口动物产品、食品等经过卫生检验或检疫合格的卫生检验证书（Sanitary Inspection Certificate）或健康检验证书（Inspection Certificate of Health）；证明出口动物产品经过消毒处理、保证卫生安全的消毒检验证书（Disinfection Inspection Certificate）；证明出口粮谷、油籽、豆类、皮张等商品，以及包装用木材与植物性填充物等，已经经过熏蒸灭虫的熏蒸证书（Inspection Certificate of Fumigation）；证明出口冷冻商品温度的温度检验证书（Certificate of Temperature）；证明进口商品残损情况的残损检验证书（Inspection Certificate on Damaged Cargo）；证明发票所列商品的价格真实正确的价值证明书（Certificate of Value）等等。

在国际贸易实际业务中，检验证书起着非常重要的作用。它既是买卖双方交接货物、结算货款、进行索赔和理赔、解决争议的依据，又是通关、征收关税、优惠减免关税、结算运费和仓储费等的有效凭证。在信用证结算方式下，检验证书通常还是银行议付货款的依据。因此，为了顺利履行合同，交易双方应根据成交货物的种类、性质、有关国家的法律、法规、涉外经贸政策和贸易习惯等来确定交易中应该提供的检验证书，并在贸易合同中明确规定。

（五）检验标准与检验方法

在货物检验中，检验标准的确定是很重要的，通常情况下，贸易合同的货物检验条款除了规定检验权、检验或复验的时间、地点、检验机构、检验项目和检验证书外，一般还要规定检验的标准。同时，检验检疫机构在对进出口商品实施检验时，也必须明确检验标准，然后严格按照检验标准进行检验。实践中，常用的检验标准可以分为几类：有关国家法律、法规规定的强制性标准；贸易合同约定的对双方当事人均有法律约束力的标准；国际权威标准。

检验方法是指对进出口商品的品质、数量、包装等进行检验的做法，它包括抽样的数量及方法，具体包括感官检验、化学检验、物理检验和微生物学检验等。在许多货物的检验中，所用的检验方法不同，检验的结果也就不同。因此，为避免发生争议，贸易合同应对检验方法做出明确规定。

三、WTO 的装运前检验规则

WTO 的装运前检验规则集中体现在其《装运前检验协议》中。《装运前检验协议》作为乌拉圭回合多边谈判的一项重要成果，该协议为装运前检验制度提供了重要的框架，并在规范各成员方在装运前检验过程中的权利和义务的基础上对检验机构和出口商之间争端的解决做出了规定。因此，了解 WTO 的装运前检验规则，对理解一国的有关制度以及贸易商的相关权利和义务十分重要。

从一般意义上讲，装运前检验（Preshipment Inspection）主要指进口商或进口方政府通过专业检验机构，对合同项下的货物在出口国装运之前进行的有关货物品质、数量、包装等方面的检验，其目的在于衡量货物是否符合合同的规定和进口方对货物的安全要求。不过，《装运前检验协议》所指的装运前检验所涵盖的范围比这更广，协议第一条规定，本协议适用于在各成员领土内实施的所有装运前检验活动，无论此类活动是由各成员的政府还是由任何政府机构签约或授权的；装运前的检验活动指所有涉及用户成员方的产品的质量、数量、价格，包括汇率、金融条件和关税税则目录商品分类情况的检验。

装运前检验是国际货物检验的重要方式，也是国际社会普遍接受的贸易惯例。装运前检验对于核实进口商品的数量、质量或价格是十分必要的，对发展中国家来说其意义尤为突出。但是，如果成员方在实施装运前检验时进行不必要的拖延和不平等的对待，或者检验机构遵循的程序与规则缺乏透明度，或者有损于当事人的商业秘密，这就会对国际贸易的正常运行造成障碍，形成新的非关税壁垒。为了使装运前检验不造成不必要的迟延或不公平的待遇，为了使装运前检验及与之相关的法律、法规具有透明度，为了迅速、有效和公正地解决出口商和检验机构之间的有关争端，《装运前检验协议》在界定协议适用范围的基础上，对进口方和出口方的义务、出口商和检验机构之间争端以及成员方之间争端的解决等做出了规定。

（一）进口方的义务

关于进口方义务的规定是协议的核心内容，这些内容基本上是针对装运前检验机构的。但是，由于 WTO 主要约束政府的行为，因此，协议关于进口方义务的规定集中体现为要求进口方政府应确保检验机构遵守以下原则：

1. 非歧视原则

进口成员方应确保装运前检验活动所采用的程序和标准的客观公正性，确保检验机构的所有检验人员在检验时具有一致性，确保检验机构非歧视地从事装运前检验活动，尊重出口商的合法权益，公正、公平地对待出口商。

2. 透明度原则

进口方应尽快公布与装运前检验有关的法律、法规及其变化，保证能应出口商的要求"提供确切的信息"，包括操作程序、标准、出口商对检验机构的权利以及有关的申诉程序等。

3. 关于检验标准、检验地点和商业保密原则

检验的标准应以买卖合同中双方的约定为准，如无此约定，则应采用相关的国际标准。通常情况下进口成员方应确保所有装运前的检验活动，包括检验结果的公布——清洁报告或不合格通知单的签发，均应在出口方的关境内进行，对于在检验过程中获得的所有商业机密，进口方应予以保密，同时应确保装运前检验机构不向任何第三方泄露该类资料。

4. 价格审核原则

为了预防欺诈性交易，确保发票价格的真实性，进口方可授权或委托检验机构对合同项下商品的价格进行核实，但价格审核应接受出口商和进口商双方约定的合同价格，当装运前检验机构经调查证明合同价格不合理时，可以在考虑与进口国或某国或某些国家用以进行价格比较的、诸如销售的商业水平和数量、交货期和交货条件、质量规格、特殊设计要求、特殊装运或包装规格、季节性影响等经济因素的基础上，合理进行价格比较。同时，在价格审核的任何阶段，检验机构都应该为出口商建立一套接受其申诉并加以考虑，最后作出决定的程序，以合理、合法、规范地处理此类申诉。

5. 及时原则

装运前检验不应发生不合理的迟延，检验机构一旦与出口商就检验日期达成协议，检验机构应在约定的检验日期进行检验，除非检验机构与出口商彼此同意另行确定检验日期，或由于出口商方面的原因或不可抗力的原因而无法在原来安排的日期进行检验。检验机构在完成检验的第五个工作日内，应签发清洁检验报告，否则应提供有关不能签发清洁检验报告的理由的详细书面说明，并在出口商提出书面的复检要求后尽早进行重新检验。只要出口商提出要求，检验机构应在检验日期之前根据进出口双方签订的合同、形式发票和进口许可申请书，对价格或汇率进行初步核实，如果检验机构基于初步核实接受了有关价格或汇率，进口国应该接受这种价格或汇率，除非货物不符合进口许可证或进口单证的要求。

（二）出口方的义务

根据协议规定，出口方的义务有三个：一是实施非歧视原则，确保其有关装运前

检验的法律和法规以非歧视的方式实施；二是坚持透明度原则，尽快公布所有与装运前检验有关的法律和法规，使其他国家的政府和贸易商都能了解；三是实施技术援助，在进口方的请求下，根据双方议定的条件向其提供技术援助，以促成本协议各项目标的实现。

（三）检验机构与出口商之间争端的解决

协议鼓励检验机构和出口商共同协商解决他们之间的争端，为避免不必要的延误，防止某一方故意拖延以及为保证争端能得到公平合理的解决，协议给予双方向独立的审议机构提请争端解决的权利。这一机构由一个代表检验机构的组织和代表出口商的组织联合组成，它是专门按照协议解决争端的组织，各成员方采取合理的措施确保机构的独立性的维护和协议所规定的程序的建立。独立审议机构的组织形式是专家小组。

根据协议，独立审议机构有三组专家名册，分别由代表检验机构的组织提名的一组人员、代表出口商的组织提名的一组人员以及独立审议机构提名的一组独立的贸易专家构成。这些名册应每年进行调整并公开发布。当争议发生且出口商或检验机构有意提请争端解决时，应与独立机构联系并请求组成一个三人专家小组，由出口商和检验机构分别从自己一方提名的专家组名册中选出一名成员，第三名成员由独立机构从独立贸易专家组中选出并由其担任专家小组的主席。专家小组负责做出必要的决定，以确保争端能尽快得到解决以及确定与此有关的其他程序性问题。专家小组的决定采用多数议决制，审议决定应在提交独立审议要求之后的 8 个工作日内做出并通知各方，该时限经双方协商可予以适当延长，但不应造成不必要的开支和延误。为了使争端能尽快得到解决，经各方协商一致，装运前检验的争端也可由一个独立的贸易专家来单独审理，这名独立的贸易专家应由独立审议机构从独立贸易专家这一组名册中筛选确定。无论专家小组或单个独立贸易专家所做出的决定，对争端的当事人都具有约束力。

第二节　违约救济

一、违约救济及其一般方法

一方当事人对贸易合同的违背必定会给另一方当事人造成影响乃至于损失。为了维护自身的利益，受损方往往依据法律规定来解释合同、主张权利，以获得法律上的补偿，这就是通常所说的违约救济。法律给予受损方补偿的方法，被称为救济方法（Remedies）。根据各国国内法和《销售合同公约》的有关规定，违约救济的方法主要包括实际履行合同、赔偿损害、解除或终止合同等。

（一）实际履行合同

实际履行合同包括一方当事人要求未履行合同义务的当事人按合同的规定完整地

履行合同义务，也指一方当事人未履行合同义务时，另一方当事人向法院提起实际履行之诉，由法院强制违约方履行其义务。

关于实际履行，各国法律规定的差异较大。根据大陆法的有关规定，在债务人可能履行的条件下，债权人有权要求法院判令债务人实际履行合同。在英美法中，实际履行只是一种例外的辅助性的救济方法。我国的有关法律明确规定，实际履行可以作为一种救济方法，当事人一方不履行非金钱债务或者履行非金钱债务不符合合约定时，另一方可以要求其实际履行；但是，法律上或事实上不能履行者，或债务的标的不适于强制履行，或履行费用过高者，或债权人在合理期限内未要求履行者可以例外。

为了调和英美法和大陆法在实际履行问题上的分歧，《销售合同公约》没有给予法院依据该公约做出实际履行判决的权利。《销售合同公约》的有关条款规定，当事人有权要求他方履行某项义务时，法院没有义务做出判决以要求实际履行此项义务，除非法院依照其本身的法律对不受本公约支配的类似买卖合同可以这样做。

（二）损害赔偿

损害赔偿是被各国法律认可的、使用最广泛的、重要的救济方法，其基本含义是指违约方以一定的方式补偿其违约行为给受损方造成的损失。在各国法律中，对损害赔偿的规定通常都涉及违约方赔偿责任的成立、赔偿的范围和赔偿的方法等问题。

1. 赔偿责任的成立

关于赔偿责任的成立，各国法律有不同的规定。大陆法认为，赔偿责任的成立必须具备三个条件：一是必须要有损害的事实；二是必须要有归咎于债务人的原因；三是损害发生的原因与损害之间必须有因果关系。英美法认为，只要一方违约，不管其有无过失以及是否发生实际损害，另一方都可以提出赔偿损害的要求。《销售合同公约》认为，赔偿损害是一种主要的救济方法，只要一方违反合同而使另一方蒙受了损失，受损方就有权向对方提出损害赔偿要求，同时，此项要求不因采取了其他救济方法而丧失。

2. 赔偿方法

赔偿损害的方法有两种：一是回复原状，即用实物赔偿损失，使受损方的所得恢复到损害发生前的状况；二是金钱赔偿，即支付一定金额的货币来弥补受损方的损害。对于这两种方法，各国在选择使用时有不同的侧重点，如德国以回复原状主，以金钱赔偿为例外，而法国则相反。

3. 赔偿的范围

赔偿的范围主要指发生违约后受损方可以获得的赔偿程度一般有两种情况：一是按当事人自行约定的赔偿金额或计算原则确定赔偿；二是在当事人没有约定的情况下，依据法律的有关规定进行法定的赔偿。在前一种情况下，交易双方订立合同时订立了违约金条款，约定一方违反合同时应向对方支付一定金额的某种货币；在后一种情况下，当事人在合同中没有就赔偿的有关问题做出规定。因此一旦发生违约，当事人就只能依据法律规定来计算或确定损害赔偿的金额。

国际贸易实务与融资

（三）解除或终止合同

这是指合同当事人免除或终止履行合同义务的行为。各国法律均认为解除合同是一种法律救济方法，并对实施该救济方法的条件做出了相应的规定。如大陆法认为：只要合同一方当事人不履行其合同义务，另一方就有权解除合同；当债务人拒绝给付和给付不能时，债权人有权立即解除合同；在给付迟延和不完全给付时，债权人在经过催告、通知对方履行，而在催告的期限内对方仍未完全履约时，债权人可以解除合同。

以上是违约救济的基本方法。在实际操作中，由于出口商违约和进口商违约的违约方和受损方不同，从而违约的具体内容及其利益影响会有很大差异，因此，针对出口商违约和进口商违约所实施的违约救济的具体方法也不同。

二、出口商违约的救济措施

根据《销售合同公约》的规定，当出口商不履行合同和该公约所规定的任何义务时，进口商可以行使采取以下补救办法的权利：

（一）要求出口商履行合同项下的义务

如果出口商违反合同，根据《销售合同公约》第46条第1款的规定，进口商可以要求出口商履行义务，同时《销售合同公约》第47条第1款还规定，进口商可以规定一段合理时限的额外时间，让出口商履行其义务。在这里，公约首先肯定了当出口商不履行义务时，进口商所拥有的要求出口商履行其义务的权利。众所周知，在国际贸易合同项下，出口商最基本的义务是交付货物及移交单据，因此，公约允许进口商可以要求出口商履行义务，这就从根本上肯定了进口商要求出口商履行交货义务的权利。

为了确保必要而合理地实施救济措施，公约对进口商行使要求出口商履行其义务的权利做了限制性的规定：当进口商已采取与要求出口商履行义务相抵触的某种补救办法，如宣告合同无效时，则进口商不能再要求进口商履行义务；进口商要求出口商履行义务、交付替代货物的前提是出口商根本违反合同，即只有当出口商交付的货物与合同严重不符而构成根本违约时，进口商才可以要求出口商交付替代货物。

（二）宣告合同无效

根据《销售合同公约》第49条的规定，进口商可以宣告合同无效的情况有两种：一是出口商不履行其在合同或该公约中的任何义务，等于根本违反合同；二是如果发生不交货的情况，出口商不在进口商规定的额外时间内交付货物，或出口商声明将不在所规定的时间内交付货物。可见，《销售合同公约》赋予了进口商宣告合同无效的权利，但同时也对进口商行使该权利规定了严格的限制条件，即进口商只有在出口商根本违约时才可以宣告合同无效。

（三）请求损害赔偿

根据《销售合同公约》第45条的规定，如果出口商不履行他在合同和该公约中的任何义务，进口商就可按照《销售合同公约》第74条至第77条的规定，请求损害赔偿，而且，进口商的这一权利不因他行使其他的补偿办法而丧失。

（四）货物不符的补救

对于出口商交付的货物不符合合同约定的情况，《销售合同公约》规定了两种救济办法：一是当出口商交付的货物不符合合同规定并构成根本违反合同时，进口商可以要求交付替代货物；二是出口商所交货物不符合合同要求，进口商可以要求出口商通过修改不符合同之处做出补救，除非他考虑了所有情况之后，认为这样做是不合理的。

（五）要求减低价格

根据《销售合同公约》第35条第1款的规定，出口商交付的货物必须与合同所规定的数量、质量和规格相符，并且必须按照合同所规定的方式装箱或包装。同时，《销售合同公约》第50条规定，如果出口商所交货物不符合合同要求，不论进口商是否已付价款，进口商都可以要求减低价格，减价按实际交付时的价值与符合合同的货物在当时的价值这两者之间的比例计算。但是，如果出口商已按《销售合同公约》第37条和第48条的规定对其不履行义务做出了补救，或者进口商拒绝接受这种补救时，则不得实施减价。

（六）拒绝收取货物

根据《销售合同公约》第52条的规定，进口商拒绝收取货物的条件是出口商在规定的交货日期以前交付货物；如果愿意，进口商也可以收取货物；对于出口商交付的货物数量大于合同规定数量的情况，进口商可以收取也可以拒绝收取多交部分的货物，如果进口商收取多交部分的货物的全部或一部分，他必须按合同价格支付多交部分货物的价款。

三、进口商违约的救济措施

根据《销售合同公约》有关条款的规定，如果进口商违约，出口商可以通过行使以下权利得到补救：

（一）要求进口商履行合同义务

《销售合同公约》第62条规定，出口商可以要求进口商支付价款、收取货物或履行其他义务，除非出口商已采取与此要求相抵触的某种补救办法。同时，出口商行使这一权利还受到《销售合同公约》第28条的限制，即要以有关国家的国内法对要求实际履行的制度为根据。此外《销售合同公约》第63条第1款规定，如果出口商要求进口商履行合同义务，出口商可以规定一段合理时限的额外时间让进口商履行其义务。

（二）宣告合同无效

《销售合同公约》第64条规定，出口商有宣告合同无效的权利，但该权利的行使必须满足一定的条件：进口商不履行其在合同或该公约中的任何义务，即已经构成根本违反合同；在出口商按照公约的规定给予进口商履行合同的额外时间内，进口商不履行其支付价款或收取货物的义务，或者声明他将不在所规定的时间内履行这些义务。

但是，如果进口商已支付价款，出口商就丧失了宣告合同无效的权利，除非对于买方迟延履行义务，出口商在知道买方履行义务前这样做；或对进口商其他任何违反合同的事情，出口商在已知道或理应知道这种违反合同后一段合理时间内这样做；或在出口商给予进口商的额外时间满期后或进口商声明他不在这一额外时间内履行义务后一段时间内这样做。

此外，《销售合同公约》第72条规定，如果在履行合同日期之前，明显看出一方当事人将根本违反合同，另一方当事人可以宣告合同无效。因此，出口商只要"明显看出"进口商将根本违反合同，出口商便有权在履行合同日期之前宣告合同无效。

（三）要求损害赔偿

《销售合同公约》第61条规定，当进口商不履行合同义务时，出口商可按照该公约的相关规定要求损害赔偿，而且，出口商的这种权利不因其行使其他补救办法而丧失。对于计算损害赔偿的基本原则和方法，《销售合同公约》第74条至第77条做了相应规定。根据有关规定，一方当事人违反合同应负担的损害赔偿额，应与另一方当事人因他违反合同而遭受的包括利润在内的损失额相等。这种损害赔偿不得超过违反合同一方在订立合同时，依照他当时已知道或理应知道的事实和情况，对违反合同预料到或理应预料到的可能损失。如果合同被宣告无效，而在宣告无效后一段合理时间内，进口商已以合理方式购买替代货物，或者出口商已以合理方式把货物转卖，则要求损害赔偿的一方可以取得合同价格和替代货物交易价格之间的差额，以及按照第74条的规定可以取得的任何其他损害赔偿。如果合同被宣告无效，而货物又有时价，要求损害赔偿的一方如果没有根据第75条的规定进行购买或转卖，则可以取得合同规定的价格和宣告合同无效时的时价之间的差额，以及按照第74条的规定可以取得的任何其他损害赔偿。但是，如果要求损害赔偿的一方在接收货物之后宣告合同无效，则应适用接收货物时的时价，而不适用宣告合同无效时的时价。在这里，时价指原应交付货物的地点的现行价格，如果该地点没有时价，则指另一合理替代地点的价格，但应适当地考虑货物运费的差额。

第三节　违约责任的承担

一、违约责任的承担

违约责任的承担和违约救济是密切相关的。前述分析已经表明，贸易合同的任何一方当事人不履行合同义务，或履行合同义务不符合合约定的条件，都会在法律上构成违约行为，并且需要给予受损方违约救济，这里的违约救济，实际上就是违约方承担违约责任的直观表现。同时，从前面的分析还可以看出，违约的具体情况不同，违约方承担的违约责任就不同。实践中，各国法律和国际条约划分违约行为和由此确定违约方需要承担的违约责任的依据有很大差异，有的以所违背条款在合同中的主次为依据，而有的则以违约后果的程度轻重为依据。

（一）对不同条款的违背及其责任的承担

这属于以所违背条款在合同中的主次为依据来划分违约的类型，并据此确定违约责任的情况。例如，根据英国的法律规定，一方当事人违反合同实质性的主要条款，如卖方交货的质量或数量不符合同规定，或不按合同规定的期限交货，就构成"违反要件"（Breach of Condition）。此时，违约方需要承担较大的违约责任。受损方除可要求损害赔偿外，还有权解除合同，除非受损方放弃解除合同的要求；或者在卖方违约的情况下，买方在法律上已被视为接受了货物，并且因此而丧失了拒收货物的权利，买方就必须放弃将对方的违约作为违反要件处理的权利。相反，如果违约方违反的是合同的次要条款，便构成"违反担保"或"违反随附条件"（Breach of Warranty），在这种情况下，违约方承担的违约责任要轻一些，受损方有权请求违约方给予损害赔偿，但不能解除合同。

不过，在实际应用中，由于法律并未具体规定哪些条款属于贸易合同的"要件"，哪些条款属于贸易合同的"随附条件"，"要件"与"随附条件"的划分通常是由法官在审理案件时根据合同的内容和推定双方当事人的意思做出决定，因此具有较大的随意性。同时，除上述划分以外，近年来，在英国的司法实践中还形成了一种新的违约类型，即"违反中间性条款或无名条款"（Breach of Intermediate Clause）。在这里，中间性条款或无名条款是指既不是要件也不是担保的合同条款。违反这类条款时，违约方应承担的责任通常根据违约的性质及其后果是否严重而定。如果违约的性质及后果严重，受损方可以要求损害赔偿，并有权解除合同，否则受损方就只能要求损害赔偿，不能解除合同。

（二）违约后果的程度轻重及相应的责任承担

这属于以违约后果的程度轻重为依据来划分违约的类型，并据此确定违约责任的情况。例如，美国的法律规定，当一方当事人违约使另一方当事人无法取得合同项下的主要利益时，便构成"重大违约"（Material Breach of Contract）。在此情况下，违约方需要承担较大的违约责任，受损方除有权要求损害赔偿外，还可以解除合同。相反，如果一方违约没有影响另一方在合同项下的主要利益，则表明违约程度较轻，仅仅构成"轻微违约"（Minor Breach of Contract），此时受损方就只能要求损害赔偿，而无权解除合同。

再如，我国的有关法律认为，当事人一方迟延履行合同义务或者有其他违约行为，以致严重影响另一方当事人订立合同所期望的经济利益时，受损方可以不经催告解除合同；如果当事人一方迟延履行主要债务，经催告后在合理期限内仍未履行其义务，受损方可以解除合同。

根据《销售合同公约》的有关规定，国际货物买卖中的违约分为根本违约和非根本违约。根本违约（Fundamental Breach）是指一方当事人违约的结果使另一方当事人蒙受了根本性损害，如出口商故意不交付合同货物或进口商无理拒付货款等。《销售合同公约》第 25 条规定：一方当事人违反合同的结果，如果使另一方当事人蒙受损害，以致于实际上剥夺了他根据合同规定有权期待得到的东西，即为根本违反合同，除非违反合同一方并不预知而且一个同等资格、通情达理的人在相同情况下也没有理由预知会发生这种结果。可见，构成根本违约的基本条件有三个：一是存在违约事实；二是违约实际上剥夺了另一方有权期待得到的东西；三是违约及其后果是违约方的主观行为造成的，是违约方能够预知的。在这里，《销售合同公约》特别强调以违约行为所造成的后果作为确定是否构成根本违约的标准，并将根本违约以外的其他违约视做非根本违约（Non-fundamental Breach）。在这两种违约类型下，违约方承担的违约责任有很大不同。如果一方当事人根本违约，另一方当事人可以宣告合同无效；但是，如果一方当事人的违约仅属于非根本违约，则另一方当事人不能宣告整个合同无效。

（三）预期违约

预期违约（Anticipatory Breach of Contract）指合同有效成立后在合同规定的履行日期以前，一方当事人以文字、言词或行为向另一方明确地表示或表明他将不履行合同规定的义务。根据《销售合同公约》的有关规定，预期违约的确定强调的是违约的程度，违约的程度不同，责任的承担及违约救济的手段也不同。合同订立后，如果一方当事人履行义务的能力有严重缺陷，或其信用有严重缺陷，或在准备履行合同或履行合同的过程中，其行为显示他将不履行大部分重要义务，另一方当事人可以行使中止履行义务的权利；如果在履行合同日期之前，明显看出一方当事人将根本违反合同，或一方当事人已声明他将不履行其义务，另一方当事人可以宣告合同无效。

二、不可抗力与免责规定

前述分析表明，在当事人不履行合同义务，或不完全履行合同义务，或履行合同义务不符合合同规定时，当事人是需要承担责任的。但是，在客观情况发生非当事人所能控制的根本变化，以致当事人不履行合同义务或不完全履行合同义务时，当事人通常可以免于承担责任，这便涉及不可抗力问题。

（一）不可抗力的含义

不可抗力（Force Majeure）是指在双方当事人签订合同后发生的、非任何一方的过失或疏忽造成的、但却是任何一方都无法预见和避免的自然灾害或意外事故。可见，不可抗力事故是在贸易合同签订后发生的，事故的发生不是由于当事人的故意或过失行为造成的，而是当事人无法预见、控制、避免和不可克服的。它具体包括两种情况：一是自然原因引起的自然灾害，如水灾、火灾、冰灾、旱灾、暴风雪、暴风雨、地震等；二是社会原因引起的意外事故，如社会动乱、敌对行为、战争、封锁、禁运等。

（二）不可抗力事故条件下的免责

根据有关规定，由于不可抗力事故使合同不能履行或不能如期履行，有关当事人可以免去相应的责任。《销售合同公约》有关条款规定，当事人可以不履行义务、不负责任，如果他能证明此种不履行义务，是由于某种非他所能控制的障碍，而且对于这种障碍及其所带来的后果，没有理由预期他在订立合同时能考虑到或能避免、克服。

此外，《销售合同公约》还规定，不履行义务的一方必须将障碍及其对他履行义务能力的影响通知另一方，如果该项通知在不履行义务的一方已知道或理应知道这一障碍后一段合理时间内仍未为另一方收到，则他对由于另一方未收到通知而造成的损害，应负赔偿责任。不可抗力事件发生后，不能按规定履约的一方当事人要取得免责的权利，必须及时通知另一方，并提供必要的证明文件，而且在通知中应提出处理意见。

根据不可抗力事件对当事人履行合同能力的影响程度不同，当事人的免责分为三种情况：

1. 部分免责

当不可抗力事件发生后，如果遭受不可抗力事件的一方仍有部分履约能力，或者可以用其他方式代偿时，只要不损害对方利益，那么遭受不可抗力事件的一方对于能够履行合同的部分就负有继续履行的义务，对于不能履行合同的部分其义务可予以免除。

2. 延期履行合同

如果当事人一方遭受不可抗力事件，导致其无法在合同规定的期限内履行合同时，法律允许其推迟履行合同义务，并免除延期履行合同的责任。

3. 解除合同

如果在合同履行期间，一方当事人因遭受不可抗力事件而导致履约成为不可能时，该当事人可以解除合同，而且不需要承担不能履行合同的违约责任。

（三）贸易合同中的不可抗力条款

由于不可抗力事件与有关当事人的权利、义务与责任密切相关，而对不可抗力事件的认定和处理又没有统一的标准，因此，为了明确不可抗力事件的范围、处理不可抗力事件的原则和方法、不可抗力事件发生后通知对方的期限和方法，以及出具证明文件的机构等，当事人通常需要在贸易合同中就上述内容订立不可抗力条款。

在我国实践中，不可抗力条款主要采用三种规定方法：一是概要的规定有关内容；二是将双方约定的不可抗力事件列举出来；三是具体列举部分不可抗力事件，对其余情况做概要规定。

（四）情势变更原则

情势变更原则是大陆法系国家多年来经过反复的司法实践而逐渐形成的、为各国普遍承认的法律原则。它是从诚实信用原则和公平原则演变而来的一种法律救济手段，其目的在于对双方当事人的利益都能给予适当的考虑，以避免出现重大失衡，甚至给社会经济秩序造成混乱。

情势变更原则所要解决的问题是，在履行合同时，如果发生了当事人在订约时根本无法预见的客观情况的异常变化，即情势变更，以致履行合同对一方当事人显失公平；或者遇到了当事人事先无法预见、事后无法克服的意外事故，在这两种情况下当事人是否可以得到法律上的救济，例如是否可以免除履约义务或变更合同。其基本内涵是指合同有效成立后，因发生了当事人在订立合同时不能预见的客观情况的异常变化，且这种情势的变更又不能归责于当事人，在这种情况下，如果继续履行合同，将有失公平并且违背诚信原则，给一方当事人造成重大损失或者没有意义，于是允许变更合同内容或解除合同。

情势变更原则在履行合同的过程中虽然具有体现公平与诚实信用原则，平衡当事人权利与义务的作用，但它毕竟是对合同信守原则的修正，如果不能得到正确运用而造成滥用，势必会带来种种消极作用，严重影响正常的经济秩序，反而对合同的履行不利。为此，大陆法系国家的法院，对于情势变更原则的运用，都掌握得比较严格。

英美法国家的司法实践中不采用情势变更原则，而是采用合同落空（Frustration of Contract）原则。合同落空原则的基本内涵是指，在合同订立后，不是由于当事人的过错，而是发生了当事人不能预见的与订约时根本不同的情况，造成合同的基础已不复存在，履行成为不可能，在这种情况下，可免除当事人的履约责任。

第二十一章　争议的预防与解决

在国际贸易中，由于损害赔偿涉及的索赔与理赔问题或其他原因，有关当事人之间常常会发生争议，这对各方当事人的利益及其交往关系将产生不利影响。因此，根据争议的实际情况灵活选择有效的解决方式，无论是对预防争议，还是对迅速、公平、合理地解决争议，都具有十分重要的意义。

第一节　索赔

索赔（Claim）是指因贸易合同的一方当事人违反合同的约定而使另一方当事人遭受损害时，受损方向违约方提出损害赔偿要求的行为。与索赔紧密相关的是理赔，即一方处理另一方的索赔的行为。前述的分析表明，损害赔偿是国际贸易中最重要、最常见的违约救济方法，受损方要求采取其他任何违约救济措施，都不影响其要求损害赔偿的权利。从更广义的层面讲，国际贸易中的索赔除了贸易合同项下的由货物买卖引起的贸易索赔以外，还有由货物运输引起的运输索赔、货运保险方面的保险索赔。

一、贸易索赔

贸易索赔（Trade Claim）是在买卖双方已经确立有效的贸易合同之后发生的，其基本原因在于贸易合同的一方当事人违约使另一方当事人遭受了损失，主要包括卖方违约给买方造成了损失和买方违约给卖方造成了损失这两种情况。其中，买方违约主要表现为买方未履行合同规定的义务，或履行义务不符合合同要求，如买方没有按照合同规定的期限开立信用证或不按照相关的要求开立信用证；在 FOB 条件下，买方没有按照合同约定的期限派船接收货物；买方不按照约定期限付款、拒绝付款甚至无理拒收货物等。

卖方违约主要指卖方未履行合同规定的义务，或履行义务不符合合同要求，如卖方未按合同约定的期限交货，甚至拒绝交货；卖方所交货物的品质、名称、数量、包装与合同规定不符，如货物品质不良或与样品不符，所交货物出现短装、溢装以及漏装；卖方未按要求包装货物；卖方未按合同约定的交货方式交货，包括不按合同约定的运输方式或地点交货、擅自中途转运货物或分批装运货物；在卖方投保的条件下，卖方没有按照合同的约定对货物进行投保等。

在提出索赔时，一般会涉及索赔期限、索赔依据和索赔金额的确定。索赔期限是受损方有权向违约方提出索赔的有效期限。在一定的有效期限内，受损方有提出索赔的权利；逾期不提出索赔，受损方便失去了有效索赔的权利。索赔期限可以由交易双方根据货物的特性、运输的情况等在贸易合同中约定，也可依据法律或国际条约的有关规定确定。根据《销售合同公约》的规定，买方行使索赔权的最长期限为从实际收到货物起不超过两年。索赔依据包括贸易合同和法律的有关规定，也包括违约的事实、书面证明等。索赔依据直接关系到索赔的成功与否。索赔金额的确定可以以贸易合同约定的金额或计算方法为依据；在合同没有具体规定时，也可以按有关的法律规定办理，通常情况下，赔偿金额应与受损方进行合理施救后的损失额相当。

就程序而言，索赔是在索赔期限内及时发出索赔通知和备妥索赔依据后正式提出的。以买方对卖方提出索赔为例，买方应首先发出索赔通知，如买方发现所收到的货物与合同规定不符时应立即向卖方发出索赔通知；其次，买方应尽快备好索赔依据，包括买卖合同、货物检验证书以及其他单据，如发票、保险单、提单副本等等，列明索赔清单，包括索赔的具体项目、索赔金额及其计算方式；最后，买方将向卖方正式提出索赔。

为了便于索赔与理赔，贸易合同中一般都会订立索赔条款。索赔条款的规定方式可以采用异议与索赔条款（Discrepancy and Claim Clause），也可以采用罚金条款（Penalty Clause）。异议与索赔条款一般包括索赔的依据、期限、办法、出证机构等。罚金条款也叫违约金条款，它多用于卖方延期交货或买方延期接运货物、延期付款的情况，其基本做法是在合同中规定罚金的数额或规定罚金的百分率。实践中，贸易合同中一般只订立异议与索赔条款，在关于大宗货物和机械设备的贸易合同中，才根据需要同时订立罚金条款。

二、运输索赔

运输索赔（Transportation Claim）是在有效的运输合同达成后，有关当事人对货物承运人违反货物运输合同的行为提出的索赔，货物承运人在其责任范围内承担赔偿责任。例如，在出具了清洁提单和非意外事故的情况下，由运输方造成的货物损失，包括货物短卸、破损等；或因无故绕航、延迟开船、违反合同约定中途转运货物或分批装运货物等造成的损失；或因运输方的实际过失，或者其代理人、雇佣人员的过失或疏忽造成的损失。

就程序而言，运输索赔与贸易索赔基本相同，只是在个别细节上有所差异。收货人在目的地提货时，若发现货物损失，应立即向运输方发出索赔通知，并要求运输方签发货损货差证明。在发出索赔通知的同时，还应向保险人发出损失通知。

《汉堡规则》第19条第1款规定："除非收货人在不迟于货物移交给他之日后第一个工作日内将灭失或损害的书面通知送交承运人，载明灭失或损害的一般性质，否则此种移交应作为承运人交付运输单据所述货物的初步证据，或如未签发这种单据，则应作为完好无损地交付货物的初步证据。"第2款规定："遇有不明显的灭失或损害，在货物交付收货人之日后连续15天内未送交书面通知的，则相应地适用本条第1

款的规定。"第 5 款规定："除非在货物交给收货人之日后连续 60 天之内书面通知承运人，否则对延迟交付造成的损失不予赔偿。"

其次是提请公证行、运输方以及保险公司等派人会同检验，并在检验报告上签字为证。然后备齐索赔清单、提单副本、发票、包装单（重量单）、检验报告以及货损货差证明等索赔依据，最后向运输方正式提出索赔。

三、保险索赔

保险索赔（Insurance Claim）是指具有保险索赔权的人（被保险人）在货物遭受承保责任范围内的风险损失后，向保险人提出要求赔偿损失的行为。在保险索赔中，保险货物遭受的必须是承保责任范围内的损失，这是保险索赔的必备条件之一。具体讲，这种损失主要有两种：一是自然灾害、意外事故的发生使货物遭受的保险人承保责任范围之内的损失；二是在保险人承保范围之内的、承运人不予赔偿或赔偿额不足以抵补货物损失的部分。此外，保险索赔还要求提出索赔的人在保险标的发生损失时对保险标的具有可保权益，且必须在保险单规定的索赔时效内提出索赔要求。

在索赔过程中，被保险人应做好以下工作：

首先，发出损失通知（Notice of Loss）。被保险人在发现保险货物已遭受承保责任范围内的损失时，应立即向保险人发出损失通知，并尽可能保留现场。由保险人会同有关方面进行检验，调查损失原因，确定损失性质和责任。否则，保险人将很可能对货物遭受损失的部分不负赔偿责任。

其次，采取必要、合理的施救措施。保险货物受损后，被保险人有责任采取可能的、合理的施救措施，以防止损失扩大。因抢救、阻止、减少货物损失而支付的合理费用，保险人应负责赔偿。如果被保险人能够施救而不履行施救义务，保险人对因此而扩大的损失甚至全部损失有权拒绝赔偿。

再次，向承运人等提出索赔。如果被保险货物的损失涉及承运人等第三者的责任，尽管赔偿要由保险人先行给付，但被保险人应首先向承运人等责任方提出书面索赔，以保留保险人的追偿权，对已经丧失了追索权的损失，保险公司可以拒绝赔偿。

最后，备齐索赔依据，在规定期限内向保险人提出索赔。向保险人索赔时，应备妥的依据主要有保险单（Insurance Policy）或保险凭证（Insurance Certificate）正本、运输单据、商业发票、重量单和装箱单、检验报告、货损证明、残损证明等，以及向运输方或有关责任方追偿的函电或其他证明文件，必要时还需要提供海事报告以及用于列明赔偿金额及其计算依据、有关费用项目和用途的索赔清单。

保险索赔经保险人鉴定后确认是在承保范围之内的，保险人予以赔偿。保险赔偿金额的计算针对全损、部分损失等分别采取不同的方法。

（一）货物全损赔偿金额的计算

在定值保险的情况下，被保险货物遭受实际全损或推定全损时，保险公司按照保险单载明的保险金额全额赔偿，即：

赔款金额 = 保险金额

在不定值保险的情况下，如果发生保险责任范围内的实际全损或推定全损，则按照实际价值作为赔款的计算依据，具体有两种情况：如果出险时货物的实际价值高于保险金额，保险公司可按保险金额赔付；如果出险时货物的实际价值低于保险金额，保险公司按实际价值赔付。

（二）货物部分损失赔偿金额的计算

1. 货物数量损失的计算

保险货物中部分货物灭失或数量（重量）短少，按数量损失占保险货物总量的比例和保险金额计算，计算公式为：

赔款金额 = 保险金额 × 损失数量/保险货物总数量

2. 货物质量损失的计算

计算货物质量损失时，首先要确定的是货物的完好价值和受损价值，计算出贬值率，然后再按保险金额计算赔款金额。其中，完好价值和受损价值一般以货物运抵目的地检验时的市场价格为准，如果受损货物不再运往目的地，则以处理地市价——通常指当地的批发价格为准。

赔款金额 = 保险金额 × （完好货物现行市价 - 受损部分现行市价）／ 完好货物现行市价

（三）费用损失

只要属于保险人承保责任范围内的费用损失，均可与货物损失合在一起，全部由保险人负责赔偿，但全部赔偿额不能超过货物的保险金额；对于合理的损害防止费用，则可以在保险金额以外由保险人负责赔付，但赔付金额不能超过一个保险金额。

此外，在计算保险索赔金额时，要注意保险条款中是否有免赔规定，即规定一定的免赔率或者规定不论损失程度均予以赔偿。保险人对易碎、易损、易耗的保险货物，通常规定一定的免赔率，以免除一部分赔偿责任。免赔率分为相对免赔率（Franchise）和绝对免赔率（Deductible Franchise）。如果损失额不超过免赔率，保险人不予以赔偿；超过免赔率，如果是相对免赔率则按照实际损失全部赔偿，如果是绝对免赔率则对扣除免赔额后的剩余部分进行赔偿。

免赔额 = 保险金额 × 免赔率

第二节　争议

一、争议的含义和种类

争议（Disputes）是指签订合同的一方认为另一方未能全部或部分履行合同约定的义务或承担相应的责任而引起的合同当事人之间的纠纷。在国际贸易中，合同双方产生争议是屡见不鲜的。根据争议的主体不同，国际贸易中的争议主要分为货物买卖双方之间的争议、贸易商与银行之间的争议、贸易商与运输方之间的争议、贸易商与保险公司之间的争议。

货物买卖双方之间的争议是国际贸易中最为常见的争议，其原因主要包括交易双方在违约的确定、违约责任及救济方法的确定、索赔与理赔的问题、对合同条款的理解问题、对免责的确定问题等方面的分歧。对于合同条款理解上的分歧，往往是由合同条款不明确引起的，具体包括对买卖双方各自的权利与义务约定不详细，导致双方对合同条款与内容的理解不一致、各方从自身利益出发而各执一词。比如由于条款中订立的"立即装运"、"即期装运"引起理解不一致；或在笼统的不可抗力条款下，买卖双方对不可抗力事故的范围及其后果有着不同的观点而各执一词；或者在履约过程中产生了双方不能控制的因素，导致合同无法履行或无法按时履行，但双方对是否可以解除合同或延迟履约持有不同的看法等。此外，合同当事人因为引用法律和国际贸易惯例，或对法律、国际贸易惯例的理解不同，也会产生争议。

贸易商和银行之间的争议，主要与货款的结算有关。比如，在卖方已经按照合同约定制备全套单证并按时交单议付的情况下，由于银行一时大意，丢失了部分文件，导致开证行拒绝付款，从而引起卖方与银行之间的争议。贸易商和运输方的争议主要与货物的国际运输相关。比如，卖方向轮船公司预定舱位后，到交付运输时却因无舱位而未能按时交货引起双方之间的纠纷；又如，在买卖双方约定运费采用货到付款的条件下，货物到达后买方认为运费高昂而拒绝提货，运输方转而向卖方收取运费而引起的双方之间的纠纷。贸易商与保险公司之间的争议主要与货运保险相关。比如在卖方向保险公司投保海运险后，货物在途中因船遇险而沉没，当事人双方因索赔与理赔产生争议。

二、争议的预防

为了预防争议，合同当事人首先应该保证合同条款的明确性与完整性，这样才能有效避免双方对合同的理解产生分歧，从而有效防止因当事人对合同条款的理解不一致而引起的争议。根据订立贸易合同的一般原则，合同的签订应该作到条款完整，这要求当事人根据协商一致的结果，在合同中订立与各项交易条件相对应的合同条款；同时，在设计各条款的具体内容时，应该作到明确、具体、科学、合理、繁简适度，切忌笼统含糊。合同当事人在订立品质条款时应作到明确、具体、科学、合理地规定商品的品名、规格、商标、牌名、等级或标准等基本内容，避免使用"大约"、"左右"、"合理误差"等字样，对各项重要的品质指标的规定应详尽明了，避免过于简单，对于一些与品质无关紧要的条件或可有可无的指标，则尽量简略，以避免过于繁杂，并注意保持品质条款各项指标之间的一致性，以免由于某些指标自相矛盾而引起争议。

其次，为了在争议发生后能够妥善解决问题，合同中还应该规定关于争议处理的条款，包括解决争议的方法、规则、机构等，如通过仲裁条款自行约定仲裁地点、仲裁机构、仲裁程序以及适用的法律等。

此外，当事人的资信状况也与争议的发生紧密相关，当事人的资信状况良好，能够作到重合同、守信用，就不会借故违反合同，这就为争议的有效预防奠定了极好的基础；相反，如果当事人的资信状况不好，当事人违约的可能性就较大，特别是在行情发生不利变化时，当事人往往会想方设法地推脱合同项下的有关义务。因此，加强对交易伙伴的资信调查，正确选择交易对象，同时严格要求自己，双方都作到重合同、守信用，这样就能很好避免争议的发生。

当然，对于守信的双方来讲，有时也会因为疏于沟通、缺乏了解而产生争议。因此，无论是在签约之前，还是在履约过程中，甚至在发生违约之后，当事人之间都需要加强沟通、友好协商，这样才能有效预防争议。

三、解决争议的途径

在事与愿违的情况下，争议不可避免地产生了，此时就只能力求妥善解决争议，以便能够继续维持双方良好的交易关系。在解决争议时，常用的方法有协商、调解、仲裁及诉讼。

（一）协商

协商（Consultation）是指发生争议的当事人在自愿的基础上，按照有关法律、法规及合同条款的规定，直接进行磋商或谈判，相互谅解达成一致协议，从而消除纠纷、解决争议的一种处理方式。这种方式的最大特点是没有第三者介入，全凭当事人自己解决，争议能否解决取决于当事人之间是否能达成一致意见。

协商解决争议具有许多优点。首先，协商是建立在自愿的基础之上的，因此，当事人一般都能自觉遵守已达成的协议；其次，协商的进行没有仲裁或诉讼那样严格而复杂的程序，同时避免了裁决或判决在外国的承认和执行这一繁琐且充满不确定性的过程，从而提高了解决争议的效率；再次，当事人可以灵活解决争议，无须援引哪一国的规则或适用哪一国的实体法，只要当事人不违背法律的基本原则即可；最后，协商不会伤害当事人的情感，并有利于增进当事人之间的了解，促进当事人合作关系的进一步发展。

因此，在争议发生时，双方一般应首选协商的方式解决争议。许多国家的法律，包括我国的法律，也都规定了发生争议时应尽量通过友好协商解决问题。

（二）调解

调解（Conciliation）是指发生争议的当事人自愿将他们之间的争议交付给他们信任的第三方，由第三方以适当的方式促进双方当事人协商和解的一种争议解决方式。自愿原则是调解方式的基础，任何人不能强迫当事人接受调解。在调解过程中，第三方除听取各当事人的意见外，一般还就当事人所持意见分别与之进行讨论，确定当事人和解的最低条件，从而迅速为当事人提出解决争议的方案。

采用调解方式解决当事人之间的争议具有如下优点：

1. 快捷地解决争议

和协商一样，调解的进行没有仲裁或诉讼那样严格而复杂的程序，调解人不必遵循刻板的规则或模式，当事人也不必在程序上耗费过多的时间，从而提高解决争议的效率。

2. 调解人的专业技术有利于争议的解决

调解人一般都是在某一行业具有专门知识和丰富实际经验的人士，他们以其专业知识和技能说服当事人互谅互让，以此来消除当事人之间的抵触情绪，从而增加和解的可能性。

3. 调解人制成的调解书对当事人具有约束力

各方当事人通过调解人的调解而达成的和解协议不仅在一定程度上解决了他们之间的争议，而且使他们之间建立了新的契约关系，如果一方当事人在签署和解协议之后又拒不履行，另一方当事人可指控其违约。在法律许可的情况下，如果调解人依据和解协议制成的调解书可以强制执行，则争议通过成功的调解可以获得彻底的解决；

4. 有利于维持当事人之间的关系

调解是在双方都自愿接受的前提下进行的，因此，不管调解的结果是否能解决争议，都不会有损当事人之间的关系。

（三）仲裁

仲裁（Arbitration）又称公断，是指双方当事人达成书面协议或在合同中订立仲裁条款，自愿将他们之间发生的争议或者可能发生的争议交给各方当事人都同意的第三者进行审理和裁决（Award）的一种解决争议的方式。在大多数国家，如果双方当事人在合同中订立了仲裁条款，那么在发生争议后，就无需再订立仲裁协议；而在少数国家，即使双方当事人事先在合同中订有仲裁条款，在发生争议后也需达成书面仲裁协议，然后才能将争议提交仲裁机构裁决。

从长期的国际贸易实践来看，当争议不能通过友好协商与调解解决时，一般都习惯于选择仲裁的方式解决。在采用仲裁方式时，当事人意思自治是最基本、最重要的原则，当事人之间可以通过仲裁条款自行约定仲裁地点、仲裁机构、仲裁程序以及适用的法律等。此外，仲裁还具有解决争议的时间短、费用低、能为当事人保密、气氛友好等优点，而且裁决一般是终局性的，任何一方无权就裁决结果另行起诉。

（四）诉讼

在双方争议激烈或者不能采取协商、调解、仲裁等方式解决争议的情况下，当事人可以向法院提起诉讼（Litigation），通过司法程序来解决彼此之间的争议。

强制管辖是诉讼的基本原则，即除当事人订有明确而有效的仲裁协议以排除法院的管辖权之外，法院可以按管辖权限受理任何类型的争议，而不管任何一方当事人是否愿意接受法院管辖。这种特点决定了诉讼方式可以作为当事人在其他方式无法奏效时解决争议的最终手段。但是，采用诉讼方式解决争议一般说来耗时长、程序复杂、诉讼费用高，而且容易恶化双方当事人之间的关系，影响当事人以后的贸易往来。

在采用诉讼方式的情况下，起诉人只能向有管辖权的某一国法院提出诉讼请求。在国际贸易实践中，诉讼管辖权的行使涉及一国主权和利益以及对当事人利益的保护，而各国的政治与经济利益又不完全相同，所以各国对涉外诉讼管辖权都十分重视。各国以及国际条约对管辖权有多种分类，最常见的有属地管辖权与属人管辖权、专属管辖权与选择管辖权、注定管辖权与协议管辖权。其中，较为常见的是属地管辖权，即地域管辖权，它是根据当事人的居住地、被告财产所在地、契约成立地或履行地，以及侵权行为地等诉讼原因的发生地来确定法院的管辖权。

可见，法院的管辖权是一个重要而复杂的问题，因此双方当事人在订立合同时，应就法院的管辖权在合同中做出明确规定。此外，在采用诉讼方式解决国际贸易争议时，当事人需要关注一国法院的判决能否得到外国法院的承认和执行。因为，任何国家法院的判决都是一国司法机关代表其主权国家针对特定的争议而作出的，原则上只能在本国领域内生效，如果没有相关国家的明确承认，任何外国法院的判决在别国领域内都不会产生任何法律效力，外国的任何机关或个人都不能在别国领域内强制执行其所属国法院所作出的任何判决。而且，法院判决的承认和执行作为一国司法机关代表其国家行使司法主权的一种重要形式，只能由本国法院来实施。根据各国立法的普遍规定，外国法院的判决的承认和执行一律由承认和执行地国家的法院来协助进行。

通常情况下，一国承认和执行外国法院判决的条件包括：原判决国法院具备合法的管辖权；原判决国法院应该按公正的诉讼程序进行诉讼；外国法院的判决必须是确定的和合法的判决；作出判决的外国法院应该适用被请求国冲突规范所指定的准据法；有关外国法院判决的承认和执行不能与国内的公共政策相抵触；国家之间一般应存在互惠关系。

第三节　仲裁机构及其他

仲裁机构、仲裁程序、仲裁地点、裁决效力等是合同仲裁条款的重要内容，了解和掌握这些内容，对正确选择仲裁机构、仲裁程序、仲裁地点和有效执行仲裁裁决，从而对妥善解决争议、维护当事人的利益和彼此间的友好关系具有重要的意义。

一、仲裁机构

国际商事仲裁机构（International Commercial Arbitration Agency）是双方当事人基于意思自治而自主选择出来，以解决当事人之间已经发生或可能发生的争议的一种机构。在国际商事仲裁实践中，国际商事仲裁机构有临时仲裁机构和常设仲裁机构，当事人在选择解决争议的仲裁机构时，可以任意选择其中的一种，但是当事人必须在合同条款或事后达成的仲裁协议中明确规定。

临时仲裁机构（Ad hoc Arbitration Agency）它是指根据双方当事人的仲裁协议，在争议发生后由双方当事人选定的仲裁员临时组成的，负责审理当事人之间的有关争议，并在审理终结作出裁决之后自行解散的临时性仲裁机构。临时仲裁机构没有固定的组织、章程、规则和地点。选择以临时仲裁机构来审理国际商事案件具有极大的灵活性，双方当事人可以协商确定临时仲裁机构的组成及其活动规则、仲裁程序、法律适用、仲裁地点、裁决方式甚至仲裁费用等。

常设仲裁机构（Permanent Arbitration Agency）是依据国际条约和一国的国内法而设立的，它是具有固定组织、固定地点、固定仲裁程序和规则的永久性机构，一般都备有仲裁员名册供当事人选择。如今，常设仲裁机构在地域范围上几乎遍及全球各个国家，在业务范围上也已涉及国际商事法律关系的很多领域。以下是对几个在国际社会上影响较大的常设仲裁机构的简单介绍。

（一）国际商会仲裁院

在国际商事仲裁领域中，国际商会仲裁院（The International Court of Arbitration of International Chamber of Commerce，ICC）是最具影响力的仲裁机构，仲裁院在国际商会的主持下制定有一套完整的国际商事仲裁规则，该规则已获得了全球多数国家的承认，为世界各国所广泛采用和遵守。该仲裁院于1923年在法国巴黎成立，属于国际商会的一部分，其宗旨是通过处理国际性商事争议，促进国际商事的合作与发展。国际商会仲裁院总部设在巴黎，尽管它是根据法国的法律设立的，但与任何国家都没有关系。国际商会仲裁院的委员来自世界各个国家，他们都具有法律背景和解决国际商事争议的专业经验。

国际商会仲裁院具有非常广泛的管辖范围。任何国家的当事人都可以将有关争议通过仲裁协议或合同中订立的仲裁条款提请到国际商会仲裁院仲裁。同时，当事人可在该仲裁院中自由选择仲裁员、仲裁地点、仲裁使用的语言和适用的法律。案件的审理由已指定或已确认的仲裁员所组成的仲裁庭进行。仲裁庭有权自行决定其管辖权，有权确定、确认或在必要时改变当事人选择的仲裁地点。仲裁庭在审理、裁决某一争议事项时，必须适用当事人选择的法律，在当事人未做该项选择时可适用仲裁地法。仲裁庭做出的裁决具有终局效力，当事人可以请求有关国家的法院协助执行其裁决。

从全球范围看，各国法院对仲裁裁决越来越持宽松、支持的态度。因此，国际商会仲裁院做出的仲裁裁决，在各国法院基本上都能得到承认并加以执行，尤其是欧洲和美洲的法院；但在某些亚洲国家，裁决的承认和执行仍然存在一些问题，主要是国家法院的决定干预了未决的案件。

（二）瑞典斯德哥尔摩仲裁院

斯德哥尔摩商会成立于1917年，瑞典斯德哥尔摩仲裁院（the Arbitration Institute of the Stockholm Chamber of Commerce）是瑞典斯德哥尔摩商会下属的一个专门处理商事争议的独立机构，其总部设在瑞典的斯德哥尔摩。仲裁院设立的目的在于解决工业、贸易和运输领域的争议。该机构解决国际争议的优势在于其国家的中立地位为公平裁决提供了很好的保障；同时，仲裁院除自身有一整套适用于整个国际社会的规则以外，还根据《联合国国际贸易法委员会仲裁规则》等其他仲裁规则来审理、裁决有关当事人提交的任何商事争议。因此，瑞典斯德哥尔摩仲裁院的公正裁决享有很高的国际声誉，尤其以解决涉及远东的争议而著称。

（三）美国仲裁协会

美国仲裁协会（American Arbitration Association）是一个非盈利性的为公众服务的机构，由全美工商界及各社会团体选举组成的理事会领导，总部设在纽约，并在全美主要城市设有分支机构。近年来，美国仲裁协会又开始发展欧洲业务，并在欧洲设立了分部。美国仲裁协会的仲裁员来自很多国家，当事人可以在其仲裁员名册之外另行指定仲裁员。美国仲裁协会制定有《商事仲裁规则》，受理全美各地以及外国当事人提交的任何商事争议。美国仲裁协会的惯例是，每当协会指定审理案件的地点时，有关的仲裁庭在双方当事人没有合意选择法律的情况下，几乎都是自动地选择该地的法律作为仲裁所依据的法律。而且，如果双方当事人就仲裁地点的选择难以达成一致意见，通常都是由协会指定在纽约市进行仲裁，从而根据纽约市的现行法律对有关争议事项进行仲裁审理，并做出实质性裁决。

美国仲裁协会的受案范围比较广泛，从国际经贸纠纷到劳动争议、消费者争议、证券纠纷等无所不包，劳动争议等美国国内案件占其中绝大部分，并且该协会受理的案件多数为美国当事人与外国当事人之间的争议。与此相应，美国仲裁协会有各种类型的仲裁规则，分别适用于不同种类的纠纷。

（四）伦敦国际仲裁院

英国伦敦国际仲裁院（The London Court of International Arbitration）成立于1892年，是国际社会成立最早、影响最大的常设仲裁机构之一，仲裁院由伦敦市政府、伦敦商会和女王特许仲裁协会共同组成的联合委员会管理。伦敦仲裁院受理提交给它的任何性质的国际争议，该仲裁院的海事仲裁在国际上享有很高声誉，世界各国的大多数海事争议都诉诸该院仲裁。该仲裁院备有供当事人选择的仲裁员名单，而且为适应国际性仲裁的需要，又于1978年设立了"伦敦国际仲裁员名单"，有关商事争议的当事人决定将其争议提交伦敦仲裁院仲裁以后，有关的仲裁就由双方当事人合意选择的仲裁员组成的仲裁庭来主持进行。该仲裁庭通常是按照其自身制定的仲裁规则来进行仲裁，并适用英国法作为有关契约的准据法，以对有关争议进行实质性裁决。

（五）香港国际仲裁中心

香港国际仲裁中心（the Hong Kong International Arbitration Center）成立于1985年，机构设在香港。虽然成立较晚，但它借助于香港的区位优势很快就发展为亚洲领先的国际仲裁中心。由于该中心没有自己的国际商事仲裁规则，因而在仲裁实践中，依据《联合国国际贸易法委员会仲裁规则》进行操作。香港国际仲裁中心设有调解机构，调解包括家庭纠纷在内的各种争议。近年来，香港国际仲裁中心的地位开始受到其他仲裁机构的挑战。随着中国内地经济的发展和中国加入世贸组织，香港仲裁中心开始致力于在中国内地推广其仲裁业务，吸引更多的内地公司到香港国际仲裁中心仲裁案件。

（六）中国国际经济贸易仲裁委员会

中国国际经济贸易仲裁委员会（Chinese International Economic and Trade Arbitration Commission）成立于1956年4月，前身为"对外贸易仲裁会"及"对外经济贸易仲裁委员会"，1988年正式更名为"中国国际经济贸易仲裁委员会"，总部设在北京。该委员会是中国国际商会的常设仲裁机构，其主要职责是以仲裁方式公正、独立地解决各种契约性或非契约性商事纠纷，组织仲裁，对仲裁程序进行管理并提供相应服务。2000年，该委员会启用新名称——中国国际商会仲裁院，并于2000年9月5日通过了新的仲裁规则，同年10月1日正式实施。该仲裁委员会目前的受案范围为一切国内、国际仲裁，其裁决在国际上享有较高声誉。

该仲裁委员会在国内有深圳和上海两个分会，在大连、长沙、重庆、成都、福州等地方设有办事处。在国际上，该委员会先后与瑞典斯德哥尔摩仲裁院、伦敦国际仲裁中心、埃及开罗地区仲裁中心、俄罗斯工商会、蒙古工商会、克罗地亚商会仲裁院、英国皇家御准仲裁员协会等机构签订了仲裁合作协议。在1994年《中华人民共和国仲裁法》颁布前，所有的涉外经贸仲裁案件均由该仲裁委员会受理。现在，虽然国内其他仲裁委员会也可以根据当事人的协议受理一些涉外案件，但绝大多数的涉外案件仍然是由当事人提交到中国国际经济贸易仲裁委员会审理并裁决的。该仲裁委员会的仲裁裁决可在世界140多个国家和地区得到承认和执行。

除此之外，国际上主要的常设仲裁机构还有新加坡国际仲裁中心、日本国际商事仲裁协会、意大利仲裁协会、苏黎世商会仲裁院、巴黎国际商会仲裁院等。

二、仲裁程序

仲裁程序（Arbitration Procedure）是双方当事人将所发生的争议根据仲裁协议的规定提交仲裁时需要办理的手续、必经的步骤和采用的方法。仲裁程序主要是为当事人和仲裁员提供仲裁的准则，以便仲裁的进行有所遵循，因此各国常设的仲裁机构一般都有自己的仲裁程序和有关规定。根据国际仲裁的一般做法，原则上采用仲裁所在地的仲裁规则。也就是说，规定在哪个国家的仲裁机构进行仲裁，就采用哪个国家的仲裁机构的仲裁规则。但是，国际惯例和有些仲裁机构也允许当事人之间约定采用仲裁地点以外的其他仲裁地点的仲裁规则进行仲裁。比如，瑞典斯德哥尔摩商会仲裁院受理仲裁案件时，允许当事人选择按联合国国际贸易法委员会制定的仲裁规则进行仲裁。仲裁程序一般包括提出仲裁申请和受理、组织仲裁庭、仲裁审理和仲裁裁决这四个基本环节。

（一）仲裁申请和受理

仲裁申请是指有关仲裁协议中所约定的争议事项发生以后，一方当事人依据该项协议将有关争议提交给他们所约定的仲裁机构，请求对争议事项进行仲裁审理。提出仲裁申请是仲裁程序的最初步骤，仲裁申请必须以书面形式提出，由提出申请的一方当事人，即仲裁程序中的申请人按规定提交仲裁申请书，同时预缴一定数额的仲裁费。仲裁申请书一般包含以下方面的内容：申请人和被申请人的名称和地址；请求仲裁的争议事项以及提出请求的理由和依据；按规定指定仲裁员，如果委托有关仲裁机构指定仲裁员，申请人应作出明确的授权；指明常设仲裁机构的名称或临时仲裁机构的组成方式；应依法附上的有关文件，如合同、仲裁协议、双方往来函电以及其他有关文件。

有关仲裁机构在收到申请人提交的仲裁申请书以后，应立即进行初步审查。如果仲裁机构具有仲裁管辖权，而申请人又没有违反仲裁立法中的时效规定，即正式受理该有关仲裁案件，并将仲裁申请书及其副本及时送交给有关被申请人和申请人所选定的仲裁员。同时还应将有关的仲裁规则及仲裁员名册送交被申请人，通知被申请人依法提出答辩书，并选出应由他选定的仲裁员，或提交请求有关仲裁机构代为指定仲裁员的委托书。如果被申请人有反诉，则应在一定期限内向仲裁机构提出，并按规定预缴仲裁费。

根据各国仲裁立法的规定，无论是申请人，还是被申请人都有权委托代理人代其参与相关仲裁活动，但接受委托的代理人应该向有关的仲裁机构提交授权委托书。

（二）组织仲裁庭

仲裁庭是指具体负责对某项已交付仲裁的争议进行仲裁审理，并最终就该争议作出实质性裁决的组织。双方当事人选择某临时仲裁机构审理有关争议时，该临时仲裁机构可以直接作为仲裁庭审理、裁决案件。如果双方当事人将有关争议合意提交常设仲裁机构审理，则应该由在该常设仲裁机构内组织的仲裁庭来进行仲裁，因为常设仲裁机构本身并不具体负责案件的仲裁审理。

仲裁庭由双方当事人合意选定或由有关仲裁机构根据当事人的授权或依职权指定的仲裁员组成。在目前的国际商事仲裁实践中，一般都根据组成仲裁庭的人数的不同，将仲裁庭区分为独任仲裁庭和合议仲裁庭。独任仲裁庭由一名仲裁员组成，合议仲裁庭由两名或两名以上的仲裁员组成。至于某一具体的国际商事仲裁案件应由哪种类型的仲裁庭来审理，则完全取决于双方当事人的意见。只有在双方当事人没有就仲裁庭的类型和人数作出约定时才由有关的仲裁机构依法作出裁定。

（三）仲裁审理

仲裁审理是指仲裁庭成立以后，采取一定的方式和程序调取审核证据，查询证人、调查事实，对争议事项进行全面的审查。仲裁审理是仲裁程序的一个重要环节，是裁决争议事项的基础。

仲裁审理有开庭审理和书面审理两种方式，在采取开庭审理方式时，仲裁庭应首先确定审理日期，并将具体的开庭日期、时间和地点在每次开庭前的适当时间通知双方当事人及有关人员，便于他们做好出庭准备工作。当事人可以亲自出庭参与仲裁，也可以委托代理人代为办理有关仲裁事宜。通常情况下，出于保密的需要，仲裁庭原则上不公开进行开庭审理，如果双方当事人要求公开，由仲裁庭作出决定。开庭地点一般是仲裁委员会所在地，但经过仲裁委员会主席批准，也可以选择其他地方。在采取书面审理方式时，由仲裁员直接根据仲裁当事人、证人或有关专家、鉴定人等提供的仲裁申请书、答辩书、证明、证据等有关书面材料对有关争议事项进行审理。

（四）仲裁裁决

仲裁裁决是指仲裁庭对当事人提交的争议事项进行审理以后做出的终局性裁决。仲裁裁决作为仲裁程序的最后环节一经作出，整个仲裁程序即宣告终结。仲裁庭必须按以下原则做出裁决：①当事人意思自治原则，即依据双方当事人约定的仲裁程序和相关法律对争议事项进行仲裁；②多数裁决原则，即仲裁庭对争议事项的裁决必须是依据仲裁庭多数成员的意见做出的；③依照仲裁协议的规定进行裁决，即仲裁庭裁决有关争议事项时不能超越仲裁协议所规定事项的范围；④依法裁决原则。

仲裁庭在仲裁过程中可以基于当事人的请求，在必要时就有关争议事项作出部分裁决、中间裁决或临时裁决，然后在仲裁程序终结时，再对整个争议事项作出终局裁决。仲裁裁决必须以书面形式做出，并且由仲裁庭全体仲裁员签名。裁决书应注明双方当事人和仲裁员的相关情况以及裁决的准确日期和地点，并简述争议事项的背景情况，以及当事人的仲裁请求及其提出请求的理由和依据；同时，裁决书应注明仲裁庭对争议事项的评价和做出裁决的理由，以及裁决所认定的各方当事人的权利与义务，仲裁费用的分摊也应在裁决书中注明。

由于裁决时间的长短直接影响到双方当事人的经济利益以及仲裁机构审理的费用和成本，因此各国仲裁法和仲裁规则都对仲裁庭做出仲裁裁决的时间做了明确的规定。《国际商会调解与仲裁规则》第 18 条规定仲裁裁决在仲裁程序正式开始后 6 个月内做出；《中华人民共和国国际经济贸易仲裁委员会仲裁规则》第 52 条规定，仲裁庭应在组庭后 9 个月内做出仲裁裁决；在适用简易程序时，开庭审理的案件，仲裁庭应在开庭审理之日起 30 天内做出裁决；书面审理的案件，仲裁庭应当在仲裁庭成立之日起 30 天内做出仲裁裁决。

三、仲裁裁决的承认和执行

仲裁裁决的承认是指法院根据当事人的申请，依法确认仲裁裁决具有执行的法律效力。仲裁的执行是指当事人自动履行裁决，或司法机关根据当事人的申请，依法强制另一方当事人执行裁决。很显然，这二者是紧密相关的，承认是执行的前提，执行是承认的结果，其共同的目的是维护裁决的法律效力。在大多数国家，有关法律都规定仲裁是终局性的，各方当事人必须依照执行，任何一方当事人不得向法院起诉，也不得向其他机构提出变更仲裁裁决的要求。如果一方当事人对裁决不服而向法院起诉，法院也只能审查仲裁程序，即仲裁裁决在法律上是否手续完备，而不能就裁决结果进行审查。在审查时，如果法院认为裁决在程序上不完备，可以有权裁定该裁决无效。如果一方当事人不自觉执行仲裁裁决，其他当事人可以依照仲裁裁决请求相关法院强制执行。

当然，由于国际贸易中的争议当事人通常分属不同的国家，因此仲裁裁决可能在裁决做出国执行，但很多时候可能在裁决做出国以外的国家执行。当仲裁裁决在裁决做出国执行时，其执行较为简单，执行程序原则上与该国国内仲裁裁决的执行程序一致。比较而言，外国仲裁裁决的执行更为复杂，这既涉及双方当事人的经济利益，又关系到各有关国家的政治、经济、文化和法律状况。根据各国仲裁立法和民事诉讼法的规定，某一外国仲裁裁决要在一个国家境内得到执行，一般都得具备以下条件：①必须具备有效的仲裁协议；②裁决是有关仲裁庭在管辖权范围内做出的；做出有关裁决所依据的仲裁程序符合有关当事人之间订立的仲裁协议的规定，或在没有这种仲裁协议的规定时，不违反原裁决国的法律；有关的仲裁程序为被执行人提供了适当的辩护机会；请求承认与执行的仲裁裁决应该是确定的裁决；有关国家之间存在互惠关系；有关外国仲裁裁决的承认和执行不与国内的公共政策相抵触。

从执行程序来看，外国仲裁裁决要在一个国家境内得到执行，按照国际商事仲裁实践中的做法，一般由相关当事人向执行地国家的法院或其他有执行权的机构提出书面申请，由其进行审查，确认有关外国仲裁裁决符合本国法律所规定的条件以后，发给执行令，然后由本国法院或有关主管机构按照与执行本国仲裁裁决相同的方式和程序予以执行。

由于申请外国法院强制执行比较困难，为了便于裁决在外国的承认与执行，各国除签订了大量的双边条约外，还制定了多边的国际公约。1958年，联合国主持签订了《承认与执行外国仲裁裁决公约》（Convention on the Recognition and Enforcement of Foreign Arbitral Award），简称《纽约公约》。该公约强调，所有缔约国应承认双方当事人所签订的仲裁协议在法律上的效力，同时对根据仲裁协议所做出的仲裁裁决，缔约国应承认其效力并有义务执行。另一方面，公约也允许缔约国在加入时可作"互惠保留"和"商事保留"，据此，我国在加入该公约时便做了有关保留，声明中国只在互惠的基础上对在另一缔约国领土内作出的仲裁裁决的承认和执行适用该公约；中国只对根据中国法律认定为属于契约性和非契约性商事法律关系所引起的争议适用该公约。

参考文献

1. 黎孝先. 国际贸易实务. 2 版. 北京：对外经济贸易大学出版社，2002.

2. 叶德万，李忱. 国际贸易实务. 广州：华南理工大学出版社，1999.

3. 彭福永. 国际贸易实务教程. 修订版. 上海：上海财经大学出版社，2000.

4. 吴百福. 进出口贸易实务教程. 修订版. 上海：上海人民出版社，1999.

5. 张卿. 进出口贸易实务. 北京：对外经济贸易大学出版社，2001.

6. 贾建华，阚宏. 国际贸易理论与实务. 3 版. 北京：首都经济贸易大学出版社，2002.

7. 孙丽云，王立群. 国际贸易. 3 版. 上海：上海财经大学出版社，2003.

8. 陈晶莹，邓旭. 2000 年国际贸易术语解释通则. 北京：对外经济贸易大学出版社，2000.

9. 程祖伟，韩玉军. 国际贸易结算与信贷. 北京：中国人民大学出版社，2001.

10. 沈瑞年，尹继红，庞红. 国际结算. 北京：中国人民大学出版社，1999.

11. 屈韬. 外贸单证处理技巧. 广州：广东经济出版社，2001.

12. 沈四宝，王军，焦津洪. 国际商法. 北京：对外经济贸易大学出版社，2003.

13. 赵承壁. 进出口合同的履行与违约救济. 北京：对外经济贸易大学出版社，2003.

14. 熊良福，夏国政. 国际贸易实务新编. 武汉：武汉大学出版社，2002.

15. 佟志广，雷祖华，顾鸣超. 结构贸易融资. 北京：中信出版社，1997.

16. 徐景霖，黄海冬. 国际贸易实务案例. 大连：东北财经大学出版社，1999.

17. 黄敬阳. 国际货物运输保险. 北京：中国商务出版社，2008.

18. 姚新超. 国际贸易运输. 北京：对外经济贸易大学出版社，2000.

19. 黎孝先. 国际贸易实务. 2 版. 北京：对外经济贸易大学出版社，1999.

20. 吴百福. 国际贸易结算实务. 北京：中国对外经济贸易出版社，1997.

21. 罗来仪. 对外贸易业务问题集解. 北京：对外贸易教育出版社，1993.

22. 冯大同. 国际贸易法. 北京：北京大学出版社，2001.

23. 屈韬，徐印州. 国际贸易业务与结算操作. 广州：广东经济出版社，2001.

24. 陈大钢. 海关关税制度. 上海：上海财经大学出版社，2002.

25. 谢娟娟. 外贸单证实务. 天津：南开大学出版社，2002.

26. 冯世崇. 国际贸易实务. 广州：华南理工大学出版社，2002.

27. 吴开祺. 现代国际结算学. 上海：立信会计出版社，1996.

28. 秦定，邱斌. 国际贸易结算与贸易融资实践教程. 南京：东南大学出版社，2003.

29. 武芳. 如何进行国际贸易操作. 北京：北京大学出版社，2003.

30. Edward G Hinkelman. 国际贸易单证. 董俊英，译. 北京：经济科学出版社，2003.

31. Brian W Clarke. 国际贸易信贷管理手册. 李月平，等，译. 北京：机械工业出版社，2003.

32. 白钦先，徐爱田，欧建雄. 各国进出口政策金融体制比较. 北京：中国金融出版社，2003.

33. 张素芳. 国际商务案例评析. 北京：中国金融出版社，2002.

34. 江伟钰. 全球经贸大案案例评析. 北京：中国工商出版社，2001.

35. 冯大同. 国际商法. 北京：对外经济贸易大学出版社，2000.

36. 贺瑛，漆腊应. 国际结算. 北京：中国金融出版社，1997.

37. 刘心一，刘翠微. 出口退（免）税手册. 北京：经济管理出版社，2004.

38. 中华征信所. 国际贸易金融大词典. 北京：经济科学出版社，1997.

39. 尹翔硕. 国际贸易教程. 上海：复旦大学出版社，2001.

40. 陈雨露. 国际金融. 北京：中国人民大学出版社，2003.

41. 石广生. 中国加入世界贸易组织知识读本. 北京：人民出版社，2002.

42. 钱俊龙，任翔. 海关估价——WTO《海关估价协议》和我国海关估价制度. 北京：中国统计出版社，2003.

43. 商务部研究院 WTO 研究中心，中国社会科学院 WTO 研究中心. 中国应对国外贸易壁垒最新实务指南. 北京：经济日报出版社，2003.

44. 中华人民共和国进出口关税条例. 北京：法律出版社，2003.

45. 蔡磊，刘波. 国际贸易欺诈及其防范. 北京：法律出版社，1997.

46. 石玉川. 国际贸易方式. 北京：对外经济贸易大学出版社，2002.

47. 董安生，等. 英国商法. 北京：法律出版社，1991.

48. 李永军. 合同法原理. 北京：中国人民公安大学出版社，1999.

49. 李巍.《联合国国际货物销售合同公约》评释. 北京：法律出版社，2002.

50. 徐文学. 货物买卖合同——美国统一商法典第二篇精解. 太原：山西经济出版社，1992.

51. 何宝玉. 英国合同法. 北京：中国政法大学出版社，1999.

52. 王军. 美国合同法. 北京：中国政法大学出版社，1996.

53. 汤树梅. 国际经济法案例分析. 北京：中国人民大学出版社，2000.

54. 余劲松，吴志攀. 国际经济法. 北京：高等教育出版社，2000.

55. 李金泽. 跨国公司与法律冲突. 武汉：武汉大学出版社，2001.

56. 黄岩君. 中国反倾销实践指南. 北京：经济管理出版社，2001.

57. 朱捷，田德旺. 中国经济可持续发展战略研究. 北京：中国环境科学出版社，2002.

273

58. 熊恩浩. 反倾销案例. 北京：经济日报出版社，1999.

59. 五矿化工进出口公司. 如何应对国外反倾销. 北京：中国对外经贸出版社，2002.

60. 刘崇仪，丁任重. WTO 与中国经济. 成都：西南财经大学出版社，2003.

61. 王会昌. 我国银行业应对国际结算方式多元化的问题与建议. 甘肃金融，2001（4）.

62. 贺培. 国际结算方式选择的因素分析. 中国外汇管理，2000（9）.

63. 高增安. 国际贸易付款方式的避险研究. 国际贸易问题，2002（5）.

64. 刘鹏. 新兴的国贸利器——国际保理业务. 中国对外贸易，2002（1）.

65. 刘学海. 可转让信用证及押汇风险防范. 国际金融，2001（3）.

66. 何金明. 关于在我国发展国际保理业务的探讨. 国际金融，2001（8）.

67. 肖连魁. 合理利用世界贸易组织补贴规则、完善我国官方出口信用支持. 国际金融研究，2004（6）.

68. 纽行. 结构性贸易融资在现代国际贸易中的作用（一）. 国际金融研究，2001（3）.

69. 纽行. 结构性贸易融资在现代国际贸易中的作用（二）. 国际金融研究，2001（4）.

70. 苗永青. 出口信用保险在国际贸易中作用. 经济经纬，2004（3）.

71. 田运银，等. 装运期、议付期和效期. 对外经贸实务，1999（5）.

72. 姚莉，王学龙. 国际结算. 北京：中国金融出版社，2002.

73. 张坚. 国际商务实用手册. 北京：中国纺织出版社，2004.

74. 李金泽. 国际贸易融资法律风险防范. 北京：中信出版社，2004.

75. 国际商会. 国际贸易术语解释通则® 2010. 中国国际商会，国际商会中国国家委员会，译. 北京：中国民主法制出版社，2011.